高等职业教育轨道交通类校企合作系列教材

机车电机电器

主 编 甘永双 邱 林

副主编 董亚男 马 杰

主 审 陈友伟

微信扫描二维码，
免费下载本书课件

西南交通大学出版社
·成 都·

图书在版编目（CIP）数据

机车电机电器/甘永双，邱林主编. —成都：西南交通大学出版社，2016.1（2019.1 重印）
高等职业教育轨道交通类校企合作系列教材
ISBN 978-7-5643-4532-7

Ⅰ. ①机… Ⅱ. ①甘… ②邱… Ⅲ. ①机车－牵引电机－高等职业教育－教材②机车－牵引电器－高等职业教育－教材 Ⅳ. ①U260.332

中国版本图书馆 CIP 数据核字（2016）第 012242 号

高等职业教育轨道交通类校企合作系教材

机车电机电器

主编　甘永双　邱　林

责 任 编 辑	黄淑文
封 面 设 计	何东琳设计工作室
出 版 发 行	西南交通大学出版社 （四川省成都市二环路北一段 111 号 西南交通大学创新大厦 21 楼）
发行部电话	028-87600564　028-87600533
邮 政 编 码	610031
网　　　　址	http://www.xnjdcbs.com
印　　　　刷	四川煤田地质制图印刷厂
成 品 尺 寸	185 mm × 260 mm
印　　　张	14.25
字　　　数	356 千
版　　　次	2016 年 1 月第 1 版
印　　　次	2019 年 1 月第 4 次
书　　　号	ISBN 978-7-5643-4532-7
定　　　价	35.00 元

课件咨询电话：028-87600533
图书如有印装质量问题　本社负责退换
版权所有　盗版必究　举报电话：028-87600562

前　言

《机车电机电器》是为了适应铁路职业教育的改革与发展的需要而编写的。编写时，围绕职业教育的培养目标，并结合电力机车电机电器实际运用和检修实际，内容侧重实用性、实践性，理论知识为实际应用服务，以够用为度。全书共十章，内容包括绪论、直流电机、直流牵引电机、脉流牵引电机、机车常用变压器和电抗器、交流电机的基本知识、电力机车上常用的交流电机、电器的基本理论、机车上高压电器及常用的低压电器。每章有复习思考题，适合学时数为80学时。

本书作为高职机车专业的专业基础课教材，主要注重以下几点：

1. 在吸收相关教材的长处及本领域新技术内容的基础上，注重课程内容的整合、精选，突出重点，重点介绍SS4G型机车电机电器，也介绍了现代交流传动的HXD_3型电力机车电机电器。为优化学生的知识结构和将来上岗做好知识储备。

2. 本书在内容讲解中，对不必要的理论推导进行了较为合理的简化，问题分析尽量简单明了。语言规范、深入浅出、通俗易懂，易于自学。

3. 加强了学科之间的联系，为将来机车电传动打下扎实的基础。

本教材由辽宁铁道职业技术学院甘永双、邱林担任主编，由辽宁铁道职业技术学院董亚男和马杰担任副主编，辽宁铁道职业技术学院陈友伟教授主审。在编写过程中得到了沈阳铁路局沈阳机务段、苏家屯机务段和锦州机务段的大力支持，得到了现场专家指点，并提出了宝贵的意见。在此表示衷心的感谢。

限于作者水平，加上时间仓促，疏漏和不妥之处在所难免，诚恳欢迎广大读者批评指正。

编　者

2015年12月

目 录

第一章　绪　论 ·· 1
　第一节　机车电机简介 ·· 1
　第二节　机车电器简介 ·· 3
　复习思考题 ·· 4

第二章　直流电机 ·· 5
　第一节　直流电机基本工作原理 ·· 5
　第二节　直流电机基本结构和铭牌数据 ·· 10
　第三节　直流电机的电枢绕组 ·· 13
　第四节　直流电机的磁场和电枢反应 ·· 18
　第五节　直流电机的基本方程 ·· 22
　复习思考题 ·· 27

第三章　直流牵引电机 ·· 28
　第一节　牵引电动机的有关知识 ·· 28
　第二节　牵引电机常用的电工材料和绝缘结构 ·· 34
　第三节　直流牵引电动机的特性 ·· 37
　第四节　直流电动机的启动、调速、制动及反转 ·· 41
　第五节　直流牵引电机换向 ·· 45
　第六节　直流牵引电动机的通风冷却 ·· 53
　复习思考题 ·· 56

第四章　脉流牵引电机 ·· 58
　第一节　脉流牵引电动机的电磁特点 ·· 58
　第二节　改善脉流牵引电动机换向的方法 ·· 60
　第三节　脉流牵引电动机的基本结构 ·· 61
　第四节　典型脉流牵引电动机的结构 ·· 72
　复习思考题 ·· 77

第五章　机车常用变压器和电抗器 ·· 78
　第一节　主变压器 ·· 78
　第二节　互感器 ·· 86
　第三节　平波电抗器和滤波电抗器 ·· 92
　复习思考题 ·· 95

第六章　交流电机的基本知识 ... 96
第一节　三相交流异步电动机的结构和铭牌 ... 96
第二节　三相交流异步电动机工作的原理及特性 ... 100
第三节　三相异步电机基本工作原理 ... 105
第四节　三相异步电动机的启动、调速和制动 ... 106
复习思考题 ... 111

第七章　电力机车上常用的异步交流电机 ... 112
第一节　典型的三相交流异步牵引电动机 ... 112
第二节　交流辅助电动机 ... 117
复习思考题 ... 126

第八章　电器的基本理论 ... 127
第一节　触　头 ... 127
第二节　驱动装置 ... 131
第三节　电弧及灭弧方法 ... 136
复习思考题 ... 140

第九章　高压电器 ... 141
第一节　受电弓（HXD$_3$参考） ... 141
第二节　空气主断路器 ... 156
第三节　真空断路器 ... 165
第四节　避雷器 ... 170
第五节　高压连接器 ... 172
第六节　转换开关 ... 174
第七节　电空接触器 ... 180
第八节　真空接触器 ... 185
复习思考题 ... 187

第十章　低压电器 ... 188
第一节　电磁接触器 ... 188
第二节　继电器 ... 193
第三节　传感器 ... 202
第四节　司机控制器 ... 207
第五节　万能转换开关及扳键开关 ... 212
第六节　自动开关 ... 215
第七节　蓄电池 ... 218
复习思考题 ... 221

参考文献 ... 222

第一章 绪 论

电力机车是一种由外部接触网供电、由牵引电动机驱动的现代化牵引动力设备。电力机车在构造上一般划分为电气部分、机械部分和空气管路系统三大部分。

对于韶山系列机车来说，电气部分包括牵引变压器、硅整流机组、牵引电动机、辅助电动机、高压电器和低压电器，通过导线连接成三大电路：主电路、辅助电路和控制电路。主电路由牵引电动机以及与之相连接的电气设备和导线共同组成，是电力机车上的高电压大电流的动力回路，主要作用是实现牵引与制动运行；辅助电路是指将辅助电机（压缩机电机、通风机电机、油泵等）和辅助设备及其相关的电器设备连接而成的线路，辅助电路的作用旨在保证主电路设备正常工作，改善司乘人员的工作条件；控制电路是指司机控制器、低压电器和各电器控制线圈组成的电路，主要作用是通过控制低压电器实现对主、辅电路设备的控制，使机车按照机车乘务员意图运行，完成运输任务。

机车电机电器主要讲述电力机车牵引电机、辅助电机、变压器和电器设备的结构组成、工作原理、技术参数及维护保养的有关知识。

第一节 机车电机简介

一、电机定义、分类及结构

电能是能量的一种形式，与其他形式的能量相比，具有明显的优越性，适用于大量生产、集中管理、远距离传输和自动控制。电能转换成其他形式的能量及不同类型电能之间转换都较容易实现，这使其得到了广泛的应用。通常所说的电机，主要是依据电磁感应定律和电磁力定律实现机电能量转换和信号传递与转换的装置。电机的种类很多，静止的有变压器，运动的有直线电机和旋转电机，直线电机应用较少，技术较为复杂。我们主要学习旋转电机。电机按电流制分类有直流电机和交流电机，直流电机按励磁方式不同分为他励电机、并励电机、串励电机和复励电机；交流电机有异步电机和同步电机两大类。直流电机和交流电机在机车上应用广泛。电机从能量转换的角度分类有发电机和电动机，发电机是由原动机拖动，将机械能转换为电能的装置；电动机是将电能转换为机械能，驱动生产机械的装置。需要指出的是，发电机和电动机只是电机运行的两种形式，其本身是可逆的。也就是说，一台电机既可作发电机运行，又可作电动机运行。

对于旋转电机来说，主要是作为发电机运行或作为电动机运行，基本任务是实现机、电能量转换，因此，结构上必然有一个静止部分和一个旋转部分，且二者之间还有一个适当的间隙，静止部分称为定子，旋转部分称为转子，间隙称为气隙。转子通过电枢轴承支撑在定子上。电机是依据电磁感应来完成能量转换的,电机中必须有电流的通道和磁通通道,即通常所说的电路和磁路。电路主要由导电材料和绝缘材料制成,电机中导电材料主要是铜;对绝缘材料而言,其介电强度要高、耐热性能要好,例如,聚酯漆、环氧树脂、玻璃丝带、电工纸、云母片、玻璃纤维板等。导磁材料又叫铁磁材料,主要采用硅钢片,能减少由于交变磁化产生的磁滞损耗和涡流损耗。

另外还有控制电机,其主要完成信号的传递和转换,以及在自动控制系统中的检测、执行等。本书不作讲述。

二、电机在机车上的应用

1. 牵引电机

电力机车、电传动内燃机车、动车组、地铁车辆和城市地铁等各种电传动机车车辆,都使用牵引电机驱动轮对来完成机车车辆的牵引运行。因此,我们把用作牵引功能的电机都称为牵引电机。牵引电机通常分为直流牵引电机和交流牵引电机,直流牵引电机一般采用串励电动机,这是因为直流串励电动机具有牵引性能良好、调速范围广、控制方便、系统简单可靠等优点。例如,我国的 DF 系列内燃机车大都采用直流串励电动机;我国自主研制的 SS 系列电力机车也采用直流电机,只不过电力机车从接触网获得单相工频交流电,经整流后加在电动机两端的电压为脉动电压,电动机通过的电流为脉动电流,也可称作脉流牵引电动机。但直流电动机主要缺点是必须有换向器,这不仅使机身质量和尺寸大、浪费铜,而且电机故障率高、维修保养工作量大,同时,还限制了转速的提高。随着科技的不断进步,尤其是三相交流异步电动机的控制技术的发展,现在很多机车采用三相交流异步牵引电机,其结构简单、牢固,没有换向器,维修方便,功率大,体积小,质量轻,具有良好的牵引性能。我国的 HX 系列内燃机车和电力机车都采用了三相交流异步牵引电动机。

2. 变压器

主变压器是交流电力机车上的重要部件,用来把接触网上的 25 kV 高压电降为具有多种电压的低压电,以满足机车各种电机、电器工作的需要。例如,SS_{4G} 型电力机车,高压绕组额定电压 25 kV,牵引绕组额定电压 1 390.8 V,辅助绕组额定电压 399.86/226 V,励磁绕组额定电压 104.3 V。

交流电力机车上还有很多特殊的变压器——互感器,能够把高电压、大电流变换成低电压、小电流,供给测量仪表及继电器的线圈使用。这样,就可以使测量仪表与高压电路绝缘,保证工作安全,扩大仪表量程。与继电器线圈相连,当电路过流时,继电器动作,可以对电路起到保护作用。

3. 辅助电机

为了保证机车的正常运行,在单相工频交流电力机车中装有许多辅助机械,这些辅助机械多采用结构简单、价格低廉的三相异步电动机驱动。辅助电机按用途可归纳为压缩机电动机、通风机电动机、主变压器油泵等几类。对于 SS_{4G} 型和部分 SS_9 型电力机车,还有把单相交流电转换成三相交流电的劈相机。

第二节　机车电器简介

一、电器的定义及分类

1. 电器的定义

电器是应电能的运用而产生的。由于电能与其他形式的能相比具有易转换和便于控制、调整、输送等优点，因此在生产、生活及一切科学领域中获得了广泛的应用。然而电能的产生、输送到应用并不是一个简单的过程，而是较为复杂，同时也需要一系列的控制、调整、保护装置的作用才能很好地完成。例如对电力电路实行通、断；对电动机实行启动、停止、正转、反转控制；对用电设备进行超载、过压、短路、断相等故障的保护；在电路中传递、变换、放大电或非电的信号，从而达到自动检测和调节作用等。

因此，凡是对电能的产生、输送和应用起开关、检查、保护和调节作用，以及利用电能来控制保护调节非电量器械设备的各种电工设备统称为电器。

2. 电器的分类

电器的用途广泛，职能多样，品种规格繁多，原理、结构各异，分类方法较多。根据分类方法不同，分类如下：

1）按用途分

开关电器：用来自动或非自动地开闭有电流的电路，如闸刀开关、自动开关、按钮开关、转换开关、隔离开关和主断路器等。此类开关操作次数少，断流能力强。

控制电器：用于自动或非自动地控制电机的启动、调速、制动、换向等，例如司机控制器、接触器。

保护电器：用于保护电路电机和其他电器设备，使其免受高电压、大电流的损害，如各种保护继电器、避雷器、熔断器等。

受电器：用于接收电网电能，作为机车电源，如受电弓。

成套电器：由一定数量的电器按一定的电路要求组合而成的整体电器屏柜，如高压电器柜、低压电器柜、电源柜等。

2）按接入电路电压分类

高压电器：用于 500 V 以上电压电路的电器，如受电弓、主断路器、转换开关、电控接触器等。

低压电器：用于 500 V 以下电路的配电系统和电机控制及保护的电器，如自动开关、中间继电器、司机控制器等。

3）按操作方式分类

手动电器：按钮开关、司机控制器、闸刀开关、扳键开关等。

自动电器：接触器、继电器、熔断器、自动开关等。自动电器还可根据传动方式分为电磁传动电器、电空传动电器等，如电磁接触器为电磁传动，电空接触器为电空传动。

4）按电器执行功能分类

有触点电器：通断电路的执行功能由触头来实现的电器，如开关、接触器、继电器等。

无触点电器：通断电路的执行功能是根据开关元件输出信号高低电平来实现的电器，如电子时间继电器。

二、电器在机车上的应用

在电传动机车上起开关、控制、转换、保护、检测、调节作用的电器称为牵引电器。

牵引电器按在机车上的功能不同分为以下几种：

受流器：用于电力机车从接触网取得电能的电器，如受电弓等。

保护电器：用于保护电力机车上电气设备不受过电压、过电流损害及保护设备不受损害的电器，如自动开关、熔断器、接地继电器、过流继电器等。

检测电器：用于与其他设备配套，检测电力机车各电路电压、电流及机车运行速度的电器，如互感器、传感器等。

控制电器：用于对电力机车上牵引设备进行切换、调节的电器，如司机控制器、接触器、转换开关等。

三、本课程的任务

本课程是机车驾驶与检修专业的专业课程之一，主要任务是学习有关的电机和电器基本理论知识、结构、动作原理、技术参数，以及电机、电器维修保养的操作方法。通过教师讲授、学生探索学习、作业练习、现场实践等环节，达到如下要求：

（1）掌握直流电机和交流电机基本结构、工作原理、调速方法、技术参数等基本知识。

（2）掌握电接触、传动装置、灭弧方法和装置等基本理论知识。

（3）掌握电力机车上使用的各种低压电器的作用、结构、工作原理。

（4）掌握电力机车上使用的各种高压电器的作用、结构、工作原理。

复习思考题

1. 电机主要由哪几部分组成？
2. 电力机车上主要有哪些电机？
3. 什么是牵引电器？电力机车上牵引电器有哪几类？

第二章 直流电机

第一节 直流电机基本工作原理

直流电机是实现直流电能和机械能互相转换的旋转电机。将直流电能转换为机械能的是直流电动机，它具有宽广的调速范围、较强的过载能力和较大的启动转矩，因此广泛应用于对启动和调速要求较高的生产机械中，如电力机车、内燃机车、工矿机车、城市机电及轧钢机等的拖动机车。将机械能转换为电能的是直流发电机。直流发电机可作为直流电源。直流电机具有可逆性，既可作为电动机使用，也可作为发电机使用。本章介绍直流电机的结构、工作原理、感应电动势、电磁转矩的一般计算方法，以及常用的电工材料等内容。

一、直流电机的基础知识

1. 全电流定律（磁场和产生磁场的电流的关系）

磁场是由电流的激励产生的，全电流定律就是描述电磁联系的基本电磁定律。

全电流定律的简单形式为：若闭合回线上各点的磁场强度 H 大小相等且其方向与闭合回线的切线方向一致，则磁场强度 H 与闭合磁力线的长度 l 的乘积就等于闭合磁感线所包围的电流总和 $\sum I$。即

$$Hl = \sum I \qquad (2\text{-}1)$$

如图 2-1 所示磁路，应用安培环路定律为

$$Hl = nI \qquad (2\text{-}2)$$

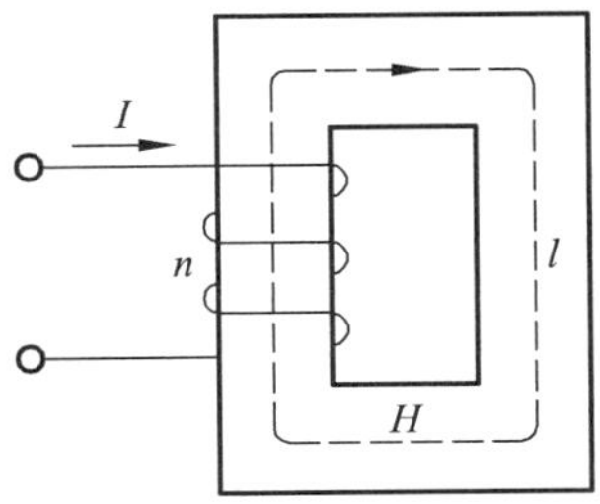

2. 磁感应强度

磁感应强度是表示磁场中某点磁场强弱和方向的物理量，磁场中某点的磁感应强度等于磁导率和磁场强度的乘积。即

$$B = \mu H \qquad (2\text{-}3)$$

图 2-1 磁路

电机、变压器等电气设备均以铁磁材料作为铁芯，常用的铁磁材料有硅钢片、铸铁、铸钢等，其磁导率远远大于真空磁导率。

3. 电磁感应（磁生电）

实验指出，当导体对磁场做相对运动而切割磁感线时，导体中有感应电动势产生，此外，

当与回路交链的磁通发生变化时，回路也会有感应电动势产生。这两种本质上一样，但在不同条件下产生感应电动势的现象，统称为电磁感应。

如图 2-2 示，当处在均匀磁场中的有效长度为 L 的直导体，以速度 v 朝着与 B 相垂直的方向运动而切割磁感线时，此时导体中感应电动势 e 的大小为

$$e = BLv \qquad (2-4)$$

感应电动势的方向由右手定则来确定，这是发电机理论的基础，如图 2-2 所示。

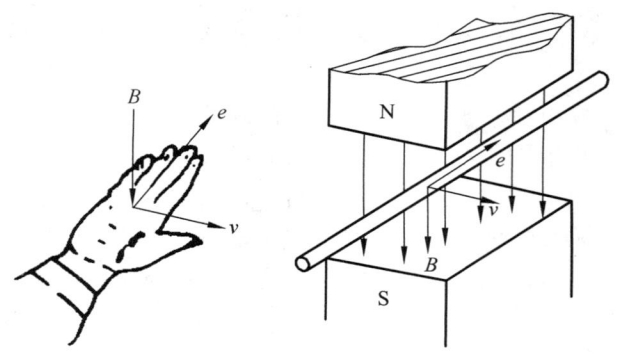

图 2-2　直导体中的感应电动势

如图 2-3 表示为一个多匝线圈，当与回路交链的磁通 Φ 发生变化时，回路中就要产生感应电动势 e，大小为

$$e = N\frac{d\Phi}{dt} \qquad (2-5)$$

感应电动势的方向可由楞次定律来确定，它指出：如果回路中的感应电动势是由于与回路交链的磁通发生变化而产生的，则感应电动势在闭合回路中将产生一电流，力图阻止原磁通改变，如图 2-4 所示。此即法拉第电磁感应定律，这是变压器理论基础。

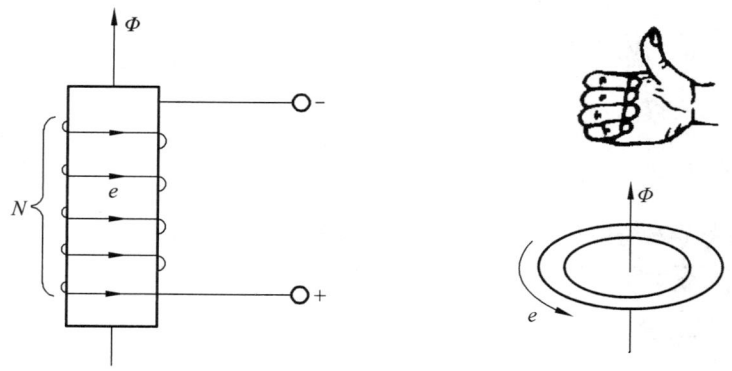

图 2-3　多匝线圈中的感应电动势　　　图 2-4　感应电动势的方向

4．电磁力定律

实验表明，当长度为 L 的通电长直导体置于磁感应强度为 B 的磁场之中，导体受到力的

作用,称为电磁力,如图 2-5 所示,若直导体与磁场垂直,则电磁力计算简化为

$$F = BIL \tag{2-6}$$

电磁力的方向由左手定则判断,这是电动机的理论基础。

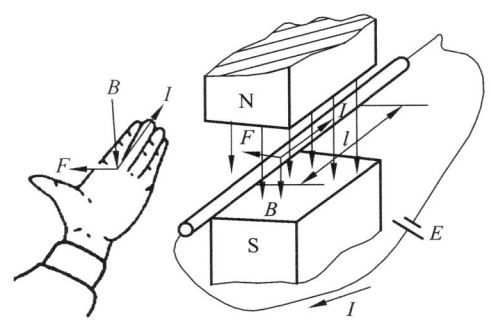

图 2-5 电磁力方向

二、直流电机基本工作原理

1. 直流发电机工作原理

直流发电机是将机械能转变成直流电能的旋转电机。

图 2-6 所示为直流发电机的物理模型,N、S 为定子磁极,abcd 是固定在可旋转导磁圆柱体上的线圈,线圈连同导磁圆柱体称为电机的转子或电枢。线圈的首末端 a、d 连接到两个相互绝缘并可随线圈一同旋转的换向片上。转子线圈与外电路的连接是通过放置在换向片上固定不动的电刷来实现的。

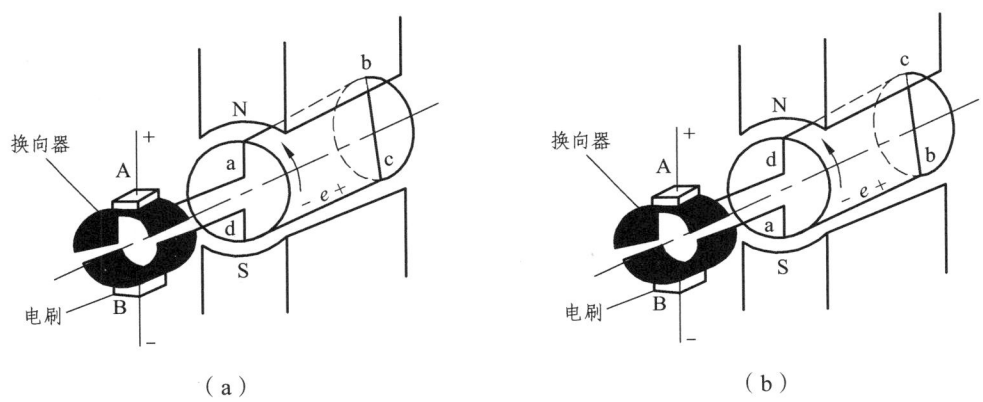

图 2-6 直流发电机工作原理图

当原动机驱动电机转子逆时针旋转时,线圈 abcd 将感应电动势。如图 2-6(a) 所示,导体 ab 在 N 极下,a 点高电位,b 点低电位;导体 cd 在 S 极下,c 点高电位,d 点低电位;电刷 A 极性为正,电刷 B 极性为负。

当电枢转过 90° 时,线圈 abcd 转到 N、S 极之间的几何中心线上,此处的磁感应强度为零,故这一瞬间感应电动势为零。

当原动机驱动电机转子逆时针旋转180°后，如图2-6（b）所示。此时导体ab在S极下，a点低电位，b点高电位；导体cd在N极下，c点低电位，d点高电位；电刷A极性仍为正，电刷B极性仍为负。

与电刷A接触的导体总是位于N极下，与电刷B接触的导体总是位于S极下，电刷A的极性总是正的，电刷B的极性总是负的，在电刷A、B两端可获得直流电动势。

由以上分析可知，线圈内部为一交变电动势，如图2-7所示，但电刷引出的电动势为一单方向的直流电动势，如图2-8所示。从图中可以看出，感应电动势数值较小，波动较大。为了减小电动势的脉动，在实际应用中，电枢上按一定规律放置许多线圈组成电枢绕组，从而使电刷两端引出的电动势脉动程度大为减小，如图2-9所示。

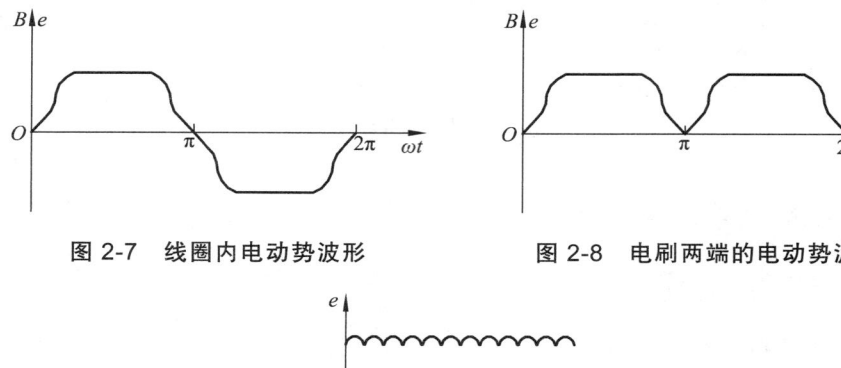

图2-7　线圈内电动势波形　　　　图2-8　电刷两端的电动势波形

图2-9　多个线圈电刷两端的电动势波形

2. 直流电动机工作原理

直流电动机是将电能转变成机械能的旋转电机。图2-10所示为直流电动机工作原理图。

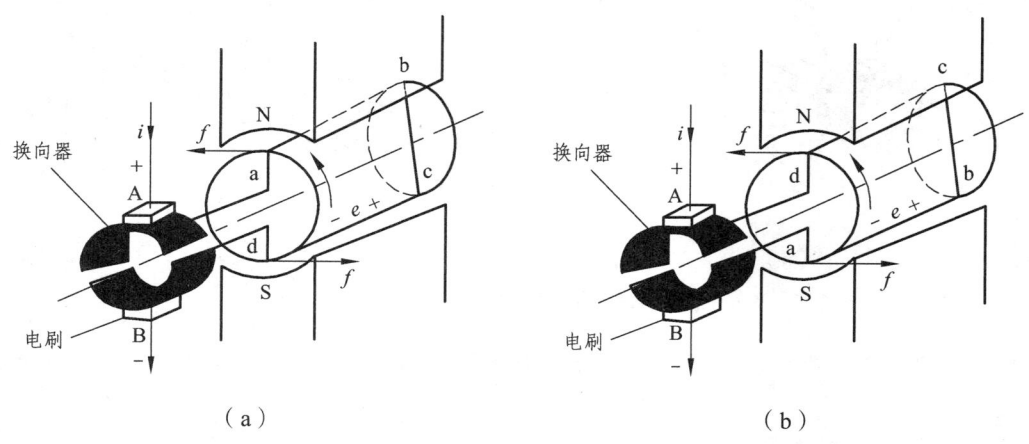

（a）　　　　　　　　　　　　　（b）

图2-10　直流电动机工作原理图

如图2-10（a）所示，把电刷A、B接到直流电源上，其中电刷A接正极，电刷B接负极。此时电枢线圈中电流方向为 +→A→换向器→a→b→c→d→换向器→B→ - 。在磁场作用下，N 极性下导体 ab 受力方向从右向左，S 极下导体 cd 受力方向从左向右。该对电磁力矩形成逆时针方向的电磁转矩。当电磁转矩大于阻转矩时，电机转子逆时针方向旋转。

当电枢转过 90° 时，电刷不与换向片接触，此时线圈内没有电流流过，$i=0$，故电磁转矩 $T=0$。由于机械惯性作用，电枢转过这一角度，电刷 A、B 又接到换向器上，线圈内又有电流流过。此时导体 ab、cd 电流改变方向，即为 b→a 和 d→c。

当电枢旋转 180°，到图 2-10（b）所示位置时，原 N 极性下导体 ab 转到 S 极下，受力方向从左向右，原 S 极下导体 cd 转到 N 极下，受力方向从右向左。该电磁力形成逆时针方向的电磁转矩。线圈在该电磁力形成的电磁转矩作用下继续逆时针方向旋转。在实际应用中，为了获得持续的转矩，和发电机一样，在电枢上安装许多线圈组成电枢绕组。

三、直流电机的感应电动势和电磁转矩

1. 直流电机的感应电动势

直流电机电枢旋转时，电枢导体切割气隙磁场，电枢绕组就会有感应电动势。感应电动势是指电机正负电刷间的电动势。计算公式为

$$E_a = C_e \Phi n \tag{2-7}$$

式中　　Φ——每极磁通量（Wb）；

　　　　n——电机转速（r/min）；

　　　　C_e——电机的结构常数。

说明：(1) 直流电机的感应电势是指电枢表面圆周上固定位置（电刷间）的电枢线圈中感应电势之和，对于给定的电机，C_e 为常数，$E_a \propto \Phi, n$。

(2) E_a 的大小，仅和磁通的大小有关，和磁感应分布无关。

(3) 电刷偏离几何中心线时，则电刷间所包含的总磁通量有所减少，使感应电势相应减少。

2. 直流电机的电磁转矩

直流电机电枢绕组中通过电流时，在磁场中将受到电磁力的作用，电磁力在电枢轴上产生的转矩称为电磁转矩。计算公式为

$$T = C_T \Phi I_a \tag{2-8}$$

式中　　Φ——每极磁通量（Wb）；

　　　　I_a——电枢电流；

　　　　C_T——电机转矩常数，$C_T = \dfrac{pN}{2\pi a}$。 \tag{2-9}

说明：(1) 对于给定的电机，C_T 为常数，T 与 Φ、I_a 成正比。

(2) T 的大小仅和磁通的大小有关，和磁密分布无关。

(3) 电刷偏离几何中心线时，则电刷间所包含的总磁通量有所减少，使电机转矩相应减少。

第二节　直流电机基本结构和铭牌数据

直流电机由静止的定子与旋转的转子两部分组成，在定子与转子之间有一定的气隙，如图 2-11 所示。

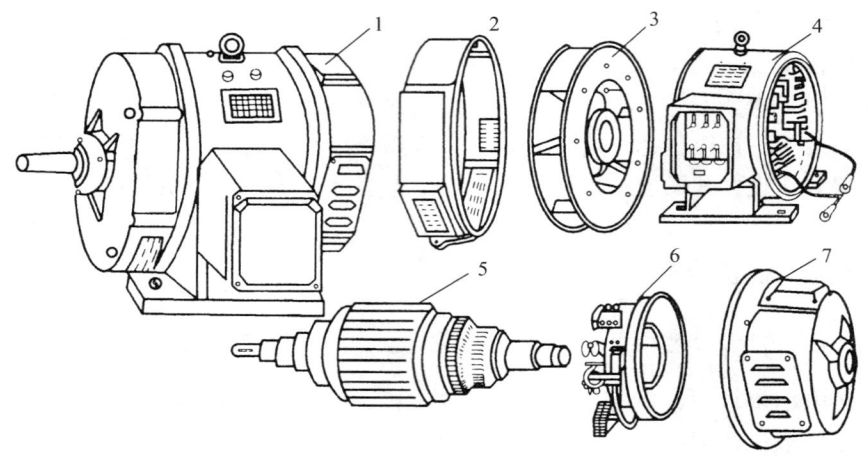

图 2-11　直流电机结构图

1—直流电机总成；2—后端盖；3—通风器；4—定子总成；5—转子（电枢）总成；
6—电刷装置；7—前端盖

一、直流电机的结构

1. 定　子

定子是直流电机的静止部分，其作用是产生磁场和作为电机的机械支撑。定子由机座、主磁极、换向极和电刷装置组成。

1）机座和端盖

机座一般用铸钢或厚钢板焊接而成。它用来固定主磁极、换向极及端盖，借助底脚将电机固定于基础上。机座还是磁路的一部分，用以通过磁通的部分称为磁轭。

端盖主要起支撑作用，端盖固定于机座上，其上放置轴承，支撑直流电机的转轴，使直流电机能够旋转。

2）主磁极

主磁极是一个电磁铁，如图 2-12 所示，包括磁极和励磁绕组两部分。当励磁绕组中通入直流电流后，即产生励磁磁通，并在气隙中建立励磁磁场。励磁绕组通常用圆形或矩形的绝缘导线制成一个集中的线圈，套在磁极外面。主磁极一般用 1～1.5 mm 厚的低碳钢板冲片叠压铆接而成，主磁极柱体部分称

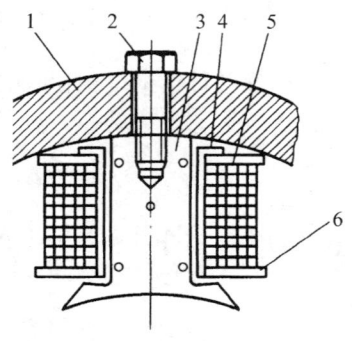

图 2-12　主磁极

1—机座；2—主极螺钉；3—主极；
4—框架；5—主极绕组；
6—绝缘衬垫

为极身，靠近气隙一端较宽的部分称为极靴，极靴与极身交接处形成一个突出的肩部，用以支撑住励磁绕组。极靴沿气隙表面成弧形，使磁极下气隙磁通密度分布更合理。整个主磁极用螺杆固定在机座上。

主磁极总是N、S两极成对出现。各主磁极的励磁绕组通常是相互串联连接，连接时要能保证相邻磁极的极性按N、S交替排列。

3）换向极

换向极又称附加极，它装在两个主极之间，用来改善直流电机换向。换向极也由磁极和绕组构成。换向极大多由整块钢板加工而成。但在整流电源供电的功率较大的电机中，为了更好地改善电机的换向，换向极也采用叠片结构。换向极线圈与主极线圈一样，也是用圆铜线或扁铜线绕制而成，经绝缘处理后套在换向极上，最后用螺钉固定在机座内壁上。

4）电刷装置

电刷装置的作用是通过电刷与换向器表面的滑动接触把转动的电枢绕组与外电路相连。如图2-13所示，电刷装置一般由电刷、刷握、刷杆及刷杆座等部分组成。电刷一般用石墨粉压制而成，电刷装在刷握盒内，用压紧弹簧压紧在换向器的表面上。刷握固定在刷杆上，刷杆装在刷杆座上，彼此之间绝缘。

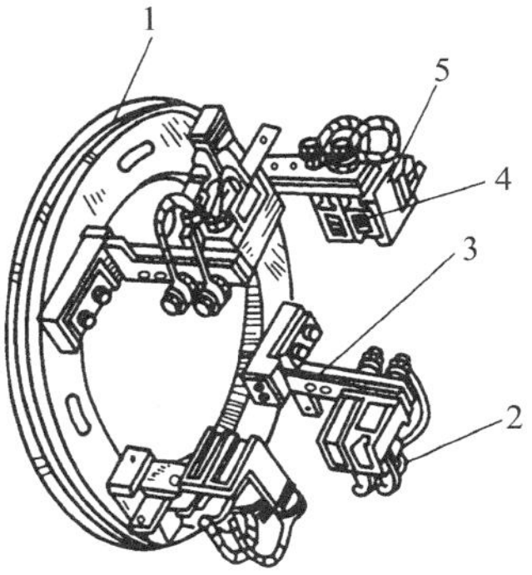

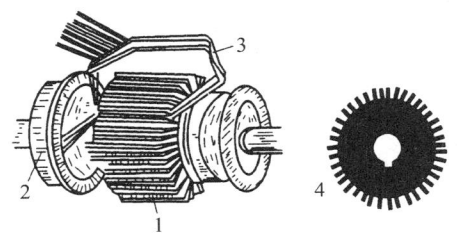

图 2-13 电刷装置

1—刷杆座；2—弹簧；3—刷杆；4—电刷；5—刷握

2. 转　子

直流电机转子又称为电枢，由转轴、电枢铁芯、电枢绕组及换向器等组成。

1）转　轴

转轴作用是传递转矩，要求具有足够的机械强度，一般为合金钢锻压而成。

2）电枢铁芯

电枢有两个作用：一是固定电枢绕组，承受电磁力；二是作为磁路主要部分。为了减少铁损，一般用0.5 mm厚的硅钢冲片叠压而成。如图2-14所示，上有电枢槽、轴孔和通风孔，其中，电枢槽内嵌放电枢绕组。

图 2-14 电枢铁芯与电枢冲片

1—电枢；2—换向器；3—绕组元件；4—冲片

3）电枢绕组

电枢绕组的作用是产生感应电势，通过电流产生电磁转矩，实现机电能量的转换。电枢绕组是电机的核心部件，是电机的主要电路部分。电枢绕组通常用带绝缘的圆形或矩形截面的导线绕制而成，再按一定规律嵌放在电枢槽内，线圈之间以及上下层之间均要妥善绝缘，用槽楔压紧，再用玻璃丝带或钢丝扎紧。绕组端头则按一定规则嵌放在换向器的升高片槽内，并用锡焊或氩弧焊焊牢。

4）换向器

换向器的作用是机械变流。在直流电动机中，它将外加的直流电流转换为绕组内的交流电流；在直流发电机中，它将绕组内的交流电动势转换为电刷端的直流电动势。换向器的结构如图2-15所示。换向器由许多换向片组成，换向片间用云母绝缘。换向器凸起的一端称为升高片，用以与电枢绕组端头相连，换向器下部做成燕尾形，利用换向器套筒、V形压圈及螺旋压圈将换向片、云母片紧固成一个整体，在换向片与套筒、压圈之间用V形云母片绝缘，最后将换向器压装在转轴上。

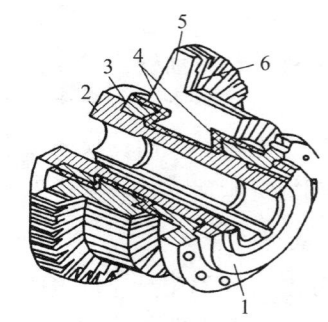

图 2-15 换向器
1—螺旋压圈；2—换向器套筒；3—V形压圈；
4—V形云母环；5—换向铜片；
6—云母片

二、直流电机的铭牌数据

每台电机都有一个铭牌，上面标注各种额定数据，简要介绍这台电机型号、规格及性能，是用户合理选择和使用电机的依据。

1. 直流电动机的型号

电机的铭牌上都标有电机的型号，直流电机的型号很多，各有不同的特点和使用范围。一般用途的直流发电机的类型代号为 ZF，直流电动机的类型代号为 Z（或 ZD）；电机类型代号后面的数字表示电机的尺寸和规格，如图2-16中电机型号 Z_3—95，Z 表示直流电动机，注脚 3 表示第三次改型设计，后面的第一个数字 9 表示机座号，第二个数字 5 表示铁芯长度序号。

直流电动机			
型号	Z_3—95	产品编号	7001
结构类型		励磁方式	他励
功率	30 kW	励磁电压	220 V
电压	220 V	工作方式	连续
电流	160.5 A	绝缘等级	定子B级 转子B级
转速	750 r/min	质量	685 kg
标准编号	JB1104—68	出厂日期	年　月

图 2-16 直流电动机的铭牌

机车用的牵引电机型号含义有所不同，例如：ZQDR-410 为 DF_4 型内燃机车的牵引电动机的型号，Z—直流，Q—牵引，R—"热"力机车，内燃机车为热力机车之一，D—电动机。此型号表示热力机车用直流牵引电动机，额定功率410 kW。SS$_4$型和SS$_{4G}$型电力机车采用的脉流牵引电机的型号为ZD105，期中Z表示直流，D表示牵引电动机，1表示牵引电动机，05为设计序号。

2. 额定值

根据国家标准要求设计和试验所得的一组反映电机性能的主要数据，称为电机的额定值。

（1）额定功率P_N：额定条件下电机所能提供的功率。对于发电机，额定功率是指出线端输出的额定电功率；对于电动机，额定功率是指转轴上输出的机械功率。单位为千瓦（kW）。额定功率、额定电压和额定电流的关系为

发电机　　　$P_N = U_N I_N$　　　　　　　　　　　　　　　　　　　　（2-10）

电动机　　　$P_N = U_N I_N \eta_N$　　　　　　　　　　　　　　　　　　（2-11）

（2）额定电压U_N：电机安全工作时，电枢绕组允许输出的最高电压或外加电压，单位为伏（V）。

（3）额定电流I_N：电机按照规定的工作方式运行时，电枢绕组允许流过的最大安全电流，单位为安（A）。

（4）额定转速n_N：电机在额定电压、额定电流和额定输出功率时电机的旋转速度，单位为转/分（r/min）。

此外还有工作方式、励磁方式、额定励磁电压、额定温升及额定效率η_N等。

电力机车用ZD105型牵引电动机的额定功率为800 kW，额定电压为1 020 V，额定电流为840 A，额定转速为960 r/min，工作方式为连续式等。

第三节　直流电机的电枢绕组

绕组是直流电机实现机电能量转换的枢纽，为直流电机的重要部件，绕组的形式与电机的性能、寿命和效率有很大关系。它的制造工艺比较复杂，在运行中易发生故障，因此，设计绕组时要求：① 能通过规定的电流和产生足够大的电势。② 尽可能节省有色金属和绝缘材料。③ 保证换向良好。

一、电枢绕组的基本术语

电枢绕组是由结构和形状相同的绕组元件（简称元件）构成的。一个元件由两个元件边和端接组成，并且两个元件边安放在不同的槽中，如图2-17所示。元件边是指在槽中能切割磁场感应电动势和产生电磁转矩的部分，也称有效边；端接是指在槽外仅起连接作用的部分。直流电机的电枢绕组是双层的，即元件的一个有效边放

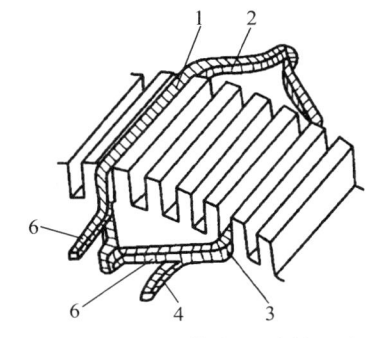

图2-17　线圈在槽内安放的示意图
1—上层有效边；2、5—端接部分；
3—下层有效边；4—线圈尾端；
6—线圈首端

在某一槽的上层,称为上层边(绘图时画实线);另一个有效边放在相隔一定距离的另一个槽的下层,称为下层边(画虚线)。若电枢每槽上、下层只有一个元件边,则整个绕组的元件数等于槽数。

直流电机电枢绕组的形式有很多,其基本形式有单叠绕组和单波绕组两类,这里只讨论单叠绕组和单波绕组,如图 2-18 所示。

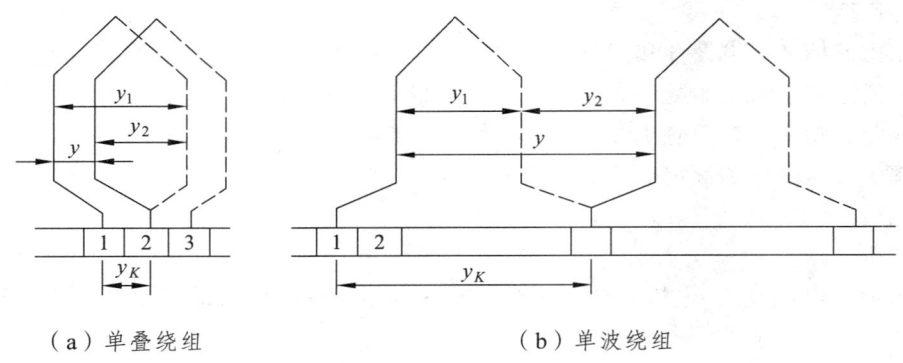

(a)单叠绕组　　　　　　　　(b)单波绕组

图 2-18　电枢绕组的基本形式

下面接着学习直流电机绕组的基本术语。

1. 极距 τ

极距 τ 是指相邻两个主极轴线沿电枢表面所跨的空间距离,计算公式为

$$\tau = \pi D_a / 2p \tag{2-12}$$

式中,D_a 为电枢铁芯的外直径,p 为电机主磁极对数。

极距有时用槽数来表示,计算公式为

$$\tau = Z / 2p \tag{2-13}$$

式中,Z 表示电枢铁芯表面的总槽数。

2. 第一节距 y_1

第一节距 y_1 是指每一元件的两个元件边在电枢表面所跨的距离,用槽数来表示。

例如,上元件边在 1 槽,下元件边在 5 槽,则 $y_1 = 5-1 = 4$。为了使绕组感应电动势最大,应使 y_1 接近于极距 τ。通常取 y_1 接近于极距 τ,即

$$y_1 = \frac{Z}{2p} \pm \varepsilon \tag{2-14}$$

式中,ε 是用来凑成 y_1 为整数的小数。当取"+"时,表示为长距线圈;当取"-"时,表示为短距线圈;当 $\varepsilon = 0$ 时,为整距线圈。为了节省材料,不采用长距线圈。

3. 合成节距 y 与第二节距 y_2

合成节距 y 是指相串联的两个元件的对应有效边（上层边或下层边）沿电枢表面所跨的距离，一般用槽数来表示；第二节距 y_2 是指相串联的两个元件中前一个元件的下层边与后一个元件的上层边沿电枢表面所跨的距离，一般也用槽数表示。如图 2-18 中，若定义叠绕组的 y_2 为负，波绕组的 y_2 为正，则合成节距与第一和第二节距有如下关系：

$$y = y_1 + y_2 \tag{2-15}$$

4. 换向节距 y_K

换向节距 y_K 是指一个元件的两个出线端所接的两个换向片之间的距离，一般用换向片数表示。通常换向片数等于元件数，因此合成节距等于换向节距，如图 2-18 所示。

二、单叠绕组和单波绕组

电枢绕组的形式很多，下面仅介绍单叠绕组和单波绕组。

1. 单叠绕组

如图 2-18（a）所示，元件的两个出线端连接于相邻的两个换向片上；相邻元件依次串联，后一元件的首端与前一元件的尾端连在一起，并接到同一个换向片上，最后一个元件的尾端与第一个元件的首端连在一起，形成一个闭合回路。由于后一个元件总是"叠"在前一个元件上，所以形象地称为"叠绕组"。

下面以极对数 $p=2$，槽数 $Z=16$，元件数 $S=$ 换向片数 $K=16$ 的直流电机为例绘制绕组展开图，说明单叠绕组的连接特点和支路组情况。

1）节距计算

单叠：$y_1 = y_K = 1$，第一节距：$y_1 = 16/4 = 4$，该绕组为整距绕组，第二节距 $y_2 = y - y_1 = 1 - 4 = -3$。

2）绘制绕组展开图

假设把电枢从某一个齿的中间沿轴向切开，可以展开成一平面绕组连接图，如图 2-19 所示。途中，箭头和 n 表示电枢旋转的方向和转速；槽内元件的上层边用实线表示，下层边用虚线表示；元件、槽及换向片自左至右编号，元件顶上的号码表示元件号，中间的号码表示槽号。编号的原则是，元件号、元件上层边安放的槽号以及该边所连接的换向片采用相同的编号。例如，1 号元件的上层边放在 1 号槽中，并与 1 号换向片相连，根据 $y_1 = 4$，1 号元件的下层边应在 5 号槽中；根据 $y_k = 1$，下层边出现端应与 2 号换向片相连。接着 2 号换向片与放在 2 号槽中的 2 号元件的上层边相连，2 号元件下层边应放在 6 号槽中，并与 3 号换向片相连。以此类推，最后 16 号元件的下层边与 1 号换向片相连，从而所有元件组成一个闭合回路。

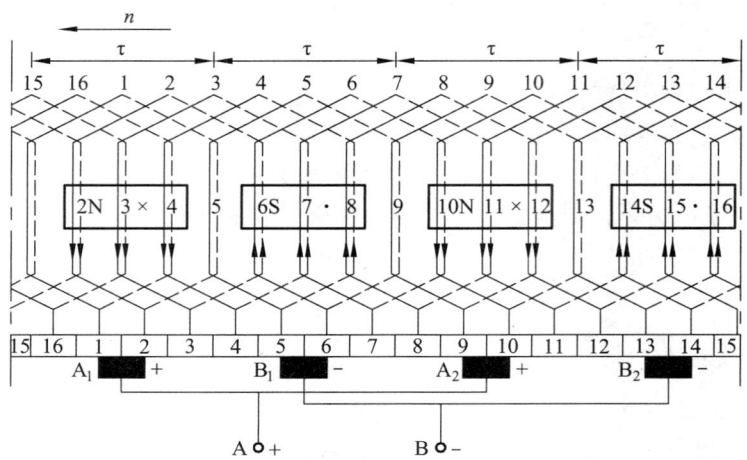

图 2-19　$Z=16$，$2p=4$ 的单叠绕组展开图

3）安放主磁极和电刷

根据所给定的主磁极数，取磁极宽度约为 0.7，将主磁极 N 极和 S 极相间均匀放置在绕组展开图中，表明各磁极在圆周上的位置是均匀对称的。假设磁极在绕组上面。两个磁极间的中心线称为几何中性线。为使正负电刷间能获得最大的感应电动势，且被电刷短接的元件的感应电动势最小，电刷应放在磁极轴线的位置上，即电刷的中心线对着磁极的中心线，如图 2-19 所示。

4）单叠绕组的瞬间电路图

按照图 2-19 所示的单叠绕组展开图，可以画出该瞬间的绕组电路图，根据主磁极的极性和电枢的旋转方向，可以确定各元件中感应电动势的方向及电刷的极性。如图 2-20 所示，此时被电刷短接的元件，其元件边恰好在两个主磁极之间的几何中性线上，该处的磁感应确定为零，故两条元件边的感应电动势为零，被电刷短路时也不会产生环流。此时电刷的位置，习惯上称为"电刷放在几何中性线位置"。

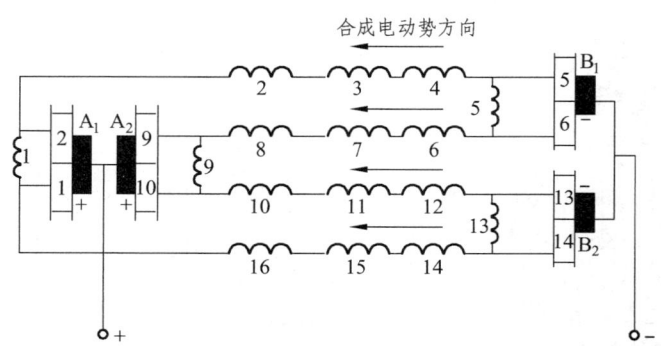

图 2-20　单叠绕组瞬间电路图

5）单叠绕组的并联支路数

单叠绕组的并联支路数等于电机极数，并联支路对数等于极对数，即

$$a = p \tag{2-16}$$

式中，a 为并联支路对数。

2. 单波绕组

单波绕组的连接特点是把相隔约为一对极距的同极性磁极下对应位置的所有元件串联起来，直到沿电枢和换向器绕过一周后，恰好回到起始换向片的相邻一片上。由于元件串联后形成波浪形，所以形象地称为"波绕组"，如图 2-18（b）所示。

从图 2-18（b）可以看出，如果电机有 p 对磁极，元件接绕电枢一周后，就有 p 个元件串联起来。从换向器上看，每连一个元件前进 y_K 片，连接 p 个元件后所跨过的总的换向片数为 py_K 片。由于单波绕组在换向器上绕过一周后，应回到起始换向片的相邻一片上，即总共跨过 $K±1$ 片，故换向节距 y_K 与合成节距 y 应满足以下关系：

$$y_K = y = (K \pm 1)/p \quad (2\text{-}17)$$

式中，若取"－"，表示元件接绕一周后，比出发时的换向片后退一片，称为左行绕组；若取"＋"号，表示元件接绕一周后，比出发时的换向片前进一片，称为右行绕组。右行绕组因端接部分交叉，较少采用。

下面以极对数 $2p=4$，$Z=S=K=15$ 的直流电机为例绘制绕组展开图，说明单波绕组的连接特点和支路组成情况。

1）计算节距

采用左行绕组，则合成节距与换向节距为

$$y = y_K = (K-1)/p = (15-1)/2 = 7$$

采用短距绕组，第一节距 $y_1 = 15/4 - \varepsilon = 3$；第二节距 $y_2 = y_K - y_1 = 7 - 3 = 4$。

2）绘制绕组展开图

单波绕组的展开图如图 2-21 所示，图中箭头、符号、编号和虚线、实线的表示与单叠绕组相同。例如，1 号元件的上层边放在 1 号槽中，并与 1 号换向片相连。根据 $y_1=3$，1 号元件的下层边应在第 4 个槽中，再根据 $y_K=7$ 可知，1 号元件的下层边应与 8 号换向片相连。接着 8 号换向片与放在 8 号槽中的 8 号元件的上层边相连，8 号元件的下层边应放在 11 号槽中，并与 15 号换向片相连。以此类推，最后 9 号元件的下层边与 1 号换向片相连，从而所有元件组成一个闭合回路。元件的次序如图 2-22 所示。

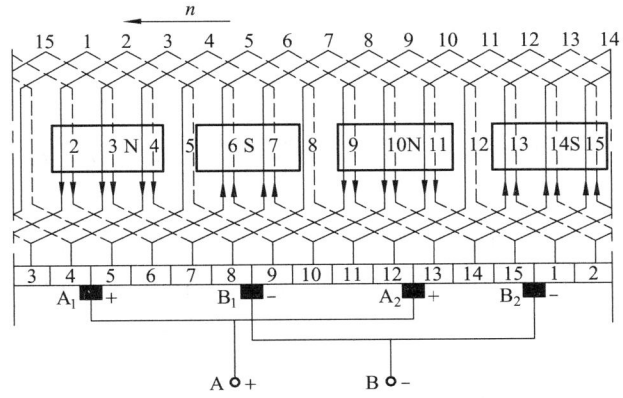

图 2-21 $Z=15$，$2p=4$ 的单波绕组展开图

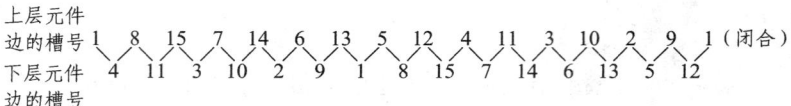

图 2-22 单波绕组元件的连接次序

3）安放主磁极和电刷

主磁极和电刷的安放原则与单叠绕组相同。

4）单波绕组的瞬间电路图

按照图 2-21 所示的单波绕组展开图，可以画出该瞬间的电路图，如图 2-23 所示，图中，元件 15、7、14、6 和 13 的上层边都在 S 极下，电动势方向相同，串联起来组成一条支路；元件 4、11、3、10 和 2 的上层边都在 N 极下，电动势方向也相同，串联起来组成另一条支路。此时，元件 5 和 12 被电刷 A1、A2 短路，元件 1、8 和 9 被电刷 B1、B2 短路，由于这 5 个元件的感应电动势接近于零，故环流也接近于零。

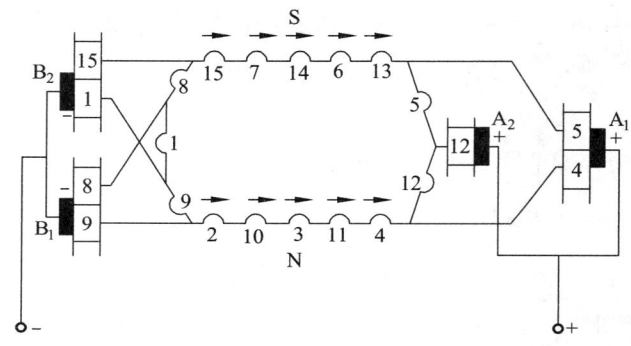

图 2-23 单波绕组瞬间电路图

5）单波绕组的绕组并联支路数

由单波绕组的瞬间电路图可知，单波绕组的并联支路数恒等于 2，与主极数无关。即

$$并联支路对数 \ a = 1 \tag{2-18}$$

另外，虽然单波绕组只有 2 条支路，即只需 2 组电刷，但考虑到支路的对称性和电刷下的电流密度对称性的要求，一般仍取电刷组数等于磁极数。

第四节 直流电机的磁场和电枢反应

由直流电机的基本工作原理的分析可知，发电机变机械能为电能、电动机变电能为机械能的必要条件之一是必须具有气隙磁通。因此，必须在直流电机主磁场和励磁绕组中通以励磁电流来产生磁势，才能产生气隙磁通。电枢绕组切割气隙磁通产生感应电动势，或者由电枢绕组与气隙磁通相互作用产生电磁转矩，从而实现机-电能量的转换。因此，分析电机的磁场是分析电机运行状态的基础。

一、励磁方式

直流电机的励磁方式是指直流电机的励磁绕组和电枢绕组之间的连接方式。不同励磁方式的直流电机，其特性有很大的差异。按照励磁方式的不同，直流电动机可分为他励、并励、串励、复励电机，如图 2-24 所示。

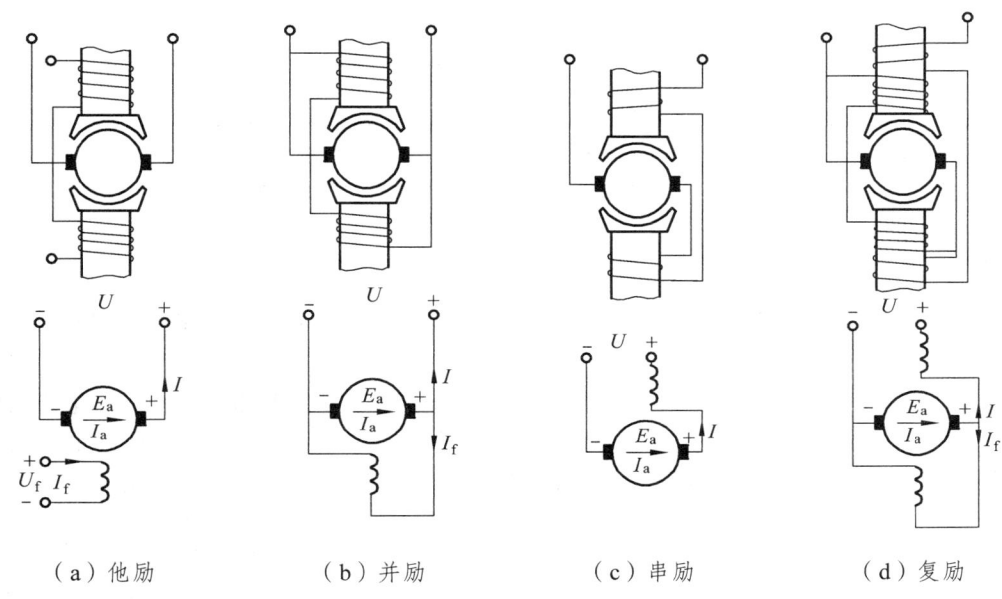

（a）他励　　　　（b）并励　　　　（c）串励　　　　（d）复励

图 2-24　直流电机的励磁方式

1. 他励电机

他励电机的励磁绕组和电枢绕组各自分开，励磁绕组由独立电源供电，如图 2-24（a）所示。他励电机的励磁电流 I_f 的大小只取决于励磁电源的电压和励磁回路的电阻，而与电机的电枢电压大小和负载无关。用永久磁铁作主磁极的电机可作为他励电机。

2. 并励电机

并励电机的励磁绕组和电枢绕组相并联，如图 2-24（b）所示。并励电机的励磁电流一般为额定电流的 5%，要产生足够大的磁通，需要较多的匝数。所以并励绕组匝数多，导线较细。

3. 串励电机

串励电机的励磁绕组和电枢绕组相串联，如图 2-24（c）所示。串励电机的励磁电流与电枢电流相同，数值较大。因此串励绕组匝数较少，导线较粗。

4. 复励电机

复励电机的主磁极有两个励磁绕组，一个是串励，另一个是并励，如图 2-24（c）所示。

通常并励绕组起主要作用（70%以上），串励绕组仅起补偿作用。若串励绕组和并励绕组磁势方向相同，称为积复励；若串励绕组和并励绕组磁势方向相反，称为差复励。并励绕组，匝数多导线细；串励绕组，匝数少导线粗。

直流电机各类绕组接线后，其引出线的端头要加以标记，根据 IEC 国际标准规定的各绕组端线符号如表 2-1 所示。

表 2-1　直流电机各绕组线段符号表

绕组名称	电枢绕组	换向极绕组	补偿绕组	串励绕组	并励绕组	他励绕组
线端符号	A_1、A_2	B_1、B_2	C_1、C_2	D_1、D_2	E_1、E_2	F_1、F_2

二、直流电机空载磁场

直流电机空载时，电枢电流为零，只有励磁绕组中存在电流，即空载时气隙磁场完全由励磁绕组的电流产生。

如图 2-25 所示是一台四极直流电机空载磁场分布图。其中大部分磁感线从主磁极的 N 极出发，经气隙和电枢齿，进入电枢铁芯，然后再经过电枢齿和气隙，回到相邻的主磁极 S 极，最后经过机壳，回到原来出发的主磁极 N 极，形成闭合回路。这部分磁通同时与励磁绕组和电枢绕组交链，称为主磁通，用 Φ_0 来表示。在电枢旋转时，电枢绕组将切割主磁通感应出电动势。另外，还有一部分磁通，只与励磁绕组交链，这部分磁通称为漏磁通，用 Φ_σ 表示。由图可以看出，主磁通气隙较小；漏磁通气隙较大，磁阻也较大，通常漏磁通的数量只有主磁通的 2%～8%。

由于主磁极的极靴宽度比一个极距小，且极靴下的气隙不均匀，所以，主磁通的每条闭合磁感线所经过的磁回路的磁阻都不同，在磁极轴线附近的磁路中气隙较小，而接近极尖处的磁路中气隙较大。若不计铁磁材料的磁压降，可以认为所有励磁磁动势全部降落在气隙中。这样，在气隙较小处，磁感应强度较大，而在气隙较大处，磁感应强度较小；在两主磁极之间的几何中性线处，磁感应强度为零。因此，在不计齿、槽影响的情况下，直流电机的空载气隙磁感应强度分布如图 2-26 所示，为一空间位置固定的平顶波。

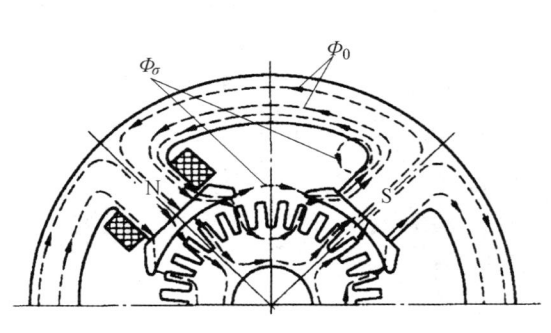

图 2-25　直流电机空载磁场分布

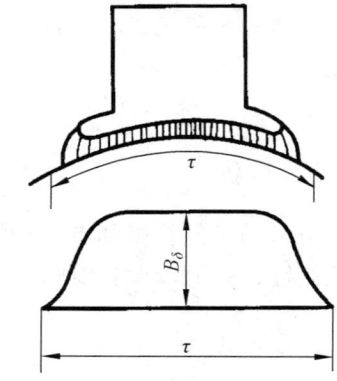

图 2-26　直流电机空载气隙磁感应强度分布

三、直流电机负载时的气隙磁场和电枢反应

当直流电机带上负载时,电枢绕组中有电流流过,电枢电流将产生电枢磁场,此时气隙磁场由主极磁场和电枢磁场叠加形成。负载时,电枢磁场对主磁极的磁场影响称为电枢反应。

为了分析直流电机的电枢反应的作用,先假定励磁电流为零,分析电枢绕组中电流所产生的电枢磁场的分布情况。然后再看电枢磁场对主极磁场的影响。

1. 电枢磁场的分布

图 2-27 给出了两极电枢磁场的分布,为了画图简便,省去了换向器,并假定电枢是光滑的,导体在电枢表面均匀分布。电刷位于几何中性线上,即直接与几何中性线上的元件边接触。

在直流电机中,支路电流是通过电刷引入或引出的,所以电刷是电枢表面电流分布的分界线。在图 2-27 中,若电枢上半圆周的导体电流方向为流出、下半圆周的导体电流方向为流入,根据右手螺旋定则,磁场分布如图中虚线所示。

电枢虽然在旋转,但由于电刷和换向器的作用,使得每个极下元件边中电流的方向固定不变,所以电枢磁场在空间位置上是固定不动的。因此,电枢磁场与主极磁场之间是相对静止的。

根据安培环路定律和磁路定律的计算,可得电枢磁动势波形(图 2-28 曲线 1)和电枢磁感应强度的分布(图 2-28 中曲线 2)。由图可知,磁感应强度曲线近似马鞍形。在极靴下,气隙变化小,呈线性变化,磁感应强度受气隙大小的影响小;而在两极之间,由于气隙较大,磁感应强度被大大削弱。所以才呈现马鞍形的形状。

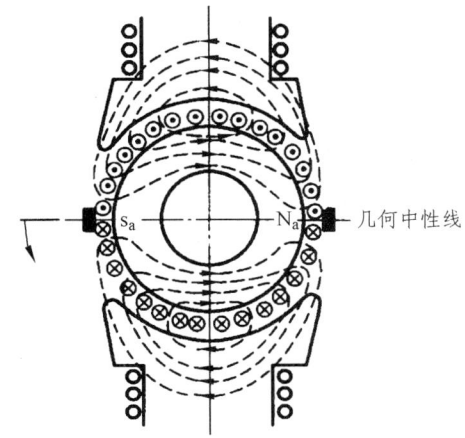

图 2-27 电刷在几何中性线上的电枢磁场

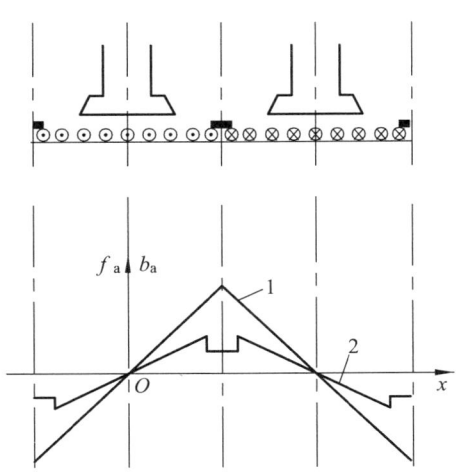

图 2-28 电刷在几何中性线上时电枢磁动势和
磁感应强度的分布

1—电枢磁动势波形;2—电枢磁感应强度分布

2. 直流电机负载时的气隙磁场

从以上分析可知,主磁极磁场和电枢磁场二者在空间位置上相对静止,所以,利用叠加

定理，可以将平顶波分布的主极磁通与按马鞍形分布的电枢磁通进行叠加，从而得到直流电机负载时的气隙磁感应强度分布，如图 2-29（a）所示。

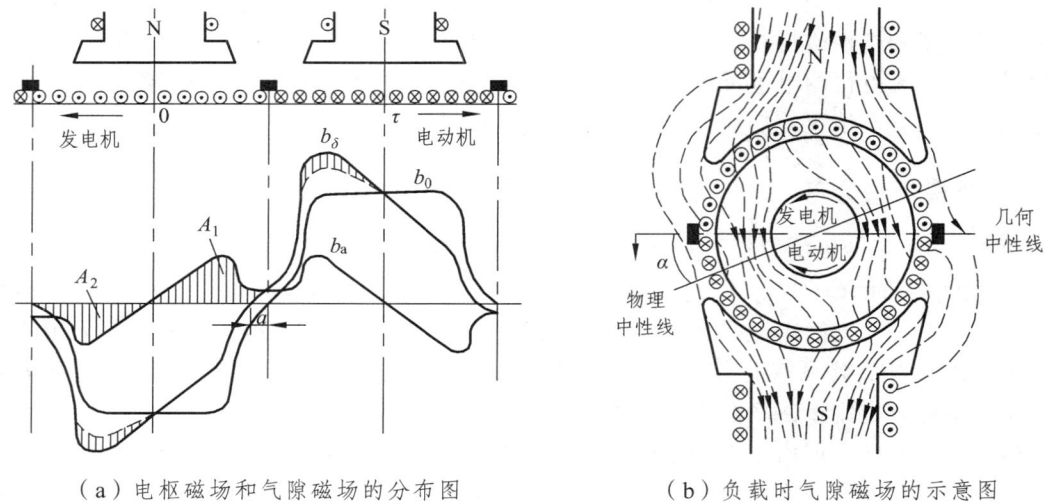

(a) 电枢磁场和气隙磁场的分布图　　(b) 负载时气隙磁场的示意图

图 2-29　电刷在几何中性线上的电枢磁场

3. 直流电机电枢反应的作用

由图 2-29（a）可知，每个磁极下，主磁场的一半被削弱，另一半被加强。当电机空载时，几何中性线处的主磁极磁场为零。电机中将磁场为零的位置统称为物理中性线。所以，电机空载时，物理中性线与几何中性线重合。当电机负载后，由于电枢反应的影响，使气隙磁场发生畸变，电枢表面上磁感应强度为零的位置将随之移动，使得物理中性线与几何中性线不重合。负载时的气隙磁场示意图见图 2-29（b）。对于发电机，物理中性线将顺着电枢旋转方向从几何中性线向前移过一定的角度 α；对于电动机，则逆着电机旋转方向向后移过一定角度 α。

当磁路不饱和时，主磁场中被削弱的数量与被加强的数量相等，如图 2-29（a）所示，图中所示的面积 $A_1 = A_2$，此时，负载时每极下的合成磁通仍与空载时相同。但在实际电机中，由于磁路饱和的影响，增磁部分将使饱和程度提高，磁感应强度降低；去磁部分磁感应强度与不计饱和时基本一致。因此，负载时每极磁通比空载时略有减小，总体呈现去磁趋势。负载时实际气隙的合成磁场如图 2-29（a）中虚线所示。

综上所述，直流电机电枢反应的作用为：① 使气隙磁场发生畸变，物理中性线偏离几何中性线；② 考虑饱和时，每极磁通略有减小，即具有一定的去磁作用。

第五节　直流电机的基本方程

从直流电机可逆性原理可知，无论是发电机还是电动机，在实现能量转换的过程中，都伴有感应电动势、电流、电磁转矩的产生。电机稳态运行时，即电机的负载、励磁电流以及转速达到稳定值时，各种电压转矩和功率之间存在的平衡关系，称为电机平衡方程式。这些平衡关系应分别符合电学、力学及能量守恒定律，是分析直流电机运行特性的基础。

一、电动势平衡方程式

1. 电动机的电动势平衡方程

在电动机里,电枢绕组经电刷接外电源,外加电压是驱动电流流动的原因,电枢电流与电源电压方向相同,产生电磁转矩($T=C_T\Phi I_a$)带动负载工作;与此同时,在电枢上也产生感应电动势,此时感应电动势与电枢电流方向相反,称为反电动势(E_a),其大小为$C_e\Phi n$,如图 2-30 所示。

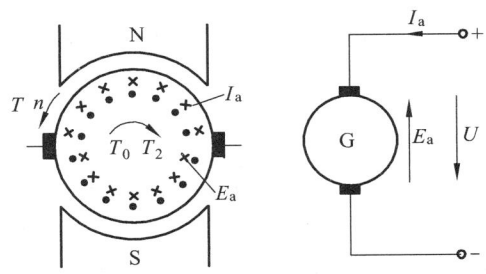

图 2-30 直流电动机的电动势及转矩平衡关系

设 U 为直流电机的端电压,取 U、E_a、I_a 的实际方向作为正方向,可得电枢回路的电动势平衡方程为

$$U = E_a + I_a R_a \tag{2-19}$$

式中,R_a 为电枢回路总电阻,包括电枢回路中各串联绕组的电阻和电刷与换向器之间的接触电阻。

这就是电动机的电压平衡方程式,它说明加在电动机上的电源电压与电枢反电动势及电枢绕组电压降相平衡。由于 R_a 很小,电压降 $I_a R_a$ 不大,电源电压主要与反电动势相平衡。

由式(2-19)得电动机电枢电流 I_a 的计算公式如下

$$I_a = \frac{U - E_a}{R_a} \tag{2-20}$$

可见,当电源电压不变时,电动机电枢电流 I_a 的大小主要取决于电枢反电动势的大小。反电动势越大,电枢电流越小。而电动机的转速又是决定电枢反电动势大小的重要因素。例如在直流电动机刚接通电源的瞬间,电动机转速为零,电枢反电动势也为零,所以电枢电流很大。当电动机转速逐渐增加时,电枢导体切割主磁通的速率增加,电枢反电动势也跟着增加,结果电源电压与反电动势的差值降低,电枢电流减小。反之,当电动机的转速降低时,电动机反电动势减小,结果电源电压与反电动势差值增大,电枢电流增大。

2. 发电机的电动势平衡方程

在发电机里,电枢绕组经电刷接负载,感应电动势(E_a)驱动电流流动,所以电枢电流与感应电动势同方向,如图 2-31 所示。

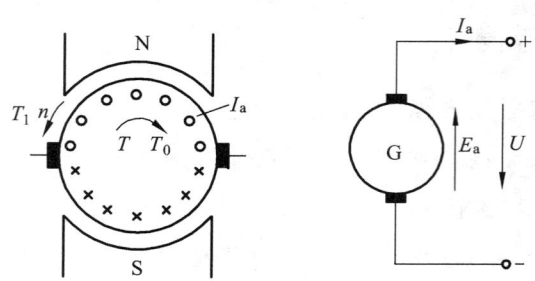

图 2-31 直流发电机的电动势及转矩平衡关系

同样，设 U 为直流电机的端电压，取 U、E_a、I_a 的实际方向作为正方向，可得电枢回路的电动势平衡方程为

$$U = E_a - I_a R_a \tag{2-21}$$

式中，R_a 为电枢回路总电阻，包括电枢回路中各串联绕组的电阻和电刷与换向器之间的接触电阻。

这是发电机的电压平衡方程式，说明发电机的输出端电压与发电机的电动势和 R_a 上的压降之差相平衡。发电机电枢电流公式及变化规律自行讨论。

二、转矩平衡方程式

无论是发电机还是电动机，当电枢绕组有电流时，电枢电流和磁场相互作用都产生电磁转矩，其大小为 $T = C_T \Phi I_a$。转矩的方向可由左手定则判断，除了电磁转矩，电机运行时还有其他转矩，下面分别讨论电动机和发电机的转矩平衡方程。

1. 电动机转矩平衡方程

电动机在运行时，电磁转矩 T 使电枢转动为驱动转矩，与电动机转向相同，此时轴上的负载转矩 T_2 和空载阻力转矩 T_0 均为阻转矩。

电机的转速恒定时，加在电机轴上的驱动转矩应与阻转矩相等，其平衡方程为

$$T = T_2 + T_0 \tag{2-22}$$

由式（2-22）可以看出，作为驱动转矩的电磁转矩必大于负载转矩 T_2，电动机的转向取决于电磁转矩 T 的方向。若想提高转速，应增大电枢电流 I_a。这时驱动转矩大于阻转矩，电枢加速旋，当达到某一转速时，驱动转矩和阻转矩达到新的平衡状态，电动机又在恒定转速下运行。

2. 发电机的转矩平衡方程

发电机在运行时，驱动转矩为原动机拖动的外转矩 T_1，决定电机的转向，电磁转矩 T 和空载阻力转矩 T_0 均为阻转矩，当电机转速恒定时，驱动转矩和阻转矩平衡，平衡方程为

$$T_1 = T + T_0 \tag{2-23}$$

由公式（2-23）可以看出，$T_1 > T$，与电动机有所不同，电动机是电磁转矩大于负载转矩，发电机是外转矩大于电磁转矩，注意区分电机工作状态，即是电动机运行还是发电机运行，才能知道转矩的情况。

三、功率平衡方程式

功率平衡方程式是指电机的输入功率与输出功率及损耗功率间的平衡方程式。电机运行过程中，输入功率、输出功率和各种损耗满足能量守恒定律，如图 2-32 所示。电系统为电源或电力负载，机械系统对发电机来说是原动机，对电动机来说是机械负载，电系统和机械系统通过电机联系起来，若将电机进行能量转换过程中的各种损耗抽出，可用一耦合磁场来表述电机。

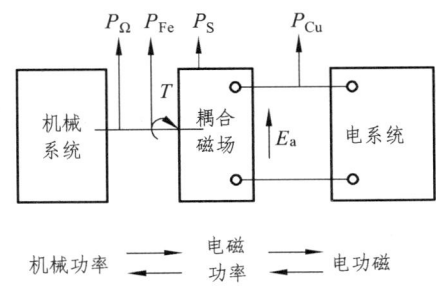

图 2-32　电机中的能量平衡图

1. 电机的损耗

发电机把机械能转换为电能，电动机将电能转化为机械能，电机内部在进行能量形态的转换过程中，存在着电能、机械能、磁场储能和热能四种能量形态。实际运行当中，能量损耗如下。

（1）铜耗 p_{Cu}：当电机的各种绕组中流过电流而产生的电阻损耗。

（2）铁耗 p_{Fe}：由于铁芯中的磁滞、涡流而产生的损耗。

（3）机械损耗 p_Ω：由于各种机械摩擦、通风而产生的损耗。

空载损耗 p_0：铁耗和机械损耗在电机空载时已经存在，其大小与电机负载无关，合称为空载损耗。即

$$p_0 = p_{Fe} + p_\Omega \quad\text{——不变损耗} \tag{2-24}$$

（4）附加损耗 p_s：由于气隙磁场畸变、电流分布不均、均压电流等造成的损耗。占输出功率的 0.5% ~ 1%。

电机损耗 $\sum p$ 为

$$\sum p = p_{Cu} + p_{Fe} + p_\Omega + p_s \tag{2-25}$$

2. 电磁功率

无论是发电机还是电动机，电磁功率均指电机能够利用电磁感应原理进行转换的这部分

功率,用 P_M 表示,可以表示为机械功率的形式,也可以表示为电功率的形式。即

$$P_M = T\Omega = E_a I_a \tag{2-26}$$

式中　T ——电磁转矩;

　　　Ω ——电枢旋转角速度,$\Omega = 2\pi n/60$,n 为电机的转速。

3. 功率平衡方程式

对电机而言,通常用 P_1 表示输入功率,用 P_2 表示输出功率,用 $\sum p$ 表示总损耗。

1)发电机的功率平衡方程式

原动机输入的机械功率 P_1,部分用于克服空载损耗 p_0,大部分转换为电磁功率 P_M,即

$$P_1 = P_M + p_0 \tag{2-27}$$

电磁功率 P_M 一部分用于克服电枢铜耗 p_{Cu} 和附加损耗 p_s,大部分转换成输出功率 P_2,即

$$P_M = P_2 + p_{Cu} + p_s \tag{2-28}$$

联合式(2-27)和式(2-28)可得

$$P_1 = P_M + p_0 = P_2 + p_{Cu} + p_s + p_0 = P_2 + \sum p \tag{2-29}$$

2)电动机的功率平衡方程式

电动机的输入电功率 P_1,一部分用于克服铜耗 p_{Cu},大部分转换为电磁功率 P_M,即

$$P_1 = P_M + p_{Cu} \tag{2-30}$$

电磁功率 P_M 一部分用于克服空载损耗 p_0 和附加损耗 p_s,大部分转换成输出功率 P_2,即

$$P_M = P_2 + p_s + p_0 \tag{2-31}$$

联合式(2-30)和式(2-31)可得

$$P_1 = P_M + p_{Cu} = P_2 + p_s + p_0 + p_{Cu} = P_2 + \sum p \tag{2-32}$$

通过以上讨论可知,无论是电动机还是发电机,输入功率 P_1,输出功率 P_2,总损耗 $\sum p$ 都满足下式

$$P_1 = P_2 + \sum p$$

四、电机的效率

电机的效率是指电机输出功率 P_2 与输入功率 P_1 之比的百分数,计算式为

$$\eta = \frac{P_2}{P_1} = \frac{P_1 - \sum p}{P_1} \times 100\% = 1 - \frac{\sum p}{P_1} \times 100\% \qquad (2\text{-}33)$$

一般大型牵引电机的效率较高,例如 SS$_4$ 型电力机车使用的 ZD105 型脉流牵引电机功率为 800 kW,效率为 94.05%。

复习思考题

1. 直流电机电枢绕组中的电流和外电路的电流有什么不同?
2. 用什么方法可以改变直流电动机的转向?用什么方法可以改变直流发电机的输出电压方向?
3. 写出直流电机电磁转矩的计算公式,说明每个字母表示的意义。
4. 写出直流电机感应电动势的计算公式,说明每个字母表示的意义。
5. 直流电机有哪些主要部件?各部件起什么作用?
6. 直流电机的额定数据通常有哪些?
7. 直流电机电枢绕组基本形式有哪两种?各有什么特点?
8. 什么是绕组?什么是元件?有什么区别?
9. 第一节距、第二节距和合成节距有什么关系?
10. 直流电机有几种励磁方式?各有什么特点?
11. 直流电机空载时的气隙磁场由什么产生的?该磁场有什么特点?
12. 直流电机负载时的气隙磁场由什么产生?有什么特点?
13. 什么是电枢反应,它有什么作用?
14. 直流电动机的电磁转矩、转向、电枢反电动势、电枢电流的方向有何关系?
15. 直流电机的损耗通常有哪几种?
16. 写出电磁功率的计算公式,并分析其物理意义。

第三章 直流牵引电机

牵引电机是驱动机车车辆动轮轴的主电动机。为了满足运输生产的需要，必须对机车牵引性能提出一定要求，例如：能产生足够大的牵引力；能方便和广泛地调节速度，有较强的过载能力；具备先进的经济技术指标等。对机车牵引性能的要求，在很大程度上讲就是对牵引电动机性能的要求。因此在设计参数的选择上和结构形式上不同于普通电动机，而成为电动机一个单独类型。

直流电机具有调速范围广、较强的过载能力和较大的启动转矩，早期在机车上应用较多；交流电机和直流电机相比，具有结构简单、价格便宜、工作可靠、维护方便等优点，近年来被广泛应用在机车上。本章根据机车运行特点，介绍牵引电动机的一些特殊问题和直流牵引电机的有关知识。

第一节 牵引电动机的有关知识

一、牵引电动机的传动和悬挂方式

牵引电动机的安装和一般常见的电机不同，不是用地脚螺钉固定在基础上，而是用悬挂的方式安装在机车上，并通过齿轮传动装置驱动机车轮对使机车行驶。因此，必须考虑到机车结构特点和运行要求，合理地选择传动方式和悬挂方式。而传动和悬挂方式也对牵引电动机的总体结构和外形尺寸起着制约作用。

牵引电机的传动方式通常分为个别传动和组合传动两种。

1. 个别传动

个别传动是目前国内外应用最为广泛的传动方式。所谓个别传动是指一台牵引电动机只驱动一个轮对，它是借助电机轴上的小齿轮驱动轮对轴上的大齿轮来实现机车牵引运行的。个别传动有抱轴式悬挂、架承式悬挂和体承式悬挂三种悬挂方式。

1）抱轴式悬挂

抱轴式悬挂是指牵引电动机一侧通过滑动轴承抱在机车动轮轴上，另一侧通过弹性缓冲装置悬挂在机车转向架的横梁上，如图 3-1 所示。

这种悬挂的牵引电动机，其质量约一半直接作用在机车动轮轴上，称为簧下质量；另一半通过转向架经轴箱弹簧压在轮轴上，称为簧上质量。故这种悬挂方式有时称为半悬挂。

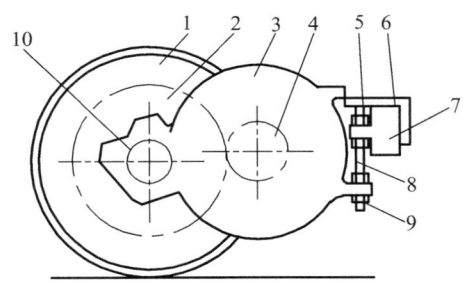

图 3-1 抱轴式悬挂示意图

1—机车动轮；2—大齿轮；3—牵引电动机；4—小齿轮；5—橡胶件；6—安全托板；
7—枕梁；8—拉杆；9—橡胶件；10—轮轴

抱轴式悬挂结构简单、检修方便、成本较低。但这种悬挂方式牵引电机一半质量作用在机车动轮轴上，呈刚性连接。车轮与钢轨之间的动力作用直接传到牵引电动机上，影响牵引电机正常工作。此外，由于受电机轴和轮轴中心距离限制，电机尺寸不能任意选择，这限制了机车功率和速度的提高。抱轴式悬挂适用于速度不超过 120 km/h 的客货两用机车，例如，我国的 DF_4 型内燃机车和 SS_3 型电力机车都采用这种悬挂方式。

2）架承式悬挂

对于构造速度较高的客运机车和电动车辆，抱轴式悬挂方式已不能适应运行需要，通常要采用架承式悬挂。所谓架承式悬挂就是牵引电动机完全固定在转向架上。这样，牵引电动机的全部质量都作用在转向架的减振弹簧上，即称为簧上质量。因此线路动力作用对牵引电动机工作的不良影响大为减少，克服了抱轴式悬挂的缺点。但这种悬挂方式由于牵引电动机是簧上部分，在行车过程中，牵引电动机的转轴中心线与机车动轮轴之间装置弹性或联轴节时的传动构件。通常不再将小齿轮（主动齿轮）直接装在电机转轴上，而是通过两个滚柱轴承装在齿轮箱上，并与装在机车动轮轴上的大齿轮啮合。这时，牵引电动机的转轴和小齿轮之间必须采用联轴节传动。

大功率牵引电机壳采用空心轴传动方式。空心轴传动可分为电枢空心轴和动轮空心轴两类。

采用电枢空心轴传动的架承式悬挂如图 3-2 所示。这种传动方式中，电动机的转轴是空心轴，该空心轴通过球面齿式联轴节与动轮轴相连，传动轴穿过空心轴内腔，将转矩传给小齿轮（装在齿轮箱中）。由于利用了电机空心轴内腔的空间，节省了联轴节所占据的电机轴向空间，故可充分利用轴向长度尺寸，以提高牵引电动机的功率。

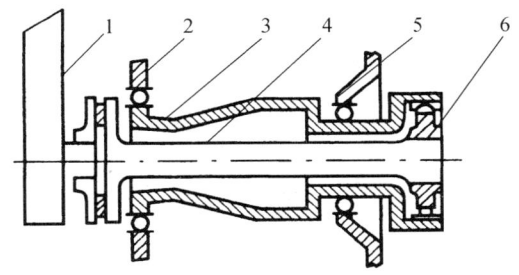

图 3-2 电枢空心轴传动的架承式悬挂

1—传动齿轮箱；2、5—电机端盖；3—电枢空心轴；4—传动轴；6—球面齿式联轴节

电枢空心轴传动方式适用于车速不超过 160 km/h 的准高速客运列车。

采用轮轴空心轴传动的架承式悬挂如图 3-3 所示。这种传动方式由套在轮轴外的空心轴及其两端的六连杆万向节组成。牵引电动机是全悬挂，安装在转向架横向中心线上，小齿轮热套在电机转轴上，大齿轮通过滚动轴承装在空心轴轴套上。电动机产生的转矩传递到大齿轮上后，由万向节 2 通过空心轴 4 和万向节 3 传递给车轮 6，再经车轴传给车轮 5，驱动机车行驶。

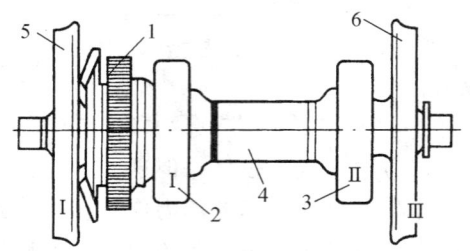

图 3-3 轮轴空心轴传动的架承式悬挂

1—大齿轮；2、3—六连杆万向节；4—空心轴；5、6—车轮

这种传动装置结构复杂，但传递功率大，工作可靠。由于传动齿轮箱支撑在转向架构架上，所以簧下质量显著减小。轮轴空心轴传动方式适用于速度在 220~250 km/h 的高速机车。

3）体承式悬挂

对于机车运行速度在 200~250 km/h 以上的高速机车，为了减轻转向架构架的质量，进一步改善机车动力学性能，以提高转向架的蛇形稳定性，把牵引电机移至车体上，使其成为二系弹簧以上的质量，称为体承式悬挂。

体承式悬挂簧下质量小，转向架质量及绕中心的转动惯量小，因而转向架的蛇形稳定性好，机车的蛇形临界速度高，对减轻轮轨的垂向及横向动载荷也有帮助，适用于高速机车。但牵引电机输出端至轮对之间传递力矩所使用的驱动装置结构比架承式悬挂还要复杂，制造更难，成本更高。

如图 3-4 所示为法国 TGV 动力车的驱动装置。牵引电动机悬挂在车体上，其扭矩通过齿轮箱（装在车体上）、万向轴、小齿轮、大齿轮传至轮对。

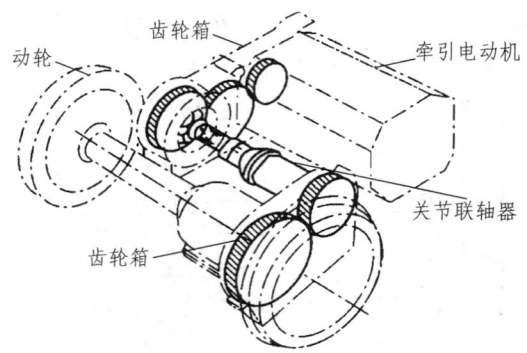

图 3-4 法国 TGV 动力车驱动装置

为了高速运行，牵引电机体承式悬挂是必要的。为此驱动装置必须适应车体与转向架之

间的相对运动以及转向架与轮对之间的相对运动。万向轴关节联轴器就是用来适应车体与轮对之间的相对运动的,包括垂向、横向及回转方向的相对位移。此类传递扭矩的万向轴必须制成长度能伸缩,以适应车体与轮对之间较大的相对运动。

个别传动的主要优点是故障时可单独切除故障电机,不会影响其他电机工作,而且充分利用了机车下部空间,所以得到广泛应用。但是,由于各轮轴间没有直接的机械联系,个别轮对容易空转,从而使机车的黏着牵引力降低。

2. 组合传动

组合传动就是每个转向架上只安装一台牵引电动机,通过齿轮变速装置传动该转向架的每一根机车动轮轴。也就是一台转向架的各个轴组合在一起由一台牵引电动机驱动,如图 3-5 所示。组合传动装置的结构比个别传动复杂,但由于组合传动有其特点因而受到重视。干线电力机车随着铁路运输重载高速的不断发展,要求充分利用机车每一个轮对的黏着重量,以实现大的黏着牵引力,在这种情况下,就倾向采用组合传动。组合传动还有利于降低牵引电动机单位功率的重量,因为组合传动相当于把几个轮对上的较小功率的牵引电动机合并为一台大功率的电机,电机功率越大,其重量指标(即每 1 kW 功率的重量)越低,在相同容量上,电机的造价也将降低。此外,采用组合传动还可以将传动齿轮进行不同的搭配来改变传动比,这样就可实现同一台机车既可成为高速客运机车,又可作为牵引力大的低速货运机车,从而使机车和牵引电动机具有通用性。

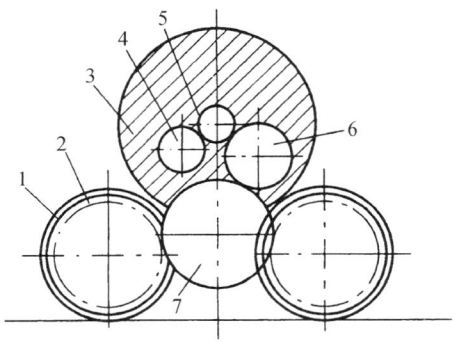

图 3-5 单电机两轴转向架组合传动

1—车轮;2—大齿轮;3—电动机;4、6—变速齿轮;5—电机轴上小齿轮;7—中间齿轮

二、牵引电动机工作条件的主要特点

牵引电动机的工作原理和普通电动机是一样的,基本结构和普通电动机也相似,但是牵引电动机的工作条件与普通电动机相比则有很大区别,因此牵引电机在设计、结构、材料、绝缘、工艺等方面都要作慎重的考虑。

牵引电动机工作条件主要特点有:

(1)由于机车既要有大的牵引力,又要能高速运行,因此加到电动机上的电压与电流幅度较大,故要求电动机能适应较大的调压比,并有一定深度的磁场削弱能力。

（2）牵引电动机在露天工作，环境恶劣，经常受到风沙、雨雪的侵袭，运用地区海拔高度、环境温度的差别很大，空气中的湿度、盐分和含尘量也不相同，这些都能使电动机的绝缘变差。因此，牵引电动机的绝缘材料和绝缘结构应具有较好的防尘、防潮能力。

（3）由于牵引电动机在运行中经常启动、制动、过载和磁场削弱，且机车运行时电动机受到冲击和制动都比普通电动机严重，因此，无论是电磁原因或是机械原因都会造成牵引电动机换向困难，换向器上经常产生火花甚至会形成环火。尤其要指出的是，在脉动电压下工作的牵引电动机，其换向和发热更为困难，因此，对脉流牵引电动机的结构选择还要考虑这方面的特殊问题。运行中的冲击和振动除造成换向恶化外，还易使电动机的零部件损坏，因此要求牵引电动机的零部件必须具有较高的机械强度。

（4）牵引电动机的安装空间尺寸受到限制。由于电动机一般是悬挂在机车转向架上，电机结构必须考虑传动和悬挂两方面问题，它的径向尺寸受轮对直径的限制，轴向尺寸受轨距的限制，还受到轮对中心线与机车走行部分其他构件之间距离的限制，因此，要求牵引电动机结构紧凑，通常都采用高等级绝缘材料和性能良好的导磁材料。

三、牵引电动机的定额

电动机是完成机械能、电能转换的机械，因此要有各种电与机械量值及其运行性能。电动机的定额是电机制造厂根据国家技术标准要求，对电动机全部的电量和机械量的数值以及运行方式所做的规定，它表示了电动机的运行特点和工作能力。电动机的定额既是制造厂对电动机进行性能分析和验证设计合理性的依据，也是运用部门正确使用电机的依据。

机车用直流电机的定额按照原铁道部标准《机车用直流电机基本技术条件》（TB 1449—2000）规定，分为连续定额、小时定额、断续定额和等效定额四类，全部按定额运行称为"额定运行"。

1. 连续定额

连续定额是相应于电机在试验台上，按温升试验所规定的条件连续运行，且温升不超过规定限值时，所能承受负载的定额。

2. 小时定额

小时定额是相应于电机在试验台上，按温升试验所规定的条件，从实际冷态开始运行 1 h，而温升不超过规定限值时所能承受负载的定额。

3. 断续定额

断续定额是相应于一系列完全相同的周期，每一周期包括一个或几个在规定负载值下的工作时间，根据情况，无论是否被一个停止时间所隔开，在长期运行后，电机的温升不超过规定限值时所能承受负载的定额。

4. 等效定额

等效定额是断续定额的替代方法。它具有恒定电压、电流和转速值的连续或短时定额的温升而言，它与电机在实际使用中承受一系列断续的工作周期是等效的。

根据机车运行特点，牵引电动机负载的性质基本上是连续和短时重复的。因此，牵引电机规定了两个定额，即连续定额和小时定额。

四、牵引电动机的额定数据

在规定定额情况下，制造厂对电机的每个电量或机械量所规定的数值，称为电机的额定数据。牵引电动机所规定的两种定额下的额定数据含义如下。

1. 额定小时功率 P_{Nh}

额定小时功率是指牵引电动机在规定的通风条件下，从实际冷态开始运行 1 h，各部件不超过允许值时，电动机轴上输出的有效机械功率。

2. 额定连续功率 $P_{N\infty}$

额定连续功率是指牵引电动机在连续定额下工作，经过较长时间运行以后，电机温升在允许的范围内不再增加时，电动机轴上输出的有效机械功率。

3. 额定电压 U_N

额定电压是指在额定运行时电机的端电压。

由直流接触网直接供电给直流牵引电动机的直流电力机车，其额定电压等于接触网的额定电压；而对于通过机车上变压器降压→整流器整流→平波电抗器滤波后向脉流牵引电动机供电的交—直型整流器式电力机车，其额定电压不受接触网电压的限制，可根据机车和牵引电动机在设计和运用方面最经济、最可靠的条件来选择，由用户和制造厂协商决定。

为了保证牵引电动机正常可靠地运行，原铁道部标准（TB 1449—2000）中规定了电机的最高电压。对于由直流接触网供电的牵引电动机，最高电压规定为额定电压的 1.2 倍；对于通过交—直型整流器式电力机车采用的脉流牵引电动机，最高电压规定为额定电压的 1.16 倍。

4. 额定电流 I_N

额定电流是指在额定运行时，允许从电源输入的电流。牵引电动机的额定电流与额定功率、额定小时功率相对应，有额定连续电流 $I_{N\infty}$ 和额定小时电流 I_{Nh}。它们和功率、电压的关系为

$$\eta_{N\infty} = \frac{P_{N\infty}}{U_N I_{N\infty}} \tag{3-1}$$

$$\eta_{Nh} = \frac{P_{Nh}}{U_N I_{Nh}} \tag{3-2}$$

式中 $\eta_{N\infty}$——连续额定运行时的效率；

η_{Nh}——小时额定运行时的效率。

通常情况下，额定小时功率高于额定连续功率，额定小时电流大于额定连续电流。

电机在使用过程中不允许超过的电流称为最大电流。对于牵引电动机,最大电流定义为额定电流的 2 倍。

5. 额定转速 n_N

额定转速是指在额定运行时的转速。牵引电机的额定转速是指与机车额定转速相对应的电动机转速。连续定额和小时定额下的额定转速分别为 n_∞ 和 n_h。牵引电动机的最大转速是指与机车正常运行时的最大速度相对应的电动机转速。

除上述额定数据外,在牵引电动机铭牌上还有励磁方式、通风量、绝缘等级等数据。

第二节 牵引电机常用的电工材料和绝缘结构

牵引电动机运行条件非常苛刻,环境恶劣,因此在制造电机时对材料的要求较高。牵引电动机常用的材料主要有导电材料、导磁材料和绝缘材料。

一、导电材料

导电材料的种类很多,在牵引电动机中,主要指引线电缆、电碳制品(电刷)、各种线圈、制造换向器的梯形铜排等。

1. 导 线

牵引电机的导线一般采用软铜导线,它是由含铜量 99.9% 以上的紫铜制成的硬铜线经退火处理而成,它导电性能好、电阻系数小,具有良好的导热性和耐腐蚀性,在常温下有足够的机械强度、良好的延展性,便于加工。

铜导线通常分为裸铜线和外表有绝缘层的电磁线两类。裸铜线按截面形状可分为扁铜线和圆铜线。扁铜线又可分为硬扁铜线(TBY)和软扁铜线(TBR)。牵引电动机的磁极线圈常采用软扁铜线制成。电磁线按耐热等级、绝缘材料的类别、用途分为普通漆包线、耐高温漆包线、纤维漆包线及特种漆包线等。牵引电动机电枢线圈常用的电磁线有高强度聚酯漆包线、高强度聚酯亚胺漆包线、玻璃丝包线、高强度聚酯亚胺薄膜漆包线等。

2. 梯形铜排

牵引电动机的换向片采用由电解铜经冷拉成型的梯形铜排制成,为了提升其耐磨性、机械性能和耐弧性,在铜排中含有少量的铬、镉、银及稀土等。

3. 电碳制品

电碳制品用来制造电机的电刷。电碳制品具有耐高温、导电性好、耐磨、自润滑性等优点。其种类很多,有碳质材料、碳-石墨材料、天然石墨材料、电化石墨、金属石墨材料等。目前牵引电机广泛采用电化石墨电刷。

二、导磁材料

用来制造牵引电机铁芯的材料主要是电工钢片。电工钢片又称硅钢片,属于软磁材料。普通电工钢片是由硅钢锭轧制而成,含硅量一般为 0.8%～4.8%。按含硅量多少分为低硅、中硅和高硅电工钢片。常用的厚度有 0.35 mm 和 0.5 mm 两种。牵引电动机电枢铁芯采用 0.5 mm 厚冷轧电工钢片,机车主变压器铁芯多采用 0.35 mm 厚的晶粒有取向冷轧硅钢片。

三、绝缘材料

牵引电机使用多种绝缘材料,由同一种或几种绝缘材料通过一定的工艺组合在一起所形成的结构称为绝缘结构。绝缘材料和绝缘结构在电机中的基本作用就是把具有不同电位的各带电部件之间以及带电部件与机座、铁芯等不带电的部件隔开,以确保电流按规定的路径流通。如果电机中带电部件与不带电部件绝缘状态破坏,称为"接地"。如果电机中电位不同的带电部件之间的绝缘状态破坏,就称之为"短路"。接地和短路都是电机的故障状态,严重的绝缘损坏会导致整个电机烧损。

1. 对绝缘材料的基本要求

为了保证电机的可靠运行,避免发生接地和短路故障,对绝缘材料和绝缘结构的基本要求有:

(1)应有良好的介电性能,即有较高的绝缘电阻和耐压强度;
(2)应有良好的耐热性能,即不因长时间受热作用失去机械强度和绝缘性能;
(3)良好的导热性、防潮性等;
(4)良好的机械强度和耐磨性。

2. 绝缘材料的分类

绝缘材料通常分为天然绝缘材料和人工绝缘材料,有机绝缘材料和无机绝缘材料及不同材料组合而成的复合材料。

绝缘材料也可根据产品形态分为以下六类。

(1)漆、树脂和胶类:包括浸渍漆、覆盖漆和环氧树脂等;
(2)浸渍纤维制品类:包括漆布、漆管和绑扎带等;
(3)层压制品类:包括层压板、层压管和层压棒等;
(4)塑料类:包括粉末塑料和玻璃纤维塑料等;
(5)云母制品类:包括云母带、云母板和石母箔等;
(6)薄膜、黏带和复合制品类:包括薄膜、黏带和各种复合制品等。

绝缘材料不同,性能和作用一般也不同,但都是电机绝缘结构常用的材料。牵引电机运行时,经常受温度、湿度振动等影响,特别是温度的剧烈变化影响和长时间热作用下,会使绝缘材料性能变坏,丧失绝缘性能。因此,为了在同一工作温度下合理地选择绝缘材料,使牵引电动机在足够长的时间内可靠运行,将各种绝缘材料按其耐热性能来进行分级,也就是每一级的绝缘材料都规定了它的极限容许温度。绝缘材料根据耐热性能划分为七个等级,见表 3-1。

表 3-1 绝缘材料等级

绝缘等级	Y	A	E	B	F	H	C
最高允许温度（°C）	90	105	120	130	155	180	>180

四、牵引电动机绝缘结构

1. 匝间绝缘

匝间绝缘是指同一线圈的各个线匝之间的绝缘。其作用是将电机各绕组中电位不同点的导体互相隔绝开，以免发生匝间短路。属于这一类的绝缘有主磁极线圈和换向极线圈的匝间绝缘、电枢线圈的匝间绝缘以及换向片间的匝间绝缘等。因为匝间的电位差不大，因此匝间绝缘所包扎的层数不多，厚度也较薄。一般情况下，匝间绝缘只需包扎一层或仅靠导线本身所带绝缘即可。对于扁铜线绕制的线圈也只垫 2~3 层的漆布或复合绝缘。但是，匝间绝缘是电机绝缘结构中比较薄弱的环节，因此在线圈包扎成型或嵌线装配时，必须保证不能损伤匝间绝缘。

2. 层间绝缘

层间绝缘是指线圈层与层之间的绝缘。其作用是防止线圈上下层之间由于绝缘层损坏而引起层间短路。属于这一类的绝缘有分层平绕的主极线圈各层间的绝缘，电枢绕组前后端节部分与槽内部分上下层之间的绝缘等。

3. 对地绝缘

对地绝缘是指电机各绕组对机座和其他不带电部件之间的绝缘。其作用就是把电机中带电部件和机座等不带电部件隔离开，以免发生对地击穿。属于这类范畴的有主极线圈和换向极线圈对地绝缘，电枢绕组的对地绝缘以及换向器的对地绝缘。

对地绝缘是电机的主绝缘，它的工作电压较高，所以要求它的电性能和热性能必须满足电机运行的要求。对地绝缘的层数和厚度，取决于绝缘材料本身的电气性能和电机的额定电压。在绝缘材料具有一定电气强度的条件下，电机的额定工作电压越高，对地绝缘包扎的层数（或绝缘厚度）也要求越多。

4. 外包绝缘

外包绝缘是指包在对地绝缘外面的绝缘。其作用主要是保护对地绝缘免受机械损伤并使整个线圈结实平整。当然，外包绝缘也起到对地绝缘的补强作用。

5. 填充及衬垫绝缘

填充绝缘主要用于填充线圈的空隙，使整个线圈牢固地形成一个整体，减少振动，也使线圈成型规矩、平整，以便于包扎对地绝缘，也有利于散热。衬垫绝缘的主要作用是保护绝缘结构在工艺操作时免受机械损伤。

6. 换向器绝缘

换向器绝缘包括换向器片间绝缘和换向片组对地绝缘。换向器的主绝缘是换向片组和压圈间的 V 形云母环和云母套筒。它们通常由多层优质虫胶塑料云母板经烘压压制而成，其厚度取决于电机的额定电压。

第三节　直流牵引电动机的特性

机车是由牵引电动机直接驱动的，因此牵引电机的工作特性必须满足机车牵引性能的要求。牵引电动机输出的机械转矩和转速是说明电动机工作特性的两个重要物理量，与此相应，转矩特性和转速是电动机的两个主要工作特性。除此之外，还有机械特性和效率特性等。

一、转速特性 $n = f(I_a)$

转速特性表示当电动机端电压为额定电压 U_N（等于常数）以及励磁不进行人为地调节时，电动机转速和电枢电流之间的关系，它可由电动机的电压平衡方程式推出。

无论是哪一种励磁方式的直流电动机，它的转速对电枢电流的变化关系都可以根据直流电动机电动势平衡方程式求得，即

$$U_N = E_a + I_a R_a = C_e \Phi n + I_a R_a$$

$$n = \frac{U_N - I_a R_a}{C_e \Phi} \tag{3-3}$$

由式（3-3）可以看出，当 U_N 和励磁电流 I_f 都为常值时，影响电动机转速的因素有两个：一是电枢回路电阻压降 $I_a R_a$ 的变化；二是磁通 Φ 的变化。各种电动机的转速特性如图 3-6 所示。由图可以看出并励电动机转速随电流的变化不大。串励电动机的转速随电流变化最大，电流稍有增加转速便急剧下降，电流减小时转速很高，空载时电流趋近于 0，主磁通也趋近于 0，理论上转速趋于无穷大，实际上转速可达 $(5 \sim 6) n_0$。这样高的转速会使电动机的转子损坏。因此，串联电动机不得空载启动，也不允许使用皮带或链条传动。通常采取齿轮传动或直接耦合的方式。复励电动机具有并励和串励两套绕组，其特性介于并励和串励电动机特性之间。

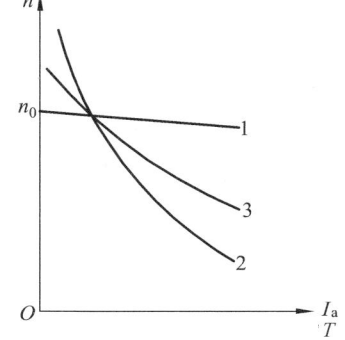

图 3-6　直流牵引电动机的
转速特性和机械特性

1—并（他）励；2—串励；3—积复励

二、转矩特性 $T = f(I_a)$

转矩特性表示当电动机端电压为额定电压以及励磁不进行人为地调节时，电动机机械转矩 T 与电枢电流 I_a 的关系，忽略数值很小的空载阻转矩后，机械转矩等于电磁转矩，即

$$T = C_T \Phi I_a$$

各种励磁方式的电动机的转矩特性如图 3-7 所示。并励电动机,磁通不随电枢电流变化,特性曲线为一直线。串励电动机在轻载时磁路不饱和,磁通和电流可认为成正比,转矩特性曲线是一条抛物线;当负载增加时,随着电枢电流的增大,磁路逐渐饱和,磁通基本不变,特性曲线是一条直线。积复励电动机转矩特性介于串励和并励之间。

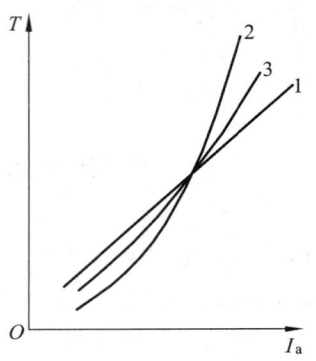

图 3-7 直流牵引电机的转矩特性
1—并(他)励;2—串励;3—积复励

三、机械特性 $n = f(T)$

机械特性表示了电机中转速与电磁转矩的关系,在电力拖动中具有重要意义,是比较和分析各种电动机性能的依据。因为电磁转矩 T 和电枢电流 I_a 呈比例关系,机械特性曲线与转速特性曲线形状相似,可参考图 3-6。他励和并励电动机由于 R_a 较小,在负载变化时,速度变化不大。因此,并励电动机具有硬的机械特性。串励电动机速度变化范围大,称为软特性。

四、效率特性 $\eta = f(I_a)$

牵引电动机运行时,在能量变换过程中,必然会引起损耗,损耗将变为热能。从第二章的学习知道,主要有铜耗、附加损耗、铁耗和机械损耗。按照负载变化对损耗的影响,把铜耗和附加损耗归为第一类损耗,它们都随电流变化而变化,与电流平方成正比,称为变值损耗,可用 $K'T^2$ 表示;把铁耗和机械损耗归为第二类损耗,它们的总和几乎与负载变化无关,这类损耗称为定值损耗,用 K 表示,所以有总损耗

$$K'T_a^2 + K = \sum P$$

电机的效率可表示为

$$\eta = \frac{UI_a - (K'T_a^2 + K)}{UI_a} \quad (3\text{-}4)$$

当电压恒定时,绘制成曲线,得到电机的效率特性,如图 3-8 所示。

效率特性曲线的形状取决于定值损耗和变值损耗的比例关系。由图 3-8 可见,效率曲线上有一个最大值 η_{max}(A 点),它出现在 $\dfrac{d\eta}{dI_a} = 0$ 时。因此,设计电机时,可用控制定值损耗和变值损耗比例关系的方法,使电动机在额定电流或经常工作电流具有最高效率,或者说使电动机在一定负载变化范围内,能获得最优越、最合理的效率。

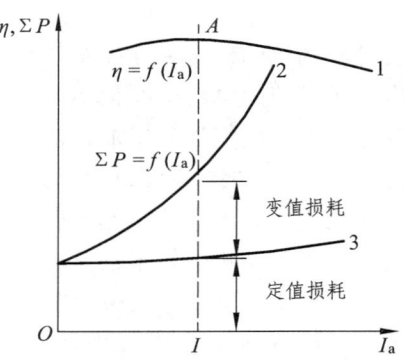

图 3-8 牵引电机的损耗和效率特性
1—$\eta = f(I_a)$ 曲线;2—$\sum P = f(I_a)$;3—定值损耗曲线

五、牵引电动机工作特性分析

1. 串励电动机的自调节性能好

通过对电动机特性分析，我们知道，串励电动机具有软特性，并励电动机具有硬特性。即串励电动机转速随着负载的增加下降很多，并励电动机转速随着负载增加下降很小。因此，串励电动机的牵引力和速度能够按照机车运行条件进行自动调节，例如在重载或上坡时，随着机车速度的降低，串励牵引电动机的转矩自动增大，使机车发挥较大的牵引力；在轻载或平道运行时，机车具有较高的速度，即串励电动机的自调节性能好。

2. 串励电动机的功率利用好

如图 3-9 所示为串励电动机和并励电动机牵引特性曲线，牵引电动机的功率是牵引力和速度的乘积，为 $P=Fv$。从图中比较两种电动机，并励电动机在速度变化不大时，牵引力变化很大，功率变化较大；而串励电动机速度变化和牵引力变化基本上成反比关系，即功率基本不变，接近于恒功率运行，功率利用好。

3. 串励电动机受电网电压波动影响较小

机车运行时，接触网网压经常发生波动，当电压变化时，由于列车的机械惯性，机车的速度来不及变化，牵引电动机就可能承受较大电流和牵引力的冲击。如图 3-10 所示为串励和并励牵引电动机在电压突然增加时产生的电流和牵引力的变化情况。设电动机变化前的电压为 U_1，相应的速度特性为 $v_1=f(I)$，变化后的电压为 U_2，相应的速

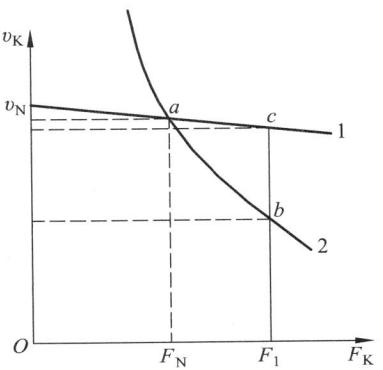

图 3-9 牵引电动机的功率利用

1—并励；2—串励

度特性为 $v_2=f(I)$，由图可见，当电网电压从 U_1 突变为 U_2 时，电动机的转速来不及变化，其工作点从曲线 1 跃变到曲线 2 上，其电流和牵引力都将产生相应的变化。并励电动机特性较硬，电流和牵引力的冲击都比串励电动机大得多，这将使牵引电动机的工作条件恶化，并引起列车运行中的冲动。

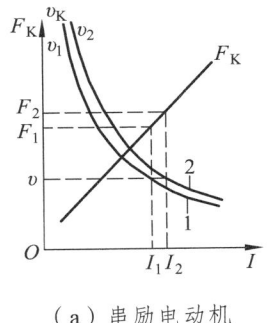

（a）串励电动机

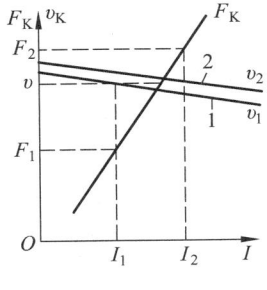

（b）并励电动机

图 3-10 电压波动时牵引电动机电流和牵引力的变化

另外，当牵引电动机的外加电压突然增加时，并励电动机的励磁线圈较多，和电枢绕组

并联,电枢电路电流增长速度比励磁回路电流增长速度要快得多,电机的转速来不及变化,反电动势不能及时增加,造成了电枢电流的冲击过大。而串励电动机励磁绕组和电枢绕组串联,电流增长速度相同,引起的电流冲击比并励电动机小得多。

4. 串励电动机并联工作时负载分配较均匀

SS 系列电力机车,牵引电机的传动为个别传动,总是几台牵引电机同时并联运行,例如,SS_9 型电力机车有 6 台牵引电动机并联运行。由于电动机的特性不可能完全一致,或者电动机驱动的动轮直径不完全相等,这些都将引起电动机负载分配的不均匀现象。对串励电动机来讲,由于具有"软特性",这种负载的分布不均匀远较并励电动机小。图 3-11 表示了当两台电动机转速 n 相同时,由于特性差异而引起的负载分配不均匀的情况,同时也表示了电流各为 I_1 和 I_2,转矩各为 T_1 和 T_2,比较(a)、(b)两图,可知串励电动机负载间的差异要小得多,可以防止个别电动机运行时发生严重的过载现象。

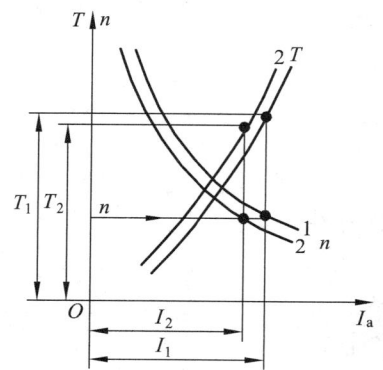
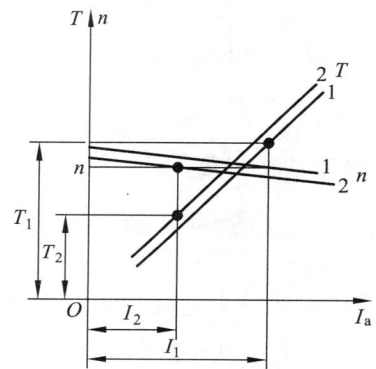

(a) 两台串励电动机间的负载分配　　　(b) 两台并励电动机间的负载分配

图 3-11　并联运行时牵引电动机之间负载分配

5. 串励电动机的防空转性能差

在牵引电动机个别传动的情况下,当机车启动或满载爬坡时,常常发生动轮和钢轨之间黏着破坏而使动轮空转的现象,这种情况下,串励电动机的软特性不利于黏着条件恢复。而他励电动机的"硬特性"却有利于防止动轮的空转,因为并励电动机的电枢电流和转矩随着转速的微小增加而急剧下降,促使黏着条件迅速恢复。图 3-12 表示串励电动机和并励电动机的防空转性能。

此外,机车在实施电气制动时,由于串励发电机特性不稳定,需将励磁绕组改接为他励。

综上所述,虽然串励电机应用使防空转性能不好、电气制动性能差,但因其具有自调节性能好、功率利用好、并联时负载分配较均匀、受电网电压波动影响小等优点,因而被广泛地应用在电力机车和内燃机车上。

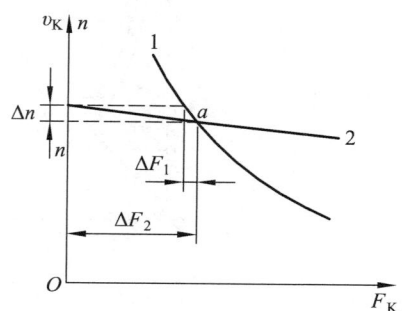

图 3-12　串励电动机的防空转性能

1—串励;2—并励

第四节　直流电动机的启动、调速、制动及反转

一、直流牵引电机的启动

当电动机接到电源启动时，转速从零逐渐上升到稳定值，这个过程称为启动过程。

由于直流电机电枢回路电阻和电感都较小，而转动体具有一定的机械惯性，因此当直流电机接通电源后，启动的开始阶段电枢转速以及相应的反电动势很小，启动电流很大，最大可达额定电流的 15～20 倍。这一电流会使电网受到扰动、电动机受到机械冲击、换向器发生火花。因此，必须设法降低启动电流。

1. 直流电动机的启动条件

① 要有足够大的启动转矩；
② 启动电流不能太大。

2. 直流电机常用启动方法

1）降电压启动

降压启动是指启动电压小于额定电压或工作电压。对容量较大的直流电机，通常采用降电压启动。即由单独的可调压直流电源对电机电枢供电，控制电源电压既可使电机平滑启动，又能实现调速。

降压启动虽然需要专用电源，设备投资大，但它启动电流小，升速平滑，并且启动过程中能量消耗也较少，因而在电力机车和内燃机车上得到广泛应用。

2）电枢回路串电阻启动

为了限制启动电流，常在电枢回路内串入专门设计的可变电阻。在启动过程中随着转速的不断升高及时逐级将各分段电阻短接，使启动电流限制在某一允许值以内，这种启动方法称为串电阻启动。串电阻启动非常简单，设备轻便，广泛应用于各种中小型直流电机中。但由于串电阻启动过程中能量消耗大，因而不适于经常启动的电机和中、大型直流电机。

二、直流牵引电动机的调速

在电动机的机械负载不变的情况下，对电动机转速进行人为调节称为调速。分析转速公式 $n = \dfrac{U_N - I_a R_a}{C_e \Phi}$ 可知，直流牵引电动机调速方法有三种：调节电枢回路的电阻，改变牵引电动机的电源电压，调节牵引电动机的励磁。

其中，采用电枢电路中增加电阻的方法调速，实际上是降低牵引电动机电枢两端的电压，只能降低转速，同时附加电阻的损耗使电机效率降低，因此，在机车中不采用这种方法。而广泛采用改变牵引电动机的电源电压以及削弱牵引电动机的磁场的调速方法。

1. 改变电源电压调速

改变电源电压调速，即改变加在牵引电动机上的电压，电压只能以额定电压为上限。根据转速公式，忽略电枢回路的电压降，可以认为电动机的转速与端电压成正比，有

$$\frac{n_1}{n_2} = \frac{U_1}{U_2} \tag{3-5}$$

可见在电动机负载不变的情况下，把电源电压由 U_1 调节为 U_2 时（$U_1 < U_2$），电动机的转速将升高至 $n_2 = n_1 \dfrac{U_2}{U_1}$，电动机的速率特性曲线上移，如图 3-13 所示。因此，采用改变牵引电动机电源电压的方法可以获得所需要的许多条速率特性曲线，从而可以在宽广的范围内经济地调节转速。在电力机车上，牵引电动机大多由相控整流装置供电，可以方便地调节其输出电压。因此，改变端电压调速是控制机车速度的主要方法。

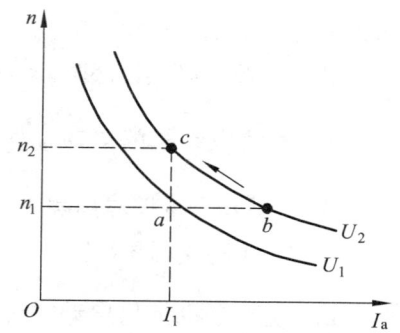

图 3-13 牵引电动机在不同端电压时的速率特性

实际上机车运行中速度调节并不是瞬变的，而是需要一个过程。例如，当牵引电动机在电压 U_1 和某一负载转矩 T_1（相应的电枢电流为 I_1）下以转速 n_1 稳定运行于 a 点时，为了调速，电源电压由 U_1 突然改变为 U_2，于是调节过程开始，由于机车的机械惯性，在电压 U_1 变为 U_2 的瞬间机车速度和电动机转速都来不及变化，电枢反电动势 E_a 也因之不变，根据电压平衡方程式可知电枢电流 I_a 必将突增，电动机的工作点由 a 点跳到 b 点。因电枢电流及励磁电流的这一增加，牵引电动机输出的转矩增大电动机的转速因之提高，并沿着电压 U_2 的特性曲线上升。如果负载转矩 T_1 没有变化，随着转速的上升，电枢电流和机械转矩逐渐减小，直至到 n_2，电枢电流重新等于 I_1，转矩重新平衡为止，电动机便稳定运行在 c 点。可见，电动机转速由于电压的提高而提高了。

2. 磁场削弱调速

在串励电动机中，比较常用的磁场削弱的方法是在励磁绕组两端并联一级或数级分路电阻（磁场削弱电阻 R），从而减少励磁电流和磁通，简称磁场削弱。当分路电阻上的开关断开时，电枢电流等于励磁绕组中的电流，这种状态称为"满磁场"。当开关闭合后，磁场削弱电阻对励磁绕组起分流作用，分流程度与电阻阻值大小有关。改变电阻阻值的大小，就可以获得不同的磁场削弱。牵引电动机磁场削弱程度通常用磁场削弱系数 β 表示。其计算式为

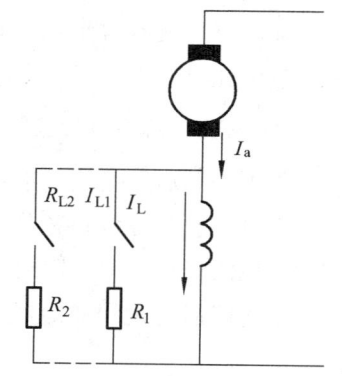

图 3-14 磁场削弱原理图

$$\beta = \frac{I_L}{I_a} \times 100\% \tag{3-6}$$

例如，SS_4 型电力机车使用的 ZD105 牵引电动机，固定磁场分路 96%，一级磁场削弱系数 70%，二级磁场削弱系数 54%，三级磁场削弱系数 45%。其中 $\beta = 70\%$ 表示励磁电流为电

枢电流 70%，其余的 30% 电流通过分路电阻。β 越小，表示磁场削弱越深。

采用磁场削弱的方法调速，调速范围大，附加电能损耗很小，调速后的效率不致降低，是一种经济的调速方法。其缺点主要是使牵引电动机换向条件恶化，容易发生环火。

对于 SS_4 型电力机车而言，采用的是恒电压磁场削弱。实际上，电力机车先采用调压调速，当电压达到额定值时，才进行磁场削弱调速，经理论分析得转速的变化和磁通的变化成反比，如图 3-15 所示。

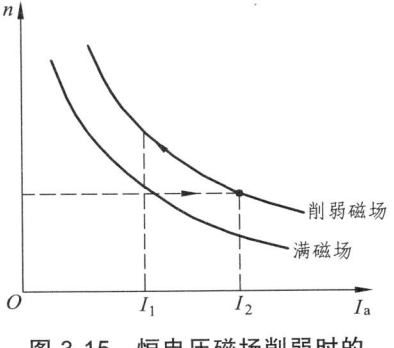

图 3-15　恒电压磁场削弱时的转速特性

三、直流牵引电动机的制动方法

机车运行过程中，经常需要使机车速度降低或停止，这就要求牵引电机由高速转换为低速或使其停转；下坡运行时，也要限制电机转速，从而控制机车的运行速度。这就需要在牵引电机的转轴上施加一个与运行方向相反的转矩来实现，称为牵引电动机的制动，此时施加的转矩称为制动转矩。

实现制动有两种方法：机械制动和电磁制动。机械制动指制动转矩是由机械制动瓦产生的摩擦转矩。电磁制动是电机在制动时使电机产生与其旋转方向相反的电磁转矩，其特点是制动转矩大，操作控制方便。直流牵引电机的电磁制动类型有能耗制动和回馈制动两种。

1. 能耗制动

机车牵引工况时，牵引电动机将电能转变为机械能（列车动能），产生牵引力，驱动列车运行。机车在制动工况时，列车惯性力带动牵引电机使其电枢在磁场中旋转，由电机的可逆性原理知道，此时电机工作在发电机状态，产生电能，通过制动电阻转化为热能，散失于大气中。在此过程中，电枢在磁场中转动，产生电磁转矩，作用效果与机车运行方向相反，因而使列车运行速度降低，起到了制动作用。因为依靠制动电阻产生的热能来消耗机车的机械能，所以称为能耗制动，也称为电阻制动。

机车牵引工况时，牵引电动机从电源获得电能，驱动列车运行，通过前面学习的知识我们知道，机车的牵引电机大多为串励电动机，其作为发电机运行制动效果差。因此需要把串励电动机改接为他励发电机，这样可以在较大范围内调节机车制动力，从而方便地调节机车运行速度。

把串励电动机改接为他励发电机，主电路必须进行下列转换：

（1）切断牵引电动机电源；

（2）将牵引电动机的励磁绕组与电源接通，建立磁场，使旋转的牵引电动机变成发电工况；

（3）在牵引电机电枢回路中接入制动电阻 R，使其电能消耗在电阻上。

如图 3-16 所示，对于 SS_4 型电力机车来说，一节机车四台牵引电机的励磁绕组串联，由变压器的励磁绕组专门供电，电枢绕组分别与制动电阻并联。

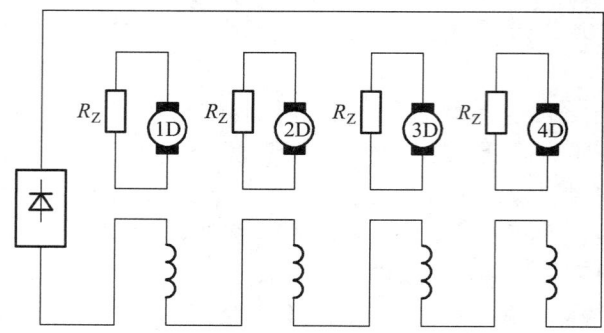

图 3-16 机车电阻制动电气原理图

能耗制动所需设备简单，成本低，操作方便。不足之处是列车动能转化为电能后消耗在制动电阻上，最终变化为热能散发到大气中，未能利用；还有不易迅速制停，因为当电机转速 n 较小时，E_a 较小，制动转矩也相应较小。此时，可以采用减小制动电阻 R 或采取加馈电流来增大电枢电流 I_a，以提高低速区的制动转矩。

2. 再生制动（回馈制动）

将制动时发电机产生的再生电能逆变为与电网同频率同相位的交流电回送电网，这种制动方式称为回馈制动，又称再生制动，这时的机车相当于一台移动的发电站。

如果发电机为直流发电机，把直流电能逆变为和电网同频率同相位的交流电，设备复杂，工作特性不很稳定，不易控制。国产的 SS_7 型电力机车应用再生制动。

当电力机车下坡时，重力加速度使车速提高，牵引电机感应电动势 E_∂ 随之增大，若 $E_\partial > U$，则 I_∂ 反向，牵引电机自动转换为发电机工作状态。此时电动机的动能转换为电能回馈给电网。车速越高，制动转矩越大，如图 3-17 所示，转速增加到一定程度时，机车所受到的动力转矩与制动转矩和摩擦阻转矩之和平衡，机车恒速稳定运行（b 点）。

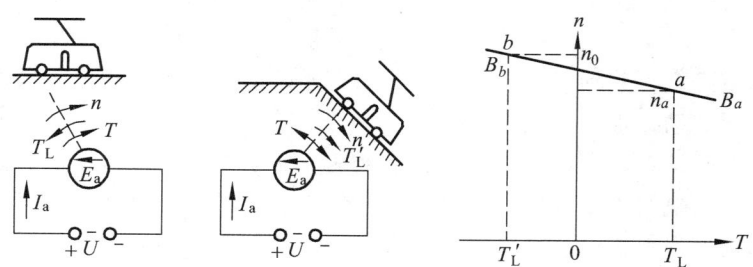

图 3-17 电力机车下坡时的回馈制动

四、直流电动机的反转方法

直流电动机的反转方法有两种：一种是改变主极磁通 Φ 的方向（励磁电流方向），另一种是改变电枢电流的方向。如果同时改变磁通和电枢电流方向，电机转向不变。

牵引电机多采用励磁绕组反接法，如图 3-18 所示，利用电器

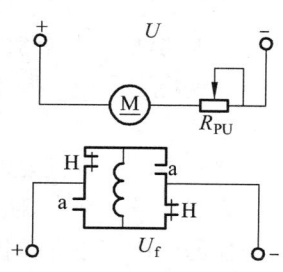

图 3-18 励磁绕组反接

触头 H、a 的闭合和断开将励磁绕组进行反接，改变了励磁绕组电流方向，进而改变了磁通的方向，从而达到改变电动机转向的目的。

第五节　直流牵引电机换向

从直流电机的工作原理知道，电机的端电压是直流电，经过换向器换向，电枢绕组线圈中流的是交流电。电机运行时电枢不停地旋转，当旋转的电枢元件从电枢绕组一条支路经电刷进入电枢绕组的另一条支路时，元件中电流的方向发生改变，这种绕组元件中电流方向的改变称为换向，电流方向的改变过程称为换向过程。元件所经历的换向时间极为短暂，通常为千分之几秒，时间虽短，但过程极为复杂，不只是单一的电磁过程，同时还出现了机械、电化学与电热现象，而且它们之间相互影响。从现象来看，电刷和换向器之间常常伴有火花现象。这些都将影响电机的运行。

一、火花现象和火花等级

人们从生产实践中发现，直流电机运行时，其电刷与换向器之间常常伴有火花。火花通常出现在电刷的后刷边，发生火花是直流电机换向不良的直接表现。如果火花在电刷上范围很小，亮度微弱，呈浅蓝色，它对电机运行并无危害，不必要求绝对没有火花。但若火花在电刷上范围较大，比较明亮，呈白色或红色，就会灼伤换向器及电刷，影响电机的正常运行。因此，火花的大小直接反映了直流电机换向性能的好坏。

我国国家标准《电机基本技术要求》（GB 755—2008）中，对直流电机换向器上的火花等级作了规定，见表 3-1。

表 3-1　火花等级

火花级别	电刷下火花的特点	换向器及电刷状态
1	无火花	换向器上没有黑痕，电刷上没有灼痕
$1\frac{1}{4}$	电刷边缘仅小部分有微弱的点状火花，或有非放电性的红色小火花	
$1\frac{1}{2}$	电刷边缘大部分或全部有轻微的火花	换向器上有黑痕，但用汽油能擦去，同时在电刷上有轻微的灼痕
2	电刷边缘全部或大部分有强烈的火花	换向器上有黑痕，用汽油不能擦去，同时，电刷上有灼痕，如短时出现这一级火花，换向器上不出现灼痕，电刷不被烧焦或损坏
3	电刷整个边缘有强烈的火花，同时有大火花飞出	换向器上黑痕相当严重，用汽油不能擦除，电刷上有灼痕，如在这一级火花下短时运行，则在换向器上将出现灼痕，同时电刷将被烧焦或损坏

表中 1 级、$1\frac{1}{4}$ 级、$1\frac{1}{2}$ 级均为无害火花，允许电机在这些火花等级下长期运行。在 2 级火花作用下，换向器上会出现灰渣和黑色的痕迹。随着运行时间的延长，黑色痕迹将逐渐扩展，电刷和换向器磨损也显著增加，因此，2 级火花只允许短时出现。电机运行时绝不允许出现 3 级火花。

直流和脉流牵引电动机由于工作条件恶劣，如负载急剧变化、电网电压波动、强烈的机械振动和冲击、在脉动电压下工作等，都使电机换向更加困难。为了保证牵引电动机运行可靠，直流牵引电动机在运行时的火花等级应限制在下述范围内：在额定磁场和各削弱磁场级位上正常运行时，火花不应超过 $1\frac{1}{2}$ 级；在其他情况下（如短时冲击负载）运行时，火花不应超过 2 级。对于脉流牵引电动机，其换向条件更为困难，允许在 2 级火花下持续运行。此时，换向器表面将发黑，但只要不损坏换向器工作表面，这种火花是允许的。

直流和脉流牵引电动机在运行过程中的火花情况，除使用专门仪器监测外，很难直接观察。因此，通常以换向器及电刷表面状态作为确定火花等级的主要依据。

二、产生火花的原因

直流电机的换向问题十分复杂，产生火花的原因也是多种多样的，通过不断实践和分析研究，到目前为止，通常归纳为电磁、机械和化学等 3 个方面的原因。

1. 电磁原因

由电机电磁方面的原因产生的火花称为电磁火花。换向时，线圈中电流方向发生改变，大小也发生变化，铁芯磁场随之变化，产生感应电动势，此电动势极为复杂，有电抗电动势、电枢反应电动势，都阻碍电流换向引起电磁火花。为了减少和消除电磁火花，在牵引电动机中装有换向极，它安装在主极之间的几何中心线上，在换向极上装有换向极绕组，当换向极绕组通以电流时产生换向电动势使其极性适当，抵消电抗电动势和电枢反应电动势，从而改善电机的换向，此时换向极绕组产生的电动势称为换向电动势。电抗电动势、电枢反应电动势、换向电动势之和称为合成电动势。若合成电动势为零，不会产生火花，为电阻换向；当合成电动势不为零时，则附加换向电流不为零，产生换向火花，通常在电刷边沿产生电磁火花。

2. 机械原因

牵引电动机在运行中受到强烈振动，换向器、转子和电刷装置接触不良也会引起电机产生火花，这类火花称为机械火花。

机械火花的产生原因可以归纳为两大类：

（1）换向器及电机旋转部分的缺陷，包括：
① 个别换向片或云母片凸出；
② 换向器偏心、转子动平衡不好；
③ 换向器工作表面污染，有毛刺、斑痕或拉伤沟纹等；
④ 换向器工作表面变形，如呈椭圆形、腰形或锥形等。

（2）电刷装置的缺陷，包括：
① 电刷接触面研磨的不光滑，接触不良或只是局部接触；
② 电刷在刷盒中间隙不合适，造成跳动、倾斜或卡死现象；
③ 电刷上压力不适当；
④ 刷握装置不稳固，造成刷握位置偏离几何中心线；
⑤ 刷架圈的定位不准确或安装不牢固等。

产生机械火花的原因是多种多样的，有时可能是几种原因同时起作用。因此在电机零部件生产和组装时，必须精心制造和严格工艺要求。电机运行时，一旦出现火花，应仔细观察和具体分析。

一般来说，机械火花和电磁火花是有区别的。机械火花呈红色或黄色，连续而较粗，沿切线方向飞出，且在换向器表面产生无规律的黑痕。电磁原因引起的火花呈白色或蓝色，连续而细小，基本上都在后刷边燃烧，换向器上留下有规律的黑色痕迹。

3. 化学原因——换向器滑动面的薄膜

以前，主要是以电磁理论来研究换向，分析产生火花的原因。但实际上，换向问题相当复杂，除电磁原因和机械原因会导致火花外，化学原因也将导致直流和脉流牵引电动机在运行中产生火花。

在正常情况下，当电机长期运行之后，换向器滑动面会覆盖一层很薄的薄膜，电刷在与换向器接触时，并不是直接与换向器钢片本身接触，而是通过这层薄膜与换向器铜片接触。要获得良好的换向，除应保持电磁和机械方面的良好条件外，还必须在换向器表面形成均匀而光亮的薄膜层，不正常薄膜的出现预示着电机换向的恶化。

1）薄膜的形成、化学成分及作用

换向器滑动面的薄膜是电刷与换向器接触并在相对运动过程中逐渐形成的。由于大气中有水蒸气，使电刷和换向器表面都覆盖着一层水膜，当电机工作时，电刷和换向器接触面上流过电流，该电流使水汽发生电解作用，电刷和换向器形成两个极，正极产生氧，负极产生氢。开始，铜离子向外运动，遇到氧离子生成氧化亚铜膜。而铜离子不断穿越最初建立的膜，再与空气中的氧相遇产生新的膜，使膜不断加厚。随着膜的不断加厚，新生膜的速度也逐渐减慢，直到一定的厚度为止。这样，换向器滑动面的氧化膜就形成了。同时，在这层薄膜上面又吸附着一层非常薄、有黏性的石墨和碳粉组成的碳膜，其结构如图3-19所示。

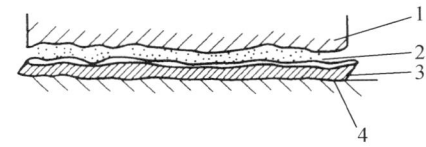

图3-19 换向器滑动面薄膜

1—电刷；2—石墨碳粉；3—氧化亚铜；4—换向器

由图3-19可见，换向器滑动面薄膜由两部分组成：
① 金属氧化膜，由氧化铜和氧化亚铜的混合物组成；
② 碳膜，在氧化膜上面，由微小的碳粒、石墨和其他附着物组成。

电机运行时，由于金属氧化膜本身具有较高的电阻，从而增加了换向元件回路的电阻，降低了附加换向电流，改善了电机的换向。碳膜附着物在吸收空气中的水分之后能产生良好的润滑作用，减小电刷与换向器之间的磨耗，使电刷运行稳定。另外，薄膜与电刷间相互存在着一定的黏附作用，可以缓冲或减小电刷的颤振频率和速度，保持电刷与换向器之间滑动接触的稳定性，减小或消除机械性火花。因此，薄膜对电机的工作起着十分重要的作用。

但是，这层薄膜并非静止不变。电机工作时，金属氧化膜在电刷摩擦下被破坏，但当电流通过时，由电刷和换向器形成的正、负电极使空气中的水汽电解，加之换向器滑动接触面温度较高，又会使铜表面氧化形成新的氧化膜。与此同时，由正电刷分离出许多极小的微粒吸附在氧化膜上形成碳膜，又由负电刷将它们清除。因此，薄膜在不断地形成与破坏，如果破坏的速率小于形成的速率，则氧化膜逐步建立起来，对正常运行的电机维持一种动态平衡。

薄膜的形成及其颜色还与电刷的材质、电刷的压力、电流密度、运行时间长短及周围环境等许多因素有关。正常的换向器表面薄膜应当是棕褐色的，在手电光照之下能反射出光泽，有一种油润感。从运用观点来看，只要薄膜是均匀的、光亮的、稳定的和呈棕褐色的，则标志着电机的换向是正常的。

2）不正常的换向器薄膜

① 黑片：无光泽的黑膜，包括有规律分布的黑片和无规律分布的黑片。

② 条纹和沟槽。条纹是沿换向器表面圆周上形成的有明暗色调度变化的平行圆环，其宽度不规则，条纹的继续发展形成沟槽。

③ 电刷轨痕：平行的电刷轨道之间在色调上的不同。

④ 铜毛刺：在换向片边缘出现的像碎片一样的毛刺，逐渐发展成薄铜片延伸至云母槽内。

⑤ 换向器表面高度磨光：换向器表面的氧化膜被摩擦掉，露出本铜色，抛光发亮，像镜面一样。

总之，换向器表面状态反映了电机运行是否正常。因此，在电机运行时，应当经常注意和检查换向器的表面状态，观察薄膜的变化情况，许多牵引电动机的故障在尚未造成破坏前，往往可以根据换向器表面的异常状态来进行早期诊断，找出故障发生的原因和部位，及时进行处理，以保证电机正常运行。

三、改善直流牵引电动机换向的方法

改善换向的目的在于消除电刷下的火花。消除换向火花的实质，是设法减小换向元件中附加换向电流。从换向过程分析可知，减小换向元件中的附加换向电流，可通过减少换向元件合成电动势和增大换向回路电阻两条途径实现。

1. 设置换向极

换向极装在电机几何中心线上，其作用是在元件的换向区域内建立一个换向极磁势 F_W，该磁势与交轴电枢反应磁势相反，它除了抵消电枢反应磁势外，还剩下一个换向磁势 F_K，并在换向区建立换向磁场 B_K，换向元件切割 B_K 后，就会在换向元件中产生一个与电抗电势方向相反的换向电势 e_K，如果 e_K 大小与电抗电动势 e_r 相等，即可使合成电势 $\sum e = 0$，从而改善电机的换向。

为了保证在任何负载下换向电势都能恰好抵消电抗电势，换向极应满足以下要求：

1）极性正确

换向极极性要保证其磁场方向与交轴电枢反应磁场方向相反。因此，对于电动机，换向极极性应与沿旋转方向前面的主极极性相反，如图 3-20 所示。

2）换向极绕组必须与电枢绕组串联

电机运行时电抗电势 e_r 的数值不是常数，e_r 随着负载电流变化成正比变化。为了保证 e_K 在整个负载范围内随时抵消 e_r，则要求 e_K 也必须随着负载电流变化而变化。因此，换向极绕组必须与电枢绕组串联。

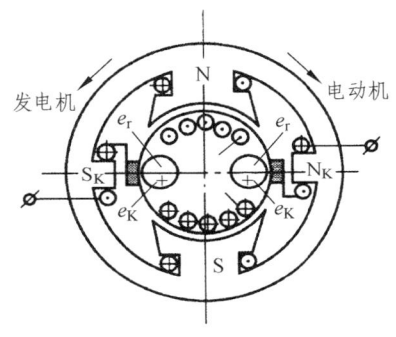

图 3-20　换向极的极性

N、S—主极；N_K、S_K—换向极

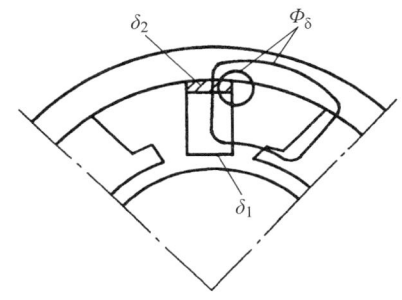

图 3-21　换向极气隙

δ_1—第一气隙；δ_2—第二气隙；Φ_δ—漏磁通

3）换向极磁路处于低饱和状态

换向电动势 e_K 是换向元件切割换向区磁感应强度 B_K 产生的，只有磁路不饱和时，才能保证 B_K 与电枢电流成比例变化，满足 e_K 正比于 I_a 的要求。

为了使换向极磁路不饱和，在设计电机时，通常采用较大换向极气隙以使换向极磁密降低。但是，如果单纯增大换向极和电枢表面间的空气隙，将使漏磁通增加，而换向极漏磁通也是造成换向极磁路饱和的重要因素。为此，牵引电动机常将换向极气隙分成两部分，即电枢与换向极极靴之间的第一气隙 δ_1 和换向极与机座内壁之间的第二气隙 δ_2，如图 3-21 所示。第二气隙垫以非磁性垫片，如果发现换向电势补偿不当，还可以通过调节第二气隙的大小来调整 B_K 的数值，使电机得到良好的换向。

2. 增加换向回路的电阻

换向回路电阻主要取决于电刷与换向片之间的接触电阻，增加接触电阻可以减小附加换向电流的数值，从而改善电机换向。

接触电阻的大小，主要决定于电刷的材质和结构，不同牌号的电刷有不同的接触电阻。脉流牵引电动机由于换向条件困难，因而广泛采用高接触电阻的电化石墨电刷，如 SS_{4G} 型电力机车中 ZD105 型脉流牵引电动机采用的 D374B 型电刷。该型号电刷具有较高的电阻率以保证良好的换向，同时又有较好的耐磨性和机械强度。为了增加换向回路的电阻和改善电刷与换向器的接触状况，在脉流牵引电动机中还广泛采用双分裂式电刷，如图3-22所示。这种结构是两块电刷放在同一刷盒中，顶部压块用橡胶制成。由于每一块电刷质量小，惯性小，同时橡胶压块可以吸收电刷的振动，使电刷与换向器接触良好。另外，在两块电刷接触面间有横向间隙，增加了换向回路的横向电阻，从而改善了电机的换向条件。实践证明，采用这种电刷结构可以降低电刷下的火花。

综上所述，电刷性能和结构对电机换向影响很大，选择电刷是十分重要的，必须根据不同电机的具体情况来考虑。同时还应注意以下几点要求：

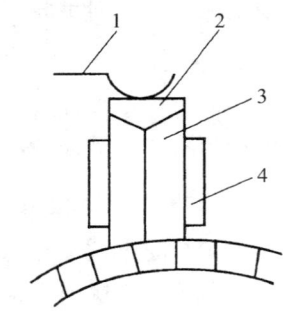

图 3-22 双分裂式电刷示意图
1—压指；2—压块；3—电刷；4—刷盒

① 同一台电机中，必须采用相同牌号的电刷。否则，会由于接触电阻大小不同造成电刷间负载分配不均，致使接触电阻小的电刷因电流较大而使换向恶化。

② 牵引电机中，电刷电流密度一般为 $12 \sim 16 \text{ A/cm}^2$。因为，电刷是以接触压降来表示的，接触压降和电流密度有关，当电刷电流密度较小时，随着电流增大，接触压降随之增大，当电流密度达到一定数值后，接触压降不再增加，此时，换向回路的接触电阻随电流密度增大而减小，这对换向是十分不利的。因此，对电刷的电流密度有一定限制。

③ 对于拖轴式悬挂的牵引电动机，电刷上单位压力一般取 $2.94 \sim 3.29 \text{ N/cm}^2$，因为压力太大将使电刷磨损加快，压力过小会使电刷跳动产生火花。

最后还应指出，在电刷使用中还要注意以下几点：

① 电刷应仔细研磨吻合，保持清洁以及电刷和刷握间有适当间隙，防止电刷接触面黏铜。

② 在正常使用中，温度升高会使电刷接触压降减小，可能引起换向不良。

③ 一台电机上各电刷压力必须均匀，压力不均匀会使电流分配不均，电流较大的可能产生火花，低电流密度下滑动的电刷对换向器磨损也有影响。

四、换向器上的环火

直流和脉流牵引电动机在某些恶劣（重载运输、坡道运行、深度磁场削弱）条件下运行时，正、负电刷之间可能形成一股强烈的环形电弧，同时伴有闪光和巨响，这种现象称为环火（俗称放炮，是因为产生环火的瞬间，电机发出巨大的响声）。

环火具有很大的破坏力，轻则烧伤换向器和电刷，此外，环火时电弧还可能由换向器表面飞跃到换向器前压圈、转轴、刷架圈、磁极铁芯或机座上，造成电机接地，这种现象称为"飞弧"；环火相当于电枢通过电刷直接短路，可能烧断电枢绕组并且甩出，造成电机"扫膛"；环火时电机处于发电机状态，如图3-23所示，这时，电流经环火电弧直接流入励磁绕组，使电机反电动势猛增，电枢绕组

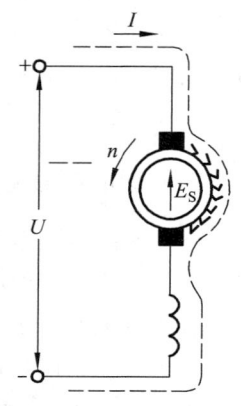

图 3-23 环火示意图

产生很大的反向短路电流,使电机处于发电机运行状态,产生一个很大的制动转矩,由于列车惯性很大造成动轮踏面擦伤。

1. 产生环火的原因

由于电刷磨损下来的碳粉或电刷碎片以及换向器磨损下来的铜粉聚积在换向片间的沟槽内,加之油泥从电动机外部飞溅到换向器上,这些脏物在两个换向片间形成导电桥。当换向片间电压过高时,此导电桥燃烧而形成火花,这就是电位火花,若片间电压足够大,会在这些导电尘粒燃烧后出现片间电弧,或称单元闪络,如图3-24(a)所示。此电弧使周围的空气游离,当换向器转动时,该电弧随换向器一起转动,并且由于电弧形成的气体内压力及作用在电弧上的电动力使电弧拉长,如图3-24(b)所示。当电弧向前扩展时,它遗留下来的电离气体是导电的,因而电弧维持不灭,如图3-24(c)所示,以致引起环火。

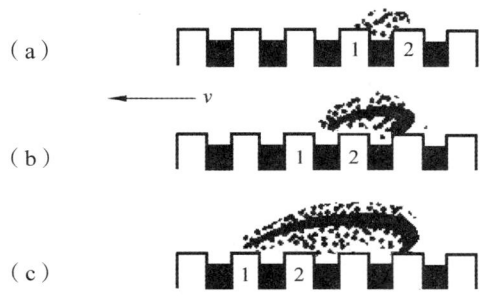

图 3-24 导电桥形成环火示意图

根据以上分析可知,环火和换向器片间电压的最大值与换向器上的电位特性有关。

如图 3-25 所示,在正、负电刷之间的换向器上,其片间电压分布曲线和主极气隙中磁通密度分布曲线形状是相似的。

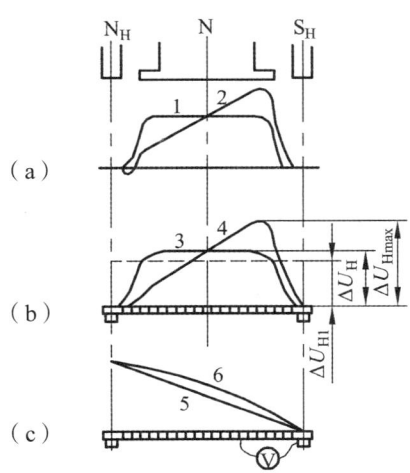

图 3-25 电动机换向器上片间电压分布曲线及电位特性

主极气隙中磁场分布与电动机的负载有关。

交轴电枢反应使主极气隙磁场畸变,如图3-25(a)所示,图中曲线1为空载时的情况,曲线2为负载时的情况。

图3-25(b)中的曲线3和4相应地表示电动机空载和负载时,换向器圆周片间电压分布曲线。这两条曲线的形状与主极下空气隙磁感应强度的曲线形状相同,由曲线4可见,电动机负载时(尤其是过载或承受冲击负载时),由于强烈的电枢交轴反应而造成片间电压分布不均,在接近后刷边的地方出现最大值,称为最大片间电压,它对火花有很大影响。

图3-25(c)表示沿换向器圆周长度的电位特性。其电压大小相当于图中电压表所测得的电刷与某一换向片的电压值,曲线5为电机空载时的情况,曲线6为负载时的情况,电位特性曲线越陡,产生环火的趋势越大。通常用换向器圆周每厘米长度的电位差来表示曲线的斜率,称为电位梯度。

由此可见,机车牵引电动机在最高电压及最深磁场削弱下高速运行时,由于主极磁场的削弱和电枢电流的增大,电枢反应相对加强,致使主极气隙磁场的畸变加剧,电位气隙越陡,产生环火的可能性越大。

根据实践经验,为了防止环火的发生,电位梯度的最大值应小于85~95 V/cm,片间最大电压应不超过下列限值:

当片间云母厚度为 0.8 mm 时,$\Delta U_{Hmax} \leqslant 35$ V;
当片间云母厚度为 1.0 mm 时,$\Delta U_{Hmax} \leqslant 37 \sim 40$ V;
当片间云母厚度为 1.2 mm 时,$\Delta U_{Hmax} \leqslant 40 \sim 43$ V;
当片间云母厚度为 1.5 mm 时,$\Delta U_{Hmax} \leqslant 46 \sim 48$ V。

2. 防止环火的措施

(1)在设计电机时,限制换向器上电位梯度和最大片间电压值。
(2)采用适当形状的主极极靴,以改善电位分布情况。

牵引电动机通常采用偏心气隙的方法,如图3-26(a)所示,它是用一个大于电枢半径的半径画出来的极靴形状,并且其圆心顺着轴线从电枢移动一段距离。

另外有的牵引电动机采用部分扩张气隙,如图3-26(b)所示,这种气隙主极极靴由两

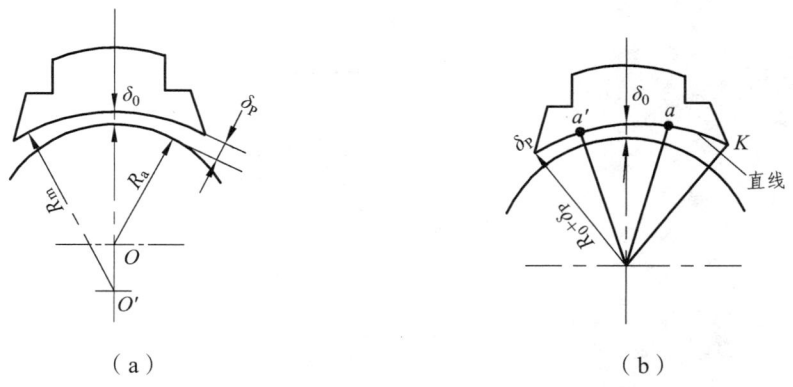

图 3-26 主极极靴形状

O—电枢圆心;O'—极弧圆心

部分组成：第一部分极弧与电枢为同心圆，在这段范围内，气隙是均匀的并且等于 δ_0；第二部分气隙是从 a 点出的气隙开始，向极靴边缘增加到 δ_p 值，极靴这一部分用直线画出，气隙是扩张气隙。

上述两种极靴形状，都使主极极尖处空隙加大，这样不仅减小电枢反应对主极磁通的畸变作用，也改善了换向器电位分布，使片间电压最大值远离换向区，从而增加了电机的抗环火能力。通常极尖下的空气隙长度为极中心长度的 1.8～2.5 倍。

（3）装置补偿绕组。

牵引电动机气隙的畸变是由电机带负载后的电枢反应引起的。因此防止环火的有效措施应该是尽可能地消除电枢磁场所引起的气隙磁场畸变。对于经常过载和承受冲击电流而换向困难的牵引电动机来说，最有效的措施是装置补偿绕组，即在主极极靴表面增设一个与电枢绕组相串联的绕组，实际上补偿绕组安装在主极极靴上的专门冲制的槽子内（见图 3-27），使它产生的磁势与电枢磁势相互抵消，以消除电枢反应造成的磁场畸变，从而减小最大片间电压的数值和改善电机的电位特性。但是这样却使电机结构复杂，并且增加了制造和检修的工作量。

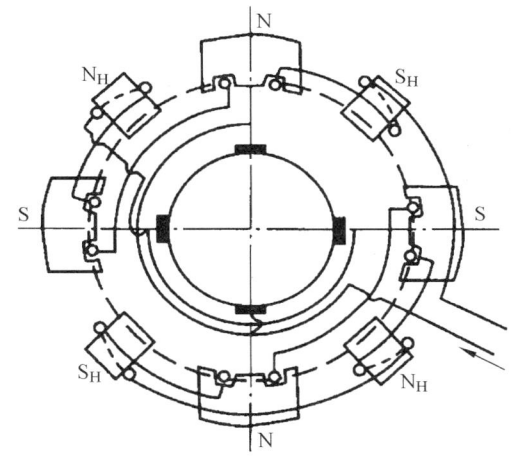

图 3-27　补偿绕组装置及连接法

（4）在实际运用中加强维护清理和采取保护措施。

如除掉换向器片间脏物及换向片两边的毛刺，保持牵引电动机检查孔盖严密；在主电路中采用快速保护（防环火系统），一旦电机发生环火，能迅速将电机与电源断开；对并联工作的电动机分别进行保护。

第六节　直流牵引电动机的通风冷却

电机发热对电机运行性能有很大影响，温度过高，将使绝缘材料损坏而丧失绝缘性能，以致影响电机的使用寿命，严重时甚至把电机烧毁。同时，过高的温度会引起电机零部件变形，直接影响电机的安全运行。

牵引电动机功率大，结构尺寸又受空间位置的限制，发热较为严重。其发热问题不仅直接关系到电机的使用寿命和可靠运行，也是决定电机额定容量的主要因素之一。

一、电机的温升

直流牵引电动机在实现能量转换过程中,电机内部将产生机械损耗、铁耗、铜耗和附加损耗等 4 类损耗,这些损耗一方面使电机的输出功率减小、效率降低;另一方面,损耗最终都变为热能,使电机各部分温度升高,引起电机发热。

电机运行时,电机中的损耗转变为热能,使电机各部分温度升高。当电机温度高于周围介质温度时,热量向周围散发。若电机产生的热量与散发的热量平衡时,电机的温度不再升高,维持稳定的温度。由于电机周围介质温度可能不同,所以电机各部分温度的高低并不能代表电机的发热和散热情况,温度高并不能表示电机的发热量大或散热不好。为了综合评价电机的发热和散热情况,在设计和使用电机时,通常以温升作为评价电机性能的指标。

电机某一部件的温度 t_2 与周围介质温度 t_1 之差,称为该部件的温升。即

$$\theta = t_2 - t_1 \tag{3-7}$$

在实际使用中,我国有关技术标准规定,冷却空气温度的标准值为 25 ℃,但绝缘材料不同,电机各部件温升限值也不同,具体情况见表 3-2。

表 3-2 电机绕组和换向器的温升限值 ℃

电机部件	测量方法	绕组绝缘材料的不同相应于连续、小时或断续定额的温升限值				
		E	B	F	H	C
定子绕组	电阻法	115	130	155	180	200
电枢绕组	电阻法	105	120	140	160	180
换向器	温度计法	105	105	105	105	105

由于测温方法不同,对同一物体的温度可能测得不同的温度数值。因此在规定温升限值的同时,应规定具体的测温方法。牵引电动机常用的测温方法有温度计法、电阻法和埋植检温计法。

二、牵引电动机的通风冷却

通风作用越强,风速越大,散热能力就越强,在同样热量下,电机的温升就越低。

1. 牵引电机的通风方式分类

(1)根据冷却空气进入电机内部所依靠的力量,分为:

① 自通风。由装在电机转轴上的离心式风扇鼓风。这种通风方式的优点是不需要附加设备,缺点是风量和风压随电机转速而变化。

② 独立通风。由单独设置的通风机给电机鼓风。这种通风方式的优点是送入电机的风量及风压与电机运行情况无关;缺点是需要增设通风机、拖动机械、管道等辅助设备。

(2)根据通风器(通风机、风扇)安装位置不同,分为:

① 强迫通风。通风器装在空气的入口端,由通风器将空气压入电机内部,如图 3-28 所

示。这时，电机内部的空气压力一般大于大气压力。

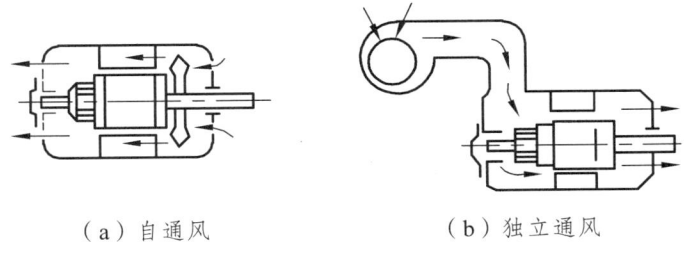

(a) 自通风　　　　　　(b) 独立通风

图 3-28　强迫通风示意图

② 诱导通风。通风器装在空气的出口端，由通风器将电机内部的空气抽出，如图 3-29 所示。

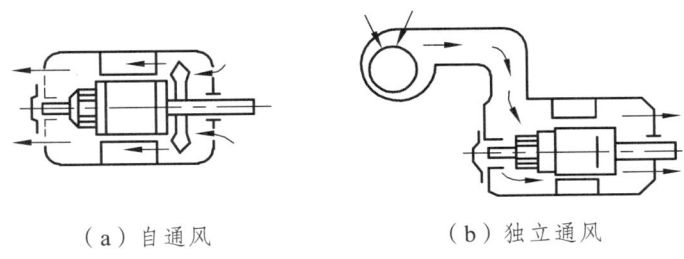

(a) 自通风　　　　　　(b) 独立通风

图 3-29　诱导通风示意图

(3) 根据冷却空气在电机中的主要流通方向，分为：

① 轴向通风。冷却空气由电机的一端进入，另一端排出，在电枢内部沿转子铁芯的轴向通风道流通。这种通风方式的优点是铁芯结构紧凑；缺点是通风损耗较大，沿电机轴向的温度不够均匀。

② 径向通风。空气进入电机内部，沿着电枢内的径向风道流通。这种径向风道是在压装电枢铁芯时，每隔一定距离放置一片风道齿构成的。这种通风方式的优点是通风损耗小，散热面积较大，沿电机轴向的温度较均匀；缺点是径向通风槽使电机的轴向尺寸增大。

③ 轴向-径向复合通风。电机既有轴向风道也有径向风道，结合二者的特点设计，具有良好的通风效果，但结构复杂。

牵引电动机根据其结构特点和运行特点，通常采用强迫式独立通风，风道沿轴向布置，其理由是：

① 牵引电动机功率大，尺寸受限制，因而它的电磁负荷较高，发热严重。因此，必须用强压的冷却空气加强它的散热。

② 牵引电动机负载的性质是断续的。在机车牵引和电气制动时，电机的电流较大，使电机迅速发热；在机车惰行和停站时，电机断电，是电机的散热间隙。独立通风可以充分利用断电间隙使电机冷却，为下一区间电机运行创造很好的条件。

③ 牵引电动机的轴向长度受轨距的限制，采用径向通风会增加电机的轴向长度。

近年来，在干线电力机车上，采用自通风的牵引电动机也引起了人们的关注。因为根据机车的运行特点，牵引电动机的实际温度达不到极限温度，满风量并不是长期需要的。另外，随着绝缘材料等级的提高及绝缘结构的不断完善、换向器升高片采用氟弧焊工艺等,使电机承受热过载能力有所提高。所以,干线电力机车的牵引电动机采用自通风方式并非不可行。

2. 牵引电动机的通风结构和通风参数

牵引电动机的通风系统如图 3-30 所示。冷却空气由换向器端上部进风口进入换向器室,然后分成两路:一路经换向器表面、电枢和磁极之间空气隙及主极、换向器之间的间隙,到非换向器端;另一路经换向器套筒的内孔道、电枢铁芯内部通风孔道和电枢后支架到非换向器端。两路汇合后,由后端盖的排风孔排出。

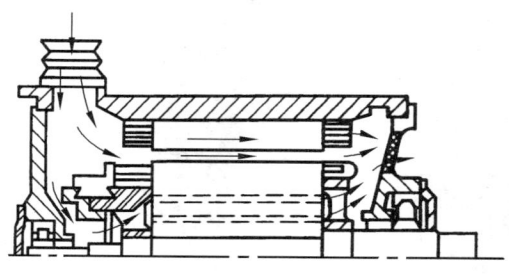

图 3-30 牵引电动机的通风系统示意图

这种通风结构,进风口开在换向器端,以利用换向器处的空间,使进入电机内部的平行气流分布均匀。但是,由电刷磨下的碳粉容易堆积在电机各线圈的缝隙里,使线圈的绝缘电阻降低。

采用强迫式独立通风的牵引电动机,内部的空气压力一般是大于大气压力的。电机工作时,电枢绕组后端接的"鼻部"起到了自通风的风扇作用,在靠近后端盖部轴承室附近的局部空间内的气压低于大气压,形成负压,此负压与转速的平方成正比。负压的产生可能使齿轮箱的润滑油吸入电机轴承室,并进一步窜入电机内部,损害电机绝缘并使轴承发热。为此,ZD105 型牵引电动机除在后端盖外加装外油封外,并在后端盖上设有 8 个通大气孔,将产生负压的空间和大气相通,防止了窜油,提高了电机运行的可靠性。

牵引电动机采用强迫式独立通风时,为了使电机温升不超过允许值,必须引进一定的风量对电机进行冷却。引进风量太多,将大大增加通风辅助设备的容量;引进风量过小,又达不到预期的效果。冷却空气通过电机内各个风道时,均遇到阻力,要使一定的风量以一定的速度吹拂发热体的表面,必须在入风口处建立一定的风压,用来补偿电机内部风道中风阻引起的风压降。因此,风量、风压是牵引电动机的主要通风参数。

牵引电动机的通风风量和进风口风压,常常以制成的实际电机的风量和风压为参考加以确定。一般持续容量为 600～800 kW 的牵引电动机,所需风量大致在 105～120 m^3/min 范围内,进风口压力约为 1 100 Pa。

复习思考题

1. 个别传动的悬挂方式通常有哪几种?

2. 直流牵引电机定额有哪些？
3. 牵引电动机工作条件主要特点有哪些？
4. 对绝缘材料的基本要求有哪些？
5. 牵引电机的绝缘结构有哪些？各绝缘结构有何作用？
6. 直流牵引电机的主磁极和换向极采用了哪些绝缘结构？
7. 直流牵引电机电枢绕组采用了哪些绝缘结构？补偿绕组采用了哪些绝缘结构？
8. 直流牵引电机换向器采用了哪些绝缘结构？
9. 简述串励电动机作为牵引电动机的特点。
10. 简述直流牵引电机的调速方法。
11. 在实施电阻制动时，把串励电动机改接成他励发电机，电路需要进行哪些转换？
12. 什么是再生制动？
13. 直流牵引电机常采用哪种反转的方法？
14. 简述直流牵引电动机在运行时对火花限制的要求。
15. 产生火花的原因主要有哪些？
16. 简述改善牵引电动机换向的方法。
17. 什么是环火？环火有哪些危害？防止环火有哪些方法？
18. 简述 ZD105 型牵引电机的通风结构。

第四章 脉流牵引电机

SS系列电力机车采用单相交流电网供电,经变压器变压和硅整流器整流后供给脉流牵引电动机,其结构与普通直流电机基本相同,但为了适应牵引电动机运行性能、通风冷却方式、传动方式、安装方式及使用环境等条件,脉流牵引电动机某些零部件的结构与普通直流电机有一定差别。

本章在介绍牵引电动机定额的基础上,结合牵引电动机实际结构,讨论脉流牵引电动机主要零部件的功用和结构形式,最后扼要说明典型脉流牵引电动机的结构特点。

第一节 脉流牵引电动机的电磁特点

脉流牵引电动机典型供电线路如图4-1所示,其电压和电流波形如图4-2所示。

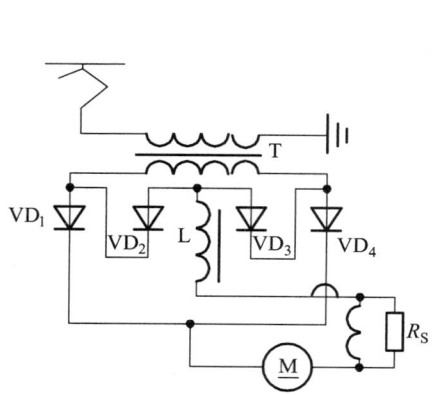

图 4-1 脉流牵引电动机供电线路

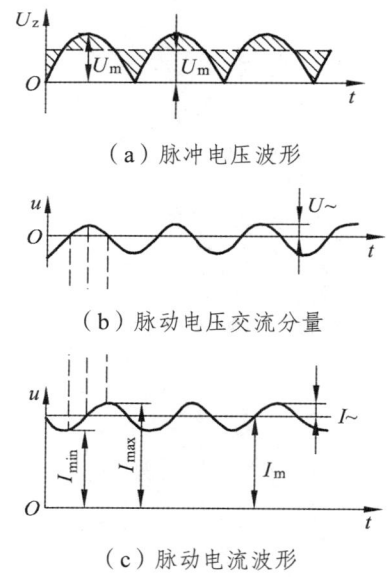

图 4-2 脉流牵引电动机电压和电流波形

由图 4-2 可见,经二极管或晶闸管整流后电压、电流都是脉动的,包括直流分量和交流分量。因为直流分量是主要成分,所以脉流牵引电动机本质上仍然是直流牵引电动机,其结构和工作特性与直流牵引电动机相仿。但是,由于交流分量的存在,给电动机工作带来新的特点,在电磁、换向、发热方面构成了脉流牵引电动机本身的特殊问题。

一、脉动电压

图 4-2（a）所示为整流机组全工作时的整流电压波形，该电压是一个脉动电压，加在牵引电动机和平波电抗器两端，如图 4-1 所示。

电压的脉动程度用电压脉动系数 K_U 表示，它是交流分量幅值和直流分量的比值，对于不可控单相全波整流线路，有

$$K_U = \frac{U_\sim}{U_-} = \frac{2}{3} \approx 0.66 \tag{4-1}$$

二、脉动电流

在脉动电压作用下，通过脉流牵引电动机的电流可看成是直流电流分量和交流电流分量分别作用的结果。

电流的脉动程度可以用电流脉动系数 K_i 表示，有

$$K_i = \frac{I_{\max} - I_{\min}}{I_{\max} + I_{\min}} \times 100\% = \frac{I_交}{I_直} \tag{4-2}$$

式中，$I_{\max}$ 和 $I_{\min}$ 分别为电流波形中的最大值和最小值，其波形图如图 4-2（c）所示。

电流脉动系数值越大电流脉动越严重。国内外脉流牵引电动机制造和运行经验表明：为改善脉流牵引电动机换向条件，在额定工况下，电流脉动系数 K_i 一般应限制在 20%～30%。如 SS_{4G} 型电力机车的电流脉动系数为 28%～33%。

三、脉动磁通

脉动电流通过脉流牵引电动机各绕组时，将产生脉动磁势和相应的脉动磁通，如图 4-3 所示。图中，脉动电流的直流分量与其所产生的磁通关系曲线称为基本磁化曲线，电流交变分量所产生的磁通沿局部磁滞回线变化。因为磁滞回线很窄，所以可以近似认为沿基本磁化曲线切线方向变化，称为局部磁化曲线。由图 4-3 可见，脉动磁通也由直流分量和交流分量组成，其脉动程度可用磁通脉动系数 K_Φ 来表示，即

$$K_\Phi = K_B K_i \frac{I}{\Phi} \frac{d\Phi}{dI} \tag{4-3}$$

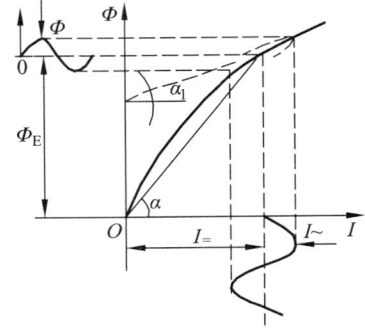

图 4-3 脉动电流和脉动磁通

式中　Φ、I——对应于基本磁化曲线的磁通、电流；

$d\Phi/dI$——对应于局部磁化曲线磁通、电流的变化量；

K_B——涡流作用系数。

如果不采取相应的措施，在限定电流脉动系数的情况下，磁通的脉动系数可能会大于10%。实际运用当中，脉流牵引电动机通常在励磁绕组上并联一个固定分路电阻。由于励磁

绕组对交流分量电流呈现较大的电抗，因此交流分量电流的绝大部分由分路电阻流过而不经过励磁绕组，减小了主磁通的脉动。加装固定分路电阻后，对直流磁场进行了固定削弱。

有固定分路的脉流牵引电机中，当固定磁场削弱系数为85%～96%时，若电流脉动系数为25%～30%，则额定状态下磁通脉动系数为2%～3%。

第二节　改善脉流牵引电动机换向的方法

由于电流是脉动的，因此脉流牵引电动机的换向比直流牵引电动机困难，为了保证脉流牵引电动机可靠运行，必须针对它在换向方面存在的问题采取一定的措施。这些措施一方面是在设计、制造脉流牵引电动机时，首先必须保证电机在直流电源下运行时换向可靠。为此，必须采取使直流牵引电动机换向良好的一系列措施。此外，电机结构方面也要采取一定的措施。

1. 换向极铁芯采用电工钢片叠制

这种换向极在国内外许多脉流牵引电动机中得到广泛应用。如国产ZD105、ZD115型脉流牵引电动机均采用叠片换向极极心。

2. 机座内壁敷设磁桥

磁桥由数片0.5mm厚的冷轧电工钢片叠成，总厚度为2～3mm，在换向极中心处留3～4mm的缺口，如图4-4所示。缺口是一个空气间隙，其作用是使磁通的直流分量（特别是主磁通的直流分量）不易通过磁桥，否则将造成磁桥饱和而使磁导率下降。

国产ZQ650-1和ZQ800-1型脉流牵引电动机采用了这种结构，运行经验表明，采用磁桥结构，在相同运行条件下，火花降低约0.5级。

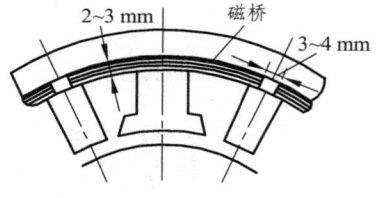

图4-4　磁桥结构示意图

3. 减小换向极漏磁通

减小漏磁通的措施有：
（1）采用非磁性（黄铜或不锈钢板）换向极线圈托架，对漏磁通起屏蔽作用。
（2）适当控制主极的极弧系数和换向极极靴宽度，增加主极尖与换向极之间的距离。
（3）采用换向极第二气隙。

4. 采用全叠片或半叠片机座

国产ZD111型、ZD115型脉流牵引电动机采用了全叠片无机壳机座。但是，全叠片机座制造工艺复杂。为简化制造工艺，国内外一些脉流牵引电动机采用半叠片机座，图4-5为钢板结构的焊接半叠片机座，图中2为具有一定宽度的半叠片层，用0.5mm厚的电工钢带扁绕叠压在机座体内，然后用法兰压紧并与机座焊成一个整体。国产ZD107型和进口

MB-530-AVR 型脉流牵引电动机采用了这种结构。

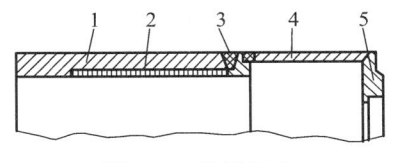

图 4-5 半叠机座

1—机座体；2—电工钢片叠片层；3—法兰；4—非磁路部分；5—前端法兰

第三节 脉流牵引电动机的基本结构

脉流牵引电动机的结构与普通直流电机基本相同，主要由静止的定子和旋转的转子两大部分组成。转子由转轴、电枢铁芯、电枢绕组和换向器等部件组成，其作用是产生感应电势和电磁转矩，从而实现能量转换。转子通过电枢轴承与定子保持相对位置，使两者之间有一个间隙，称为空气隙。此外，脉流牵引电动机还有一套电刷装置，电刷和换向器接触，以实现电枢电路与外电路的连接。

脉流牵引电动机由于发热严重，换向困难，所以它的某些部件具有特殊的结构形式。

一、定　子

定子的作用是产生磁场、提供磁路和作为牵引电动机的机械支撑，由机座、主磁极、换向极、端盖和轴承等部件组成。

1. 机　座

脉流牵引电动机的机座既作为安装电动机所有零件的机械外壳，又是联系各磁极的导磁铁轭。为了使有限的安装空间得到最佳利用，并使机座质量最轻（机座质量占牵引电动机总质量的 30%～35%），合理地选择机座形状就十分重要。现代牵引电动机采用的整体式机座，通常有方形和圆形两种，如图 4-6 所示。对于抱轴式悬挂的 4 极牵引电动机通常采用方形机座，且主磁极布置大部分采用水平-垂直布置，如图 4-6（a）所示。这种结构可以合理地布置磁极，较好地利用转向架下部空间，但是机座较重，加工工艺比较复杂。对于 6 极或极数更多的牵引电动机大都采用圆形机座，如图 4-6（b）、（c）所示，虽然圆形机座的空间利用率不如方形机座好，但它可以减轻电机质量和简化加工工艺。因此，架承式悬挂和容量较小的牵引电动机通常都采用圆形机座。

牵引电动机的机座一般都采用导磁性能和机械性能良好的铸钢制成，为了保证电机运行性能良好，要求铸钢机座表面光滑，不允许有砂眼、气孔、裂缝及大量渣滓存在。在圆形机座中，有时为了加工方便、结构轻盈，也采用钢板焊接的机座。脉流牵引电动机的机座大都采用铸钢结构，为了改善脉动电压供电下的电机换向，在铸钢机座内壁敷设有磁桥，也可采用全叠片无机壳机座，机座由钢板叠片组构成。

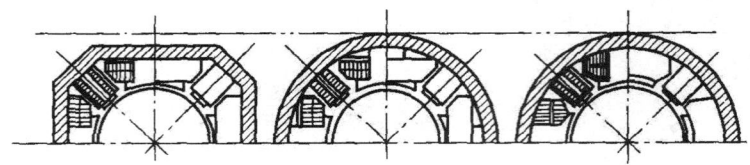

（a）方形机座　　　（b）圆形机座　　　（c）主极线圈压形后
空间利用较好的圆形机座

图 4-6　牵引电动机的机座形状

抱轴式悬挂牵引电动机的机座一侧有吊杆座，通过吊杆将牵引电动机悬挂在机车转向架上；另一侧有抱轴承座，以便把牵引电动机抱在机车动轮轴上。在机座上设有换向器检查孔，便于检查换向器和更换电刷，检查孔口平时用弹性活动盖板密封。还开有进风口，用于对牵引电动机的通风冷却。机座两端装有端盖，靠换向器端为前端盖，另一端为后端盖。前、后端盖都装有滚动轴承，牵引电动机的转轴就安装在这两个轴承内。端盖上还设有通风孔，以便使冷却空气吸入或排出。对于独立通风的牵引电动机，一般将前端盖的进风口密封，后端盖的排风口端焊有钢丝网，以防止异物侵入牵引电动机的内部。

2. 主磁极

脉流牵引电动机的主磁极（简称主极）用来产生主磁场，它由主极铁芯和主极线圈两部分组成，如图 4-7 所示。

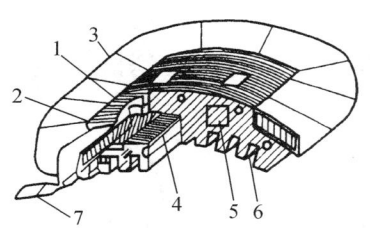

图 4-7　主极结构图

1—主极铁芯；2—铁芯端板；3—主极线圈；4—铆钉；
5—铁芯心柱；6—补偿绕组槽；7—主极线圈接头

为了降低电枢旋转时电枢铁芯的齿和槽相对磁场移动所引起的磁场脉动在主极极靴表面产生的涡流损耗，主极铁芯通常采用 1~1.5 mm 厚的钢板叠成，铁芯两端用较厚的端板压紧，并用铆钉铆紧。主极铁芯较窄的部分称为极身，以便有足够的空间安装主极线圈；扩大的部分称为极靴，其形状决定了气隙磁感应强度和感应电势在空间的分布波形。为了抵消电枢反应的影响，防止牵引电动机产生环火，有些牵引电动机安装了补偿绕组，这时主极极靴部分带有齿槽结构，补偿绕组嵌放在主极极靴表面的槽内，并用特制的槽楔将其固定，如图 4-11 所示。

主极线圈的作用是通以直流电流而建立主磁场。在牵引电动机中，主极线圈大都采用扁铜线绕制而成。主极线圈的绕制方法有平绕和扁绕两种，平绕又称为宽边绕法，如图 4-8 所示，其特点是绕制方法简单，可一次成型，适用于多层、多匝线圈。由于这种结构能分层绕制，有利于线圈在机座内布置，使得空间利用较好，但散热条件差。扁绕又称为窄边绕法，如图 4-9 所示，其特点是线圈结构紧密，在机械方面比较稳定，而且散热条件好，但其制造工艺比较复杂，需经过几次退火、整形处理。扁绕主要用于牵引电动机的换向极线圈。在功率较大的牵引电动机中，为了改善线圈的散热条件，主极线圈也有采用扁绕结构的。

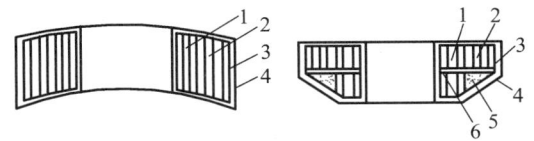

图 4-8　用平绕法绕制的线圈

1—线圈；2—匝间绝缘；3—对地绝缘；4—外包绝缘；5—填充材料；6—层间绝缘

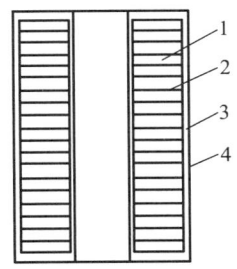

图 4-9　用扁绕法绕制的线圈

1—线圈；2—匝间绝缘；3—对地绝缘；4—外包绝缘

主极线圈的绝缘结构如图 4-8 所示。当为双层线圈时，还应加层间绝缘 6。对于圆形机座的主极线圈，为便于布置，都压制成弧形。

为了便于主极线圈间的连接，主极线圈采用开口式和交叉式两种形式，如图 4-10 所示。它们在机座上交叉布置，以产生需要的极性。主极线圈套到主极铁芯上。在两者的空隙处，填充聚砜纤维毡，再浇注环氧胶，使主极线圈与主极铁芯牢固地黏合在一起，称之为一体化结构。这种结构从根本上消除了因线圈和铁芯相对活动而产生的绝缘磨损现象，提高了电机运行的可靠性。

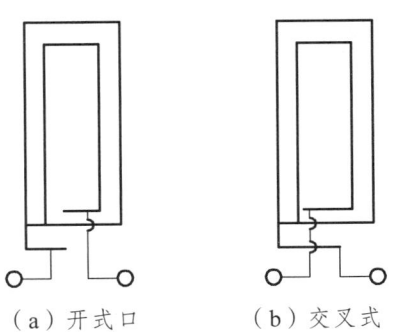

（a）开式口　　　　（b）交叉式

图 4-10　主极线圈出线头示意图

3. 换向极

脉流牵引电动机的换向极用来产生换向磁场以改善电机换向性能，由换向极铁芯和换向极线圈两部分组成。

在脉流牵引电动机中，为了减少换向极磁通的涡流和由此引起的对电机换向的影响，通常采用由电工钢片叠成的换向极铁芯。换向极极靴的形状和尺寸是由电机换向要求确定的，其形状决定了换向极磁场波形，对电机换向性能影响很大。

为了减少换向极的漏磁和降低换向极磁路饱和程度，在换向极铁芯和机座之间增加了一个气隙，称为第二气隙。第二气隙由非磁性材料（铜板或层压布板）做的垫片构成，调整垫片片数，即可调节第二气隙的大小，以达到调整电机换向性能的目的。换向极极靴表面与电枢圆周表面的空气隙称为换向极气隙，也称为第一气隙。

换向极线圈一般都采用扁铜线扁绕制成，换向极线圈的匝间、对地和外包绝缘与主极线圈的绝缘结构相同。线圈与铁芯间也进行一体化浇注。

4. 补偿绕组

为了改善脉流牵引电动机的换向，提高电机运行的可靠性，大容量的脉流牵引电动机设置了补偿绕组。补偿绕组跨嵌在相邻两个主极极靴槽内，其安装情况如图 4-11 所示。

补偿绕组一般用扁铜线按同心式扁绕或平绕数匝而成。嵌放补偿绕组的主极铁芯上的槽形为开口槽，为了不使主极导磁面积过分削弱，使用了磁性槽楔，中间嵌有绝缘条，如图 4-12 所示，以减少涡流的影响。开口槽有向心槽和平行槽两种形式，如图 4-13 所示。向心槽的缺点是，嵌线和检修都比较困难，补偿绕组的绝缘强度也较差。与换向极轴线平行的平行槽则解决了上述问题。

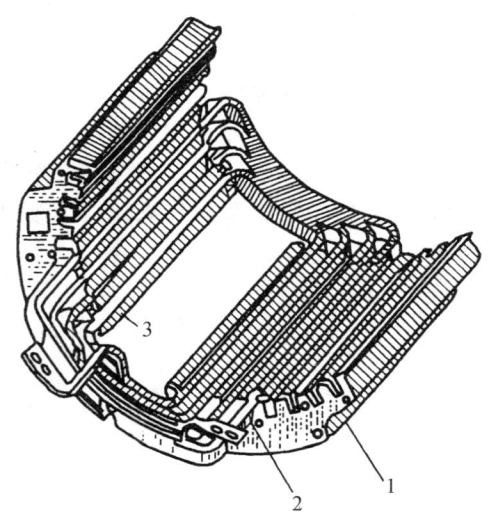

图 4-11 补偿绕组

1—主极铁芯；2—补偿绕组；3—槽楔

图 4-12 补偿绕组在主极铁芯槽内放置

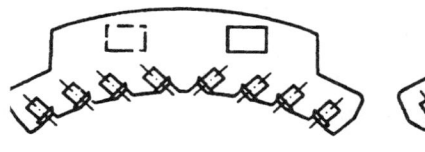
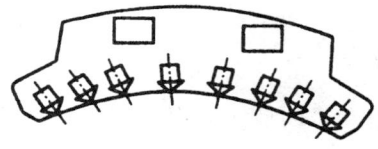

（a）平行槽　　　　（b）向心槽

图 4-13 补偿绕组槽形

5. 绕组接线

为了便于调节牵引电动机的磁场和改变牵引电动机的旋转方向，总是将主极线圈单独接成一个电路，用电缆直接引出；换向极线圈、电枢绕组及补偿绕组串联成为另一个电路，另外用电缆引出，引出电缆的端头装有管形的铜接头。

二、转　子

1. 转　轴

牵引电机运行时，转轴所受的作用力主要有转子组件自身的重力、转子偏心引起的单向拉力、不平衡重量的离心力、轴伸端由传动机械作用在轴上的负载扭力矩等。轴首先应有足够的强度，以保证电机在工作状态不产生残余变形或损坏；同时，转轴要有足够的刚度，即转轴工作时，轴的挠度必须在允许范围以内。此外，轴还应有足够的疲劳强度和韧性。

电力机车牵引电动机的转轴采用优质合金钢，如铬锰钢和铬钼钢等。由于转轴上沿轴向不同位置的负载大小不同，所以转轴需要做成阶梯轴。为了尽可能消除转轴在弯曲和扭转下工作时的局部应力集中，在考虑轴的结构时，应将不同截面的转换部分减少，而且由一个截面到另一个截面的过渡应采用圆弧过渡，曲线半径应尽可能做得大一些。

电枢直径在 400 mm 以下时，电枢铁芯、前后压圈及换向器套筒等部件是直接压装在转轴上的。电枢直径在 400 mm 以上时，电枢铁芯、前后压圈及换向器套筒等部件是先装在电枢套筒上，电枢套筒再装在转轴上。这样做的优点是材料利用较好，而且在需要更换转轴时，不需将电枢绕组与换向片焊开，缺点是电枢套筒的加工工艺要求有很高的精确度。

转轴和各部分的配合除轴承内圈采用基孔制外，其他均采用基轴制。轴的加工应按 2 级精度的要求进行，表面粗糙度值要求在 0.8 μm 以下，截面转换半径处的表面粗糙度值要求在 3.2 μm 以下，轴颈处和锥度面的表面粗糙度要求在 0.4 μm 以下。此外，轴端还加工有压油孔道，以供连接专用油泵拆卸小齿轮用。整个转轴加工完成后不允许表面有任何破坏性痕迹，在搬运和组装过程中，应采用软钢丝绳吊装而且要加装轴端橡胶保护套。

2. 电枢铁芯

电枢铁芯是牵引电动机磁路的一部分，也是承受电磁力作用的部件。在电枢铁芯圆周表面均匀开有电枢槽，槽内嵌装电枢绕组。

由电枢铁芯和电枢绕组构成了脉流牵引电动机的电枢，电枢绕组中流过电流，在磁场中受到电磁力的作用，使电枢旋转，把电能转换成机械能。可见它们是牵引电动机中实现能量转换的枢纽，因此称之为"电枢"。当电枢在磁场中旋转时，定子上的 N、S 极磁通交替穿过电枢铁芯，使电枢铁芯中产生涡流和磁滞损耗。为了减少这些损耗的影响，电枢铁芯通常用 0.5 mm 厚的带绝缘层的冷轧电工钢片叠压而成，图 4-14 所示为牵引电动机电枢冲片的一种结构形式。电枢冲片上冲有电枢槽、轴孔、

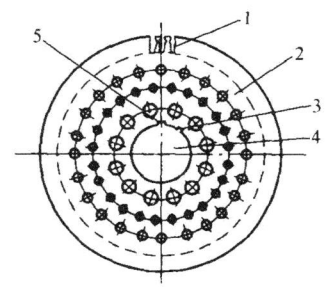

图 4-14　电枢冲片

1—电枢槽；2—通风孔；
3—标记孔；4—轴孔；
5—键槽

通风孔、键槽和标记孔。

在牵引电动机中，电枢槽一般做成开口的矩形槽，这样可以方便地把预成型的电枢线圈嵌放到电枢槽中。通风孔构成了电枢铁芯内部的轴向通风道，使铁芯内部能通过足够的风量，达到良好的散热效果。电枢槽和通风孔的数目应为磁极数的整数倍，并且在圆周均匀分布，使电枢在任何位置时，电动机的磁路都完全对称，避免了磁通的纵向振荡。半圆形的标记孔是铁芯叠装时用的定位标志，电枢冲片按同一面叠放，使叠片整齐，又可以提高铁芯的叠压系数。

电枢铁芯采用静配合安装在转轴或电枢套筒上。为了防止铁芯端部的冲片边缘松散，铁芯两端各有一块较厚的电枢端板，用数张 1 mm 厚的钢板点焊而成。

电枢铁芯两端装有采用优质钢铸成的压圈，一方面作为电枢绕组的支架，另一方面把电枢冲片压紧，使电枢冲片保持固定的压力。换向器一端称为前压圈，前压圈与换向器套筒做成一体，非换向器一端称为电枢后压圈，采用过盈配合装在转轴或电枢套筒上。

3. 电枢绕组

电枢绕组是脉流牵引电动机实现能量转换的部件，把电枢线圈嵌放在电枢铁芯圆周的电枢槽中，按一定规律与换向器连接起来就构成了电枢绕组。

电枢绕组由许多绕组元件组成，绕组元件通常采用单丝或双丝薄膜导线制成。在牵引电动机中，通常采用单叠单匝绕组元件。为简化嵌线工艺，提高绝缘质量，将几个绕组元件包扎在一起，构成了电枢线圈，电枢线圈在嵌线前就做成成型线圈。

绕组元件在电枢槽内的放置分为竖放和平放两种，如图 4-15 所示。竖放工艺简单，所以一般都采用竖放。平放对改善电机换向有利，同时可以使绕组附加损耗减少，缺点是绕组元件和换向片连接时，需要将元件压扁或扭转，工艺比较杂。

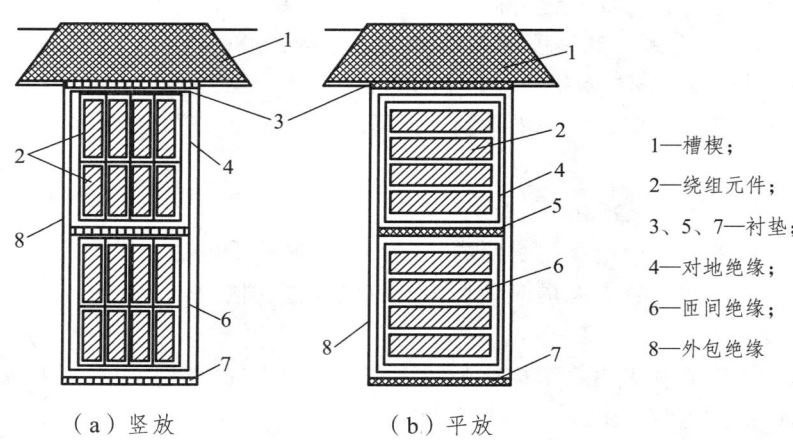

（a）竖放　　（b）平放

图 4-15　绕组元件在槽内的布置

1—槽楔；
2—绕组元件；
3、5、7—衬垫；
4—对地绝缘；
6—匝间绝缘；
8—外包绝缘

电枢绕组在电枢铁芯槽内的绝缘结构如图 4-15 所示。

当电枢旋转时，电枢圆周的最大线速度可达 60 m/s 或更高，因此绕组元件将受到很大的离心力作用，为了防止绕组元件甩出，电枢线圈在槽内部分需用槽楔固定，目前采用较多的是环氧酚醛玻璃布板制成的槽楔。同样，电枢线圈的端接部分也受到离心力作用，必须用扎线来固定，在牵引电动机中，电枢线圈的端接部分通常采用无纬玻璃丝带绑扎。

4. 换向器

换向器是直流和脉流牵引电动机特有的重要部件，其作用是在发电机状态下将电枢绕组中产生的交变电势整流成电刷间的直流电势；在电动机状态下将输入的直流电流逆变成电枢绕组中的交变电流，以产生单方向的电磁转矩。电机运行时，换向器既要通过很大的电流，又要承受各种机械应力。换向器工作情况的好坏，直接影响着电机的运行性能。

换向器是由很多相互绝缘的换向片组合而成的，有多种形式，现代牵引电动机大多采用图 4-16 所示的拱式换向器。

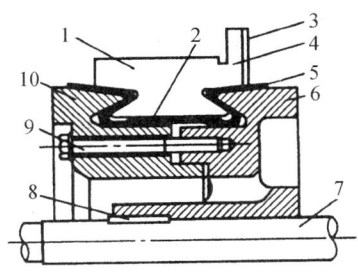

图 4-16 换向器结构图

1—换向片；2—绝缘套筒；3—云母片；4—升高片；5—V 形云母环；6—换向器套筒；
7—转轴；8—键；9—换向器螺栓；10—压圈

拱式换向器的主要零部件包括换向片、云母片、V 形云母环、绝缘套筒、换向器套筒、压圈和组装螺栓等，所有零部件全部固定在换向套筒上，然后将换向器套筒装配在转轴上。

换向片是换向器的导电部分，其工作表面与电刷滑动接触，既要传导电流，又要承受离心力、热应力、摩擦力、电火花和电弧作用，因此，换向片应具有良好的导电性能、导热性能、耐磨性能、耐弧性能和机械性能。在牵引电动机中，换向片采用含少量银的梯形铜排制成。换向片与电刷接触的部分称为工作部分，换向片上与电枢绕组元件连接的部分称为升高片，绕组元件引出线嵌入升高片槽中，采用 TIG 焊接。

三、电刷装置

脉流牵引电动机的换向器端装有电刷装置，其作用是使转动的电枢绕组与外电路连接起来。电刷装置由电刷、刷握、刷握架、刷杆和刷架圈等组成，如图 4-17 所示。

电刷装置的结构和电刷的性能对牵引电动机换向性能影响很大，为了保证良好的换向效果，电刷装置应满足以下要求：

（1）电刷应有良好的集流性能和换向能力。

（2）刷握在换向器轴向、径向和切线方向位置都能调节。轴向调节是为了保证电刷处在换向器中央部位；径向调节是为了保证刷盒底面与换向器表面的距离；圆周方向调节是为了保证电刷准确地处在主极中心线上。

（3）电刷和换向器工作表面应保持紧密和可靠的接触，电刷压力稳定并保持均匀不变。

（4）电刷装置应具有较高的机械强度，并能承受振动和冲击。

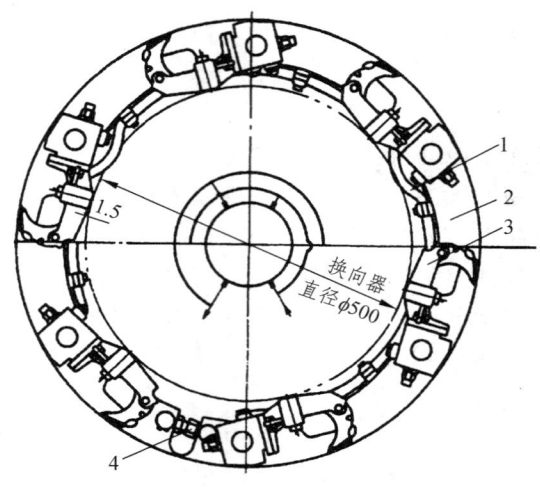

图 4-17 电刷装置

1—连接线；2—刷架圈；3—刷握；4—锁紧装置

（5）刷杆等绝缘零件应有较高的介电强度，不因受潮、受污而造成闪络或飞弧故障。

目前广泛采用电化石墨电刷，ZD105型脉流牵引电动机采用国产 D374B 型电刷，该电刷电阻率高、多孔、换向性能好、电流密度大，但机械强度较差，磨损较大。为了增加换向回路电阻和改善电刷与换向器的接触，提高电刷的耐磨性，牵引电动机采用双分裂式电刷，如图 4-18 所示。

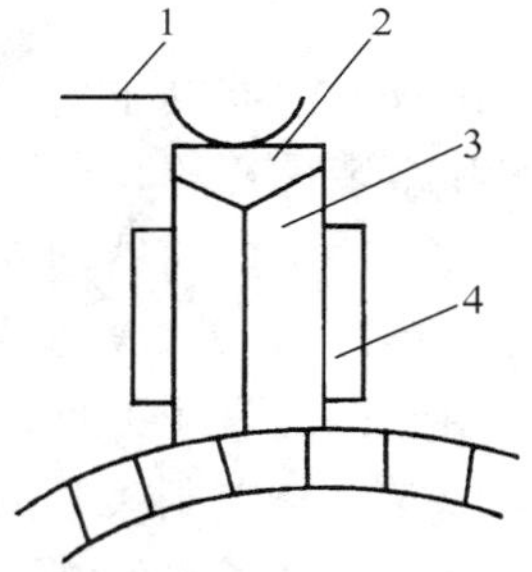

其结构是将两块电刷放在同一刷盒中，压指压力通过三角形压块加在电刷上，由于三角形压块有 120° 角，对下面的两块电刷产生向外推力，一方面使两块电刷之间保持一定的间隙，加大了换向元件回路的横向电阻；另一方面使两块电刷受力均匀，防止平头电刷产生的偏磨现象。同时，由于每块电刷质量小、惯性小，使电刷和换向器接触良好。电刷顶部的三角形压块采用橡胶制成，还可吸收电刷的振动，改善电机换向性能。电刷刷辫由柔韧的电刷线制成，电刷通过刷辫直接与刷握架连接，防止电流通过弹簧压力装置而引起弹簧退火。

图 4-18 双分裂式电刷示意图

1—压指；2—压块 3—电刷；4—刷盒

刷握由刷盒（刷握体）和弹簧压力装置组成，如图 4-19 所示。刷盒用机械强度较高的硅黄铜制成。电刷在刷盒中应能自由地上下移动，但不应有过大间隙，间隙过大会造成电刷在刷盒中摆动，特别是牵引电动机需要正、反两个方向旋转，电刷在刷盒中产生不同方向的倾斜，如图 4-20 所示，会造成电刷与刷盒壁边接触处的局部磨损。同时，使电刷与换向器局部接触表面的电流密度增大，造成电刷边缘过热和换向恶化。所以，牵引电动机的电刷和刷盒的尺寸应十分精确。

电刷压力由刷握的弹簧压力装置产生，电刷接触压力对电刷工作性能有很大影响。牵引电动机运行中受到很大的震动和冲击，所以电刷压力应较一般固定在地面运行的电动机大一些。对于抱轴式悬挂的牵引电动机，电刷压力不应小于 44 kPa；对于架承式悬挂的牵引电动机，电刷压力不应小于 34 kPa。刷握的弹簧压力装置，按所采用的弹簧形式可分为立卷弹簧压力装置和涡卷弹簧压力装置两种结构。图 4-19 所示的刷握中采用了立卷弹簧压力装置，该

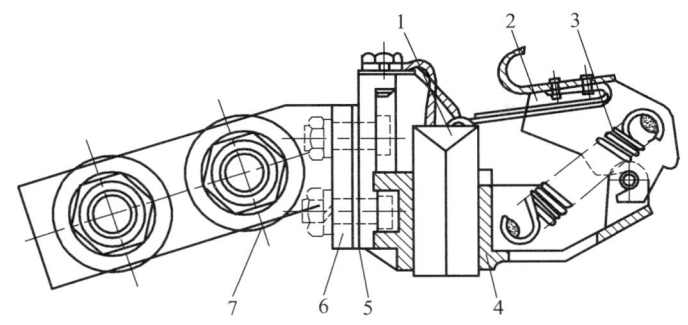

图 4-19 刷握结构图

1—电刷；2—压指；3—弹簧；4—刷盒；5—垫片；6—刷握座；7—刷杆

装置包括压指和螺旋形拉伸弹簧两部分，压指在弹簧力作用下，通过杠杆作用，对电刷施加压力。这种结构机械电刷在刷盒中的摆动电力机车电机稳定，更换电刷方便，但拉伸弹簧的弹簧力随拉伸长度变化较大，故随电刷磨耗而引起的电刷压力变化较大。因此，许多国家对刷握结构进行了改进，目前已广泛采用恒压刷握结构。

恒压刷握大多采用涡卷弹簧压力装置，如图 4-21 所示。涡卷弹簧用经过热处理的高碳钢制成，整个卷曲长度上产生均匀的压力，当电刷磨损时，涡卷弹簧仅扭过很小的角度，保证了电刷压力基本不变。同时，电刷压力还可以利用棘轮装置加以调节，当弹簧调节到所需要的压力时，用开口销固定。

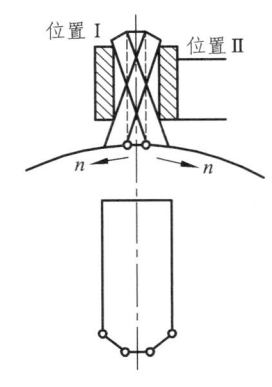

图 4-20 电刷在刷盒中的摆动

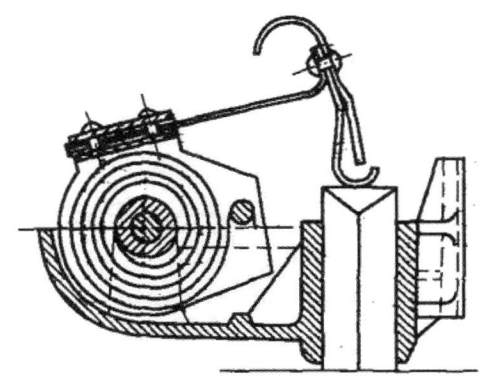

图 4-21 涡卷弹簧压力装置的刷握

刷握的安装位置取决于主磁极的布置方式和电枢绕组元件的形式。当电枢绕组具有对称元件时，刷握应沿着主磁极中心线放置。

刷握与刷握架之间借助螺栓固定。配合表面间垫有垫片以调节刷握在圆周方向的位置；配合面上有两个椭圆形的螺栓孔，用来调节刷握与换向器表面的相对位置。

刷握架有两种固定方式：一种是固定在绝缘的刷杆上，刷杆直接固定在机座上；另一种是刷杆先固定在刷架圈上，然后将刷架圈固定在前端盖和机座之间。现代牵引电动机大都采用刷架圈固定结构，如图 4-17 所示。

刷架圈是一个开口的钢制圆环，其端面上有若干对螺孔，每对螺孔通过绝缘的刷杆固定一组刷握。刷架圈的开口处装有锁紧装置，它是一个具有左、右螺纹的双头螺栓，可以放松或收紧刷架圈。当双头螺栓使开口缩小时，刷架圈可以转动，便于更换电刷或维护电刷装置，当双头螺栓使开口张开时，可以使刷架圈固定。

刷杆既是刷握的支承部件，又是刷握和刷架圈之间的绝缘部件。其绝缘体有瓷质绝缘子、酚醛玻璃纤维和合成树脂等几种，图4-22所示为用酚醛玻璃纤维压制而成的刷杆结构示意图。由于刷杆直接暴露在空气中，工作条件极差，所以要经常保持绝缘表面的清洁和光滑，如果绝缘表面被碳粉、油脂等污染，很容易产生爬电和飞弧将绝缘表面烧坏。为了提高刷杆的耐弧性，在刷杆外再热套一个厚度为 3mm 左右的聚四氟乙烯套。聚四氟乙烯在承受电弧时，表面微小分子在瞬间蒸发所产生的气体有消弧性，能去掉表面的污垢，使表面能经常保持纯白色。同时，由于表面光滑，不易沾染油脂和灰尘。

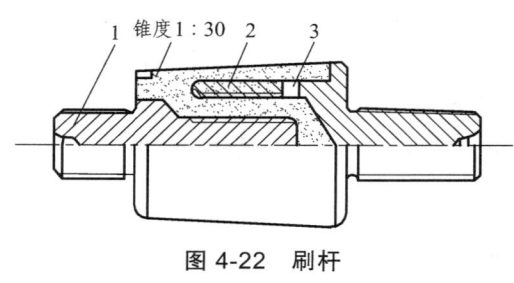

图 4-22 刷杆
1—螺杆；2—螺纹套；3—酚醛玻璃纤维

四、电枢轴承和抱轴轴承

1. 电枢轴承

脉流牵引电动机的转子通过两个电枢轴承和端盖支撑在机座上。现代牵引电动机大都采用承载能力大的滚柱轴承。

电枢轴承除了承受径向负载外，还承受在道岔及曲线上运行时由于电枢振动所产生的轴向负载，所以在单边传动的电动机中，一般在传动侧（非换向器端）采用向心轴承，而换向器侧采用推力轴承，由它承受轴向负载。双边传动时，一般采用斜齿轮传动，理论上所有的轴向力都在齿轮上被抵消了，所以两边都可以用向心轴承。但实际上，为了在试验台上进行试验，还是装了两个单向止推轴承，对称（向两个不同的方向）地装在电枢轴上。

选择牵引电动机滚柱轴承的形式时，要力求拆装方便，轴承结构应该在电机拆装时，不需要将轴承外圈（连同滚柱）由端盖拆下，也不需将轴承内圈由轴上取下，所以一般采用双缘外圈的轴承。轴承内圈一般采用静配合装在转轴上，加热温度不超过 180 ℃；轴承外圈采用过渡配合装在端盖的轴承孔内。

滚柱轴承用黏度高的中性润滑脂，为了防止轴承室中的润滑脂泄漏或脏物侵入轴承室，并进一步窜入电机内部，玷污电机，损害电机绝缘并使轴承发热，往往采用各种类型的油封将轴承室密封。牵引电动机中主要采用曲折油封。曲折油封又称为迷宫式油封，分为水平曲折和垂直曲折两种，垂直曲折油封如图4-23所示。它是在不动的轴承盖的凹部与旋转的封环（或轴套）之间组成了许多垂直油障。这种曲折间隙的形状非常复杂，所以对空气和液体都有很大的阻力。曲折油封的优点是没有任何受磨损的部分，但需要保持所有孔隙的精确性，故所有零件应制造得非常精确。

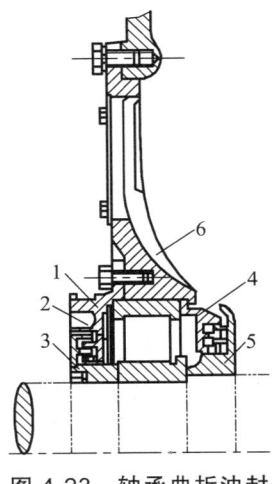

图 4-23 轴承曲折油封

1—外轴承盖；2—挡油板；3—封环；4—内轴承盖；5—轴套；6—端盖

为了在牵引电动机不解体的情况下补充润滑脂，轴承室设有补充润滑脂的加油管。

2. 抱轴轴承

抱轴式悬挂牵引电动机的抱轴轴承是指将电动机支承在动轮轴上的凸出结构，可采用滑动轴承或滚动轴承。在目前技术条件下，动轮轴上安装滚动轴承还有困难，所以一般采用滑动轴承。

抱轴式滑动轴承由轴瓦、轴承盖和油箱等组成。为拆装方便，轴瓦做成如图 4-24 所示的分裂式，上轴瓦直接紧贴在机座的抱轴轴承座内壁上，下轴瓦具有供给润滑油的方孔，安装在可拆装的抱轴轴承盖内。轴瓦体有锡青铜和钢背两种，为了增加轴瓦的耐磨程度，在轴瓦体内表面浇铸一层厚约 3 mm 的轴承合金。轴瓦和动轮轴的配合面应有足够的间隙，使润滑油能流入间隙形成润滑油膜，为此，抱轴轴承的径向间隙为 0.3 ~ 0.8 mm。

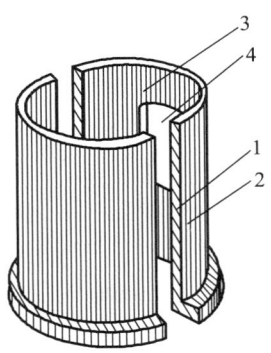

图 4-24 抱轴轴承轴瓦

1—轴瓦体；2—轴承合金；3—油槽；4—润滑油孔

抱轴轴承的轴承盖由铸钢制成,为了减轻重量,油箱可用钢板焊成后再焊到轴承盖上,抱轴轴承的组装如图 4-25 所示。轴承盖和机座的配合面采用过渡配合,并与轮轴垂直中心面倾斜角,使电动机可靠地支承在动轮轴上。轴承盖与机座用螺栓固定,螺栓用经过热处理的 45 钢制成,以保证螺栓有足够的机械强度。

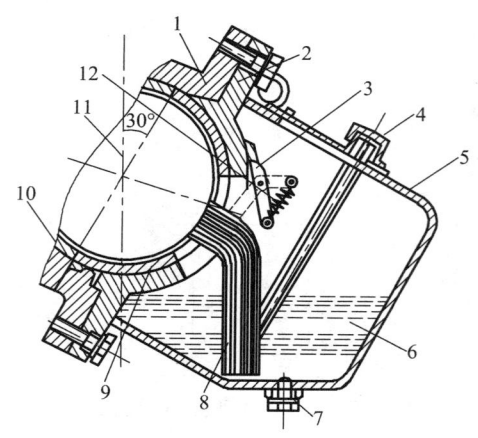

图 4-25　抱轴轴承组装图

1—机座；2—轴承盖；3—集油器；4—油标尺；5—油箱体；6—润滑油；7—油堵；
8—毛线；9—下轴瓦；10—上轴瓦；11—动轮轴；12—拉力弹簧

由于抱轴轴承部分的检修十分困难,所以抱轴轴承的润滑装置应非常可靠。目前,牵引电动机应用较广的润滑装置有垫毡润滑和强迫油循环两种方式。图 4-25 所示为最简单的垫毡润滑系统,油箱内的润滑油通过集油器上的垫毡(由细毛毡或羊毛线组成)的毛细管作用被吸收到动轮轴轴颈上,拉力弹簧能保持吸满润滑油的垫毡始终紧贴在动轮轴轴颈上,以保证可靠的润滑作用。油标尺可以检查出油箱内润滑油的高度,平时应注意油面高度是否符合要求,防止因缺油引起轴承过热或燃轴事故。

第四节　典型脉流牵引电动机的结构

一、ZD105 型脉流牵引电动机的结构

ZD105 型牵引电动机是 SS_4 型和 SS_{4G} 型大功率干线电力机车的主电动机,它是带补偿绕组的六极、串励、脉流牵引电动机。它在机车上的作用为:一是当机车处于牵引工况时,作为电动机运行,把来自电网的电能转换为机械能,通过双边斜齿轮传动装置将转矩传递到轮对上,以产生牵引力驱动机车运行;二是当机车处于电气制动工况时,作为发电机运行,利用机车动能将机械能转换为电能(回馈给电网或消耗在电阻上),并将所产生的制动转矩传递给机车轮对,以形成机车制动力。

1. 主要技术数据为

额定计算工况 ·· 持续制

额定功率 ··· 800 kW
额定电压 ··· 1 020 V
额定电流 ··· 840 A
额定转速 ··· 960 r/min
最高电压 ··· 1 180 V
最大电流 ··· 1 200 A
最大转速 ··· 1 850 r/min
绝缘等级（定子/电枢） ··· H/F
极对数 ··· 3
励磁方式 ············ 串励，固定磁场分路96%，有三级磁场削弱，分别为70%、54%、45%
冷却方式 ··· 强迫通风
通风量 ··· 135 m³/min
传动方式 ··· 双侧斜齿轮传动
齿轮传动比 ··· 4.19
齿轮中心距 ··· 604 mm
电枢外径 ··· 660 mm
电枢长度 ··· 360 mm
电枢槽数 ··· 93
每槽元件数 ··· 4
槽形尺寸 ··· 9.4 mm × 42.8 mm
电枢导体布置 ··· 交叉竖放
电枢绕组形式 ··· 单叠绕组
换向器直径 ··· 540 mm
换向器工作面长度 ··· 128 mm
换向片数 ··· 372
刷握数 ··· 6
每刷握电刷数 ··· 3
电刷尺寸 ··· 22 mm × 36 mm × 50 mm
主极气隙 ··· 5 mm
主极线圈绕制形式 ··· 扁绕压弧
主极线圈匝数 ··· 11
换向气隙（第一气隙/第二气隙） ·· 10 mm/7.5 mm
换向极线圈匝数 ·· 6
补偿线圈匝数 ··· 8
电机效率 ··· 94.05%
电机质量 ··· 3 970 kg

2. 主要结构特点

图 4-26 所示为 SS$_4$ 型和 SS$_{4G}$ 型电力机车采用的 ZD105 型脉流牵引电动机的纵、横剖面图。

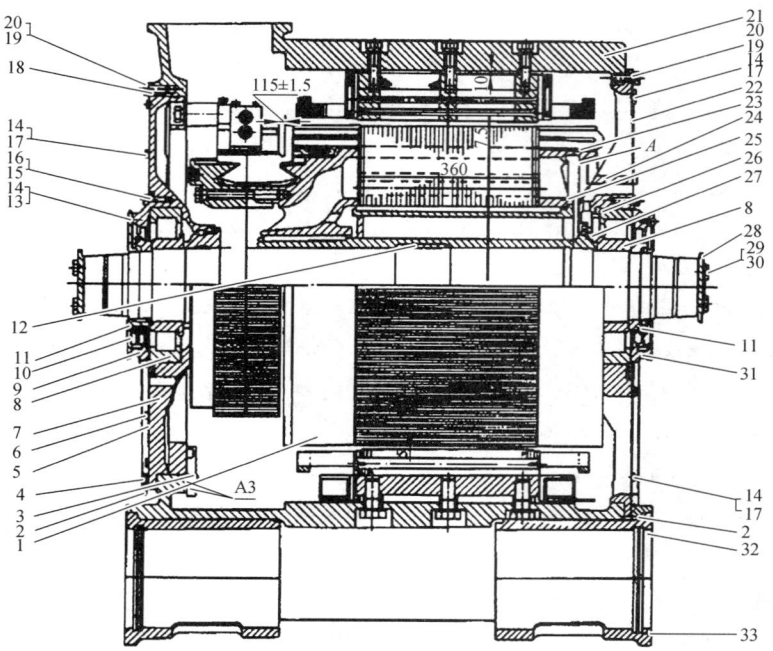

(a) 纵剖面图

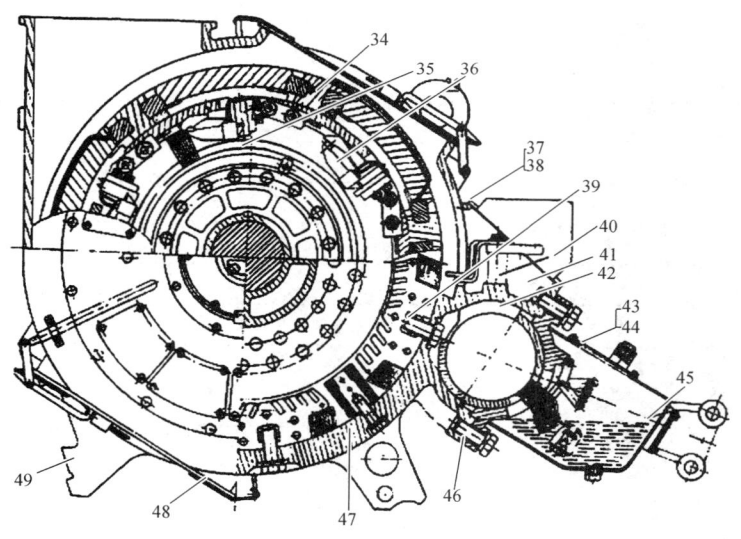

(b) 横剖面图

图 4-26 ZD105 型牵引电动机结构图

1—电枢；2—油杯；3—刷架圈定位装置；4—油管夹；5—前端盖盖板；6—排油管；7—前端盖；8—轴承；9—前端轴承盖；10—前端外盖；11—封环；12—电枢支架；13—螺栓；14—弹簧垫圈；15—螺栓；16—弹性垫圈；17—螺栓；18—刷架装置；19—螺栓；20—弹簧垫圈；21—定子装配；22—后端盖网孔盖板；23—预成型后支架绝缘；24—后端盖；25—电枢支架；26—后端内轴承盖；27—封环；28—挡板；29—螺栓；30—止动垫圈；31—后端轴承盖；32—上抱轴瓦；33—下抱轴瓦；34—上观察孔盖；35—刷握装置；36—补偿绕组；37—轴；38—开口销；39—主极一体化装配；40—出线盒；41—接线板；42—绝缘板；43—螺栓；44—弹簧垫圈；45—油箱；46—键；47—换向极一体化装配；48—下观察孔盖；49—吊杆座；A—F级填充泥或硅橡胶密封胶

ZD105 型脉流牵引电动机主要由定子、转子和电刷装置等部分组成，如图 4-26 所示。主要部件的结构特点介绍如下。

（1）机座采用 ZG25Ⅱ铸钢铸成圆筒形。主磁极和换向极以 30°角相互间隔布置于机座内侧，主磁极和换向极的线圈与铁芯间隙用 F 级环氧浇注胶浇注形成一体，杜绝由于线圈松动而引起的引线断裂、接地等故障，以提高电机运行的可靠性。

（2）主极线圈、换向极线圈都采用扁绕，以改善线圈的散热条件。

（3）换向极铁芯采用无心柱叠片结构，借助心块和端板用螺栓固定在机座上。换向极铁芯在轴向还有两根铆钉，用以铆接换向极铁芯，这样增大了换向极铁芯磁路的有效横截面面积，防止了换向极铁芯磁路的局部过饱和。

（4）采用国际通用的电机引出线符号，如图 4-27 所示。4 个引出线端符号为：A_1—电枢首端；B_2—换向极绕组末端；D_1—主极绕组首端；D_2—主极绕组末端。

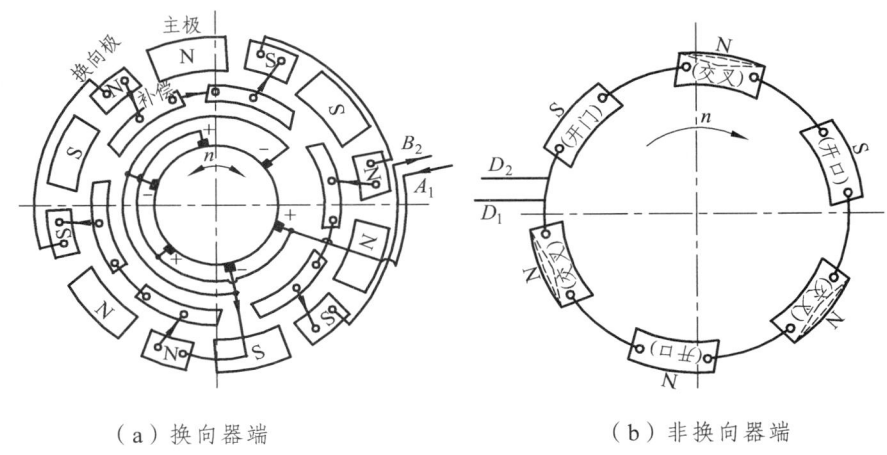

（a）换向器端　　　　　　　　（b）非换向器端

图 4-27　ZD105 型牵引电动机绕组接线图

（5）抱轴轴承为滑动式，油箱为整体式，采用恒油位结构，以改善润滑条件。不仅在轴瓦方孔上开有 4 条回油沟，还在抱轴瓦的领圈上开有两道回油沟，以防止抱轴轴承润滑油与齿轮箱润滑油互相串通。

（6）采用双边斜齿轮传动，传动比为 4.19，大齿轮齿数 $Z=88$，小齿轮齿数 $z=21$，齿轮模数 $m=11$。

（7）电枢铁芯不直接压装在转轴上，而是先压装在电枢套筒上，然后电枢套筒压装在电机转轴上，这样的结构有利于电枢的检修。

（8）换向器采用拱式结构，由 372 片银铜换向片和 372 片双马云母片相互间隔叠压，经 3 次冷压、3 次热烘、3 次热压而成，绝缘等级为 F 级。

（9）该电机有 6 个刷握，每个刷握的刷盒中装有 3 副双分裂式电刷，电刷的牌号为 D374B。由于一个刷盒中装置 3 块电刷，若采用双靴式接头接线很不方便，故电刷接头采用单靴式接头。刷握弹簧采用圆形弹簧，电刷采用单压指结构。

二、ZD115 型脉流牵引电动机的结构

ZD115 型牵引电动机是 SS8 型电力机车的主电动机，采用架承式悬挂，一端悬挂在转向架的构架上，另一端则固定在轮对的空心轴套上。是带补偿绕组的六极、串励、脉流牵引电动机。

1. 主要技术数据为

额定电压	1 030 V
额定功率：	
小时制	950 kW
持续制	900 kW
额定电流：	
小时制	1 010 A
持续制	945 A
额定转速（电流 945 A 时）	1 095 r/min
最高恒功电压	1 100 V
最小恒功电流	880 A
启动电流	1 450 A
最高转速	1 946 r/min
励磁方式	串励，固定磁场分路 87%，最深磁场削弱 49%
冷却方式	强迫通风
冷却风量	130 m³/min
绝缘等级（定子/电枢）	H/H
悬挂方式	架承式
传动方式	轮对空心轴弹性传动
齿轮传动比	77/31 = 2.484
极对数	3
电枢直径	680 mm
电枢铁芯长	275 mm
换向器直径	500 mm
电枢槽数	93
电枢槽形尺寸	10 mm × 37 mm
每槽元件数	4
电枢导体排列方式	交叉立放
电枢绕组形式	单叠绕组
主极绕圈匝数	11
主极气隙	5.5 mm
换向极线圈匝数	7
换向极第一气隙	10 mm
换向极第二气隙	6 mm

补偿绕组匝数 ·· 6
刷握数 ··· 6
每刷握电刷数 ··· 3
电刷尺寸 ··（2×10）mm×42 mm
电机总重 ·· 3 550 kg

2. 主要结构特点

（1）采用架承式悬挂，牵引电动机的一端悬挂在机车转向架构架上，另一端固定在轮对的空心轴套上。

（2）采用轮对空心轴弹性传动方式，传动比 $\mu=77/31=2.484$，齿轮模数 $m=12$。

（3）采用全叠片无机壳机座。机座体的主要导磁部分为钢片叠片组，由前后压圈通过拉杆和筋板焊接将叠片紧固成一体。前后压圈为铸钢件，叠片组由 1 mm 厚的钢板冲制而成，如图 4-28 所示，冲片呈 12 边形，带有主极铁芯及补偿槽。这种全叠片无机壳机座结构，能改善电机交流换向及过渡过程的换向性能；主极铁芯与机轭连成一体，保证了主极的等分精度，提高了定子的装配质量；磁路均匀，减小了电机特性的差异；机座与主极线圈的配合均为平面，主极线圈不需压弧，简化了线圈的制造和安装工艺，且有利于改善线圈的散热条件。

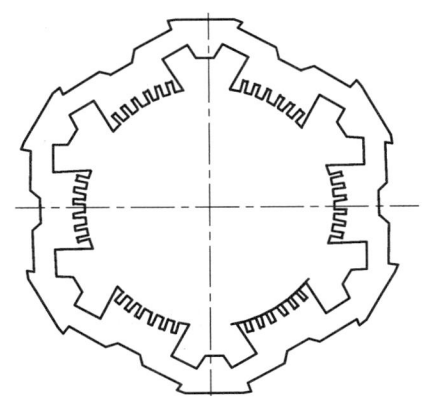

图 4-28 定子冲片

（4）定子线圈采用白胚嵌线，主极、换向极线圈的引出线及各绕组之间的连接线均采用钎焊连接。定子安装完成之后进行整体真空压力浸漆。

（5）采用拱式换向器结构。

（6）刷架装置采用单压指、可旋转式刷架圈结构。电刷采用双分裂式。刷架圈靠近刷盒的位置上装有放电板，放电间隙为（12.5±1）mm，放电板可减小电机环火造成的破坏。

复习思考题

1. 画出脉流牵引电动机供电线路图，并说明主要部分的名称和作用。
2. 脉动电压、脉动电流和脉动磁通一般限制在什么范围？
3. 简述改善脉流牵引电机换向的方法。
4. 简述脉流牵引电动机的结构。
5. 简述 ZD105 型脉流牵引电机的结构特点及作用。

第五章 机车常用变压器和电抗器

第一节 主变压器

一、概 述

主变压器(又称为牵引变压器)是电力机车中的重要电器设备,用来将接触网上取得的单相工频交流 25 kV 高压电变换为具有多种电压等级的低电压,以满足机车各种电机、电器工作的需要,保证机车正常运行。主变压器的工作原理与普通的单相变压器的原理基本相同,但是由于工作条件特殊,特别是满足机车调压、整流电路的需要,在设计时有其自身的特点。

1. 主变压器的特点

主变压器和其他变压器相比,主要有以下特点:

(1)绕组多。为了满足机车调压及辅助设备的用电需要,主变压器除网侧高压绕组外,副边低压绕组有:牵引绕组、辅助绕组、励磁绕组和采暖绕组,有的绕组还有多个抽头。

(2)电压波动范围大。我国干线电气化铁道接触网的额定电压为 25 kV,即允许电网电压在 19~29 kV 范围内波动,这样,必须要求主变压器的铁芯和绕组绝缘结构设计应留有足够的余量,磁路的饱和程度不能过高,低压高压下都能正常工作。

(3)负载变化大。随着机车运行条件的变化,主变压器的负载变化范围很大,因此要求主变压器能够承受较大的负载变化,并有一定的过载能力,以保证机车运行可靠。

(4)耐振动。机车运行中不可避免的会产生冲击和振动,所以要求主变压器各个部件应具有足够的机械强度,所有连接紧固件应有防松装置。

(5)对阻抗电压要求高。由于主变压器二次侧绕组有较高的短路故障几率,故绕组抽头间的阻抗电压不能太小,以满足机车对调压整流电路和短路保护的要求。

(6)质量轻、体积小、用铜多。为了满足机车总体布置及减轻自重的需要,主变压器与同容量的电力变压器相比,应具有较轻的质量和较小的体积。这就要求主变压器采用高磁导率的冷轧电工钢片和优质的铜导线,强迫油循环冷却。一般变压器的铜重与铁重之比为 1:4 左右,而主变压器一般为 1:2,有的甚至达到 1:1。但用铜量多使主变压器造价升高,冷却困难,冷却器庞大,反而不利于变压器的轻量化。

本节在讨论主变压器基本结构的基础上,介绍 TBQ8-4923/25 型主变压器的主要技术数据和结构特点。

2. 主变压器的型号

国产韶山系列电力机车上使用 TBQ 系列主变压器,其型号意义为:"T"—"铁"路机车用；"B"—"变"压器；"Q"—"牵"引；数字为设计序号；"—"后为"容量（kV·A）/电压等级（kV）"。例如 SS_{4G} 型电力机车主变压器的型号为：TBQ8-4923/25 型，即表示其容量为 4 923 kV·A，电压为 25 kV。

二、主变压器的工作原理

变压器是通过线圈间的电磁感应关系，把一种等级的交流电压与电流转变为相同频率的另外一种等级的交流电压与电流，从而实现电能变换的静止电器。

变压器一般有两个线圈，套在一个闭合的铁芯上，接到交流电源上的线圈称为一次侧绕组，接到负荷上的线圈称为二次侧绕组。

当一次侧绕组接到交流电源上时，由于一次侧绕组上通过的电流是交变的，因此在铁芯中就会产生一个交变的磁通，这个交变的磁通在二次侧绕组内感应出交流电势，此感应电势的大小正比于磁通的变化率与线圈的匝数，从而实现了传输能量、改变电压的目的。由此可见，通过变压器来进行电能转变时，与线圈相连的两个电路中可以有不同等级的电压和电流。

变压器一次侧绕组感应电势 E_1 与二次侧绕组感应电势 E_2 之比称为变压器的变比，用符号 K 表示。变压器的变比 K 等于一次侧、二次侧绕组的匝数比，也叫匝比。即

$$K = \frac{E_1}{E_2} = \frac{N_1}{N_2}$$

变压器一次侧、二次侧绕组的端电压与它们的匝数成正比，即

$$\frac{U_1}{U_2} = \frac{N_1}{N_2} = K \tag{5-1}$$

变压器一次侧、二次侧绕组的电流和它们的匝数成反比，即

$$\frac{I_1}{I_2} = \frac{N_2}{N_1} = \frac{1}{K} \tag{5-2}$$

变压器的输出功率 $P_{出}$ 与输入功率 $P_{入}$ 的百分比称为变压器的效率，用符号 η 表示，即

$$\eta = \frac{P_{出}}{P_{入}} \times \% = \frac{P_{入} - p_{损}}{P_{入}} \times \% \tag{5-3}$$

式中　　$p_{损}$——变压器的内部损耗，它包括随负载电流大小而变的铜损 p_{Cu} 和仅与电源电压有关的铁芯损耗 p_{Fe}。

变压器的效率很高，满载时大容量的变压器的效率可达 98%~99%，小容量变压器的效率一般为 80%~95%。

三、主变压器的基本结构

主变压器由器身、油箱、变压器油、保护装置、冷却系统和出线装置等部件组成。图 5-1 所示为 TBQ8-4923/25 型主变压器结构图。

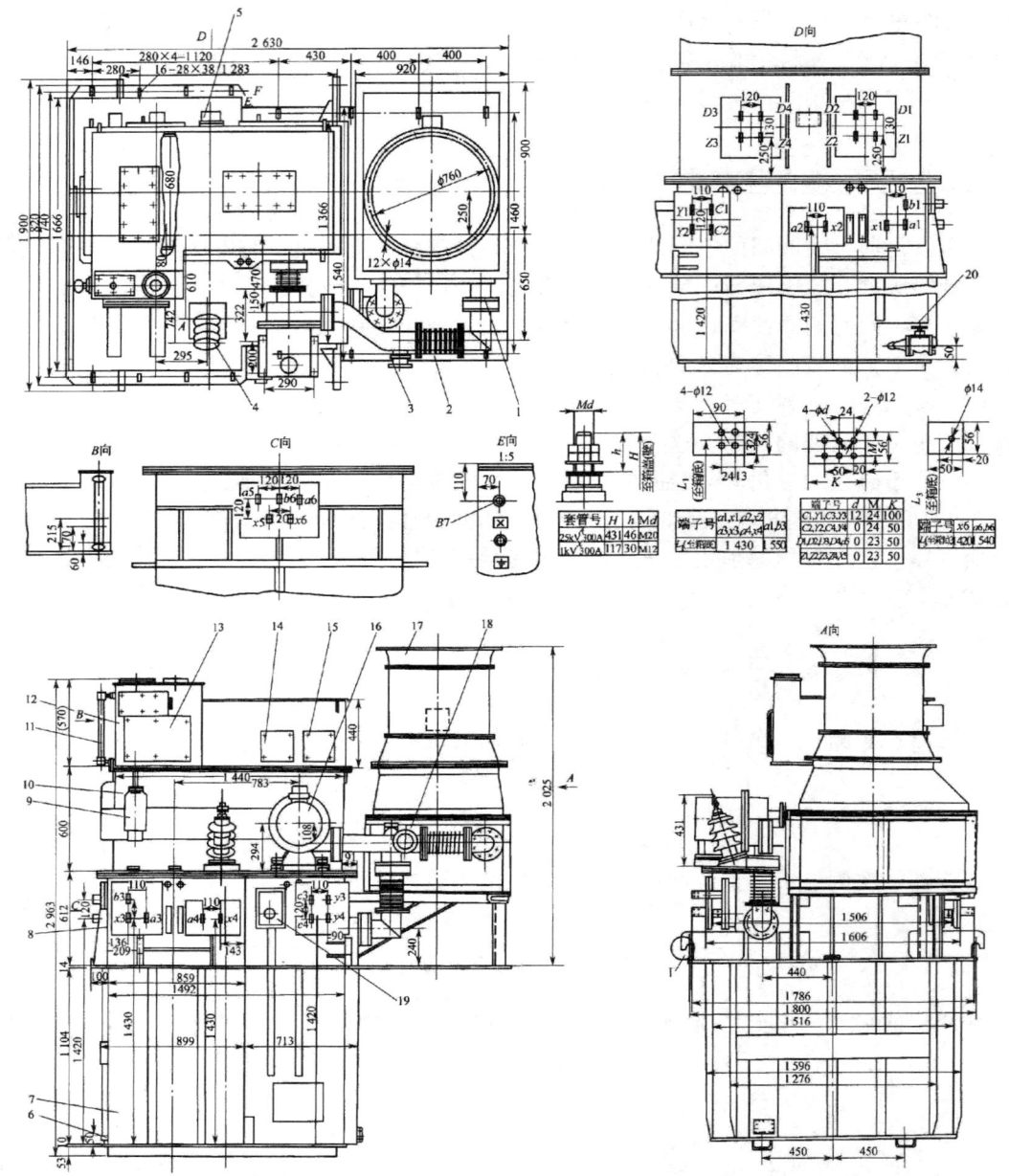

图 5-1 TBQ8 型主变压器总图（单位：mm）

1—100 蝶阀；2—波纹管；3—油流继电器；4—BJL-25/300 套管；5—信号温度计；6—油样活门；7—下油箱；8—出线装置；9—吸湿器；10—上油箱；11—油位表；12—储油柜；13—主变压器铭牌；14—平波电抗器铭牌；15—滤波电抗器铭牌；16—潜油泵门；17—通风机门；18—冷却柜；19—压力释放阀；20—50 活门

1. 器 身

器身由铁芯、绕组（线圈）、器身绝缘和引线装置等组成。

铁芯的作用是构成变压器的闭合磁路，同时也是支撑绕组及引线装置的机械骨架。因此，要求铁芯必须具有良好的导磁性能和足够的机械稳定性。

绕组是主变压器最关键的部件,为了保证变压器安全可靠运行,变压器绕组必须具有足够的电气强度、耐热强度、机械强度和良好的散热条件,使变压器既能在额定工作条件下长期使用,又能经受住过渡过程中(如短路、雷击、操作等)产生的过电压、过电流以及相应的电磁力作用,不致发生绝缘击穿、过热、变形或损坏。

TBQ8-4923/25 型牵引变压器有四个绕组,分别为高压绕组、牵引绕组、辅助绕组和励磁绕组,如图 5-2 所示。

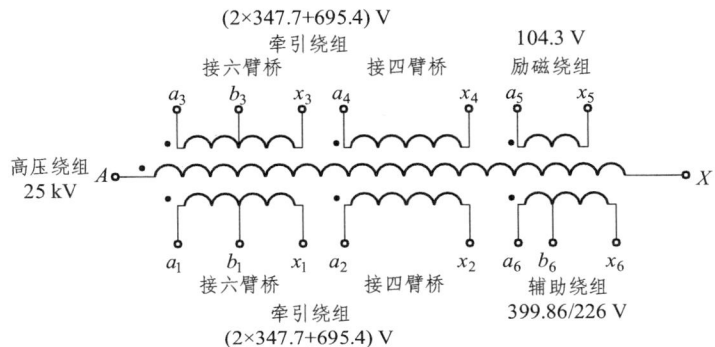

图 5-2　TBQ8-4923/25 主变压器电气原理图

高压绕组由接触网吸取电能,作为变压器的一次侧绕组,额定电压为 25 kV。

牵引绕组用来满足机车牵引或机车电阻制动的需要,牵引绕组包括基本绕组和调压绕组,两个绕组的线圈匝数相同,电压相等,额定电压是 $(695.4+2\times347.7)\times 2$ V。

辅助绕组用来供给辅助设备用电,并通过电源柜向控制电路供电,其额定电压为 399.86 V,从该绕组抽头得到 226 V 的电源,供电炉等使用。

励磁绕组在机车电阻制动时向牵引电机的励磁绕组供电,额定电压是 104.3 V。

检查变压器绕组故障的一般方法有:

(1)测量绝缘电阻值;

(2)测定线圈的直流电阻;

(3)测定变比;

(4)直流漏泄和交流耐压试验;

(5)空载试验;

(6)化验变压器油。

变压器的器身放在充满变压器油的油箱中。由于主变压器与平波电抗器共用油箱,下油箱形状呈凸字形,大腔用于安装主变压器的器身,小腔用于安装平波电抗器。两腔之间设置一块铝板,用以隔磁。

器身绝缘:油浸式变压器的内部绝缘分为主绝缘和纵绝缘两类,主绝缘是指绕组(或引线)对地及对其他绕组(或引线)之间的绝缘;纵绝缘则指同一绕组不同部位之间的绝缘。

绕组引线均用裸铜排制成,引线与绕组出头的焊接采用电阻焊接。由于铜是加速变压器油氧化的催化剂,故引线表面要覆盖一层绝缘漆作保护层。所有绕组引线均通过引线支架固定在器身上。

2. 油箱

油箱是油浸式主变压器的外壳，变压器的器身就放在充满变压器油的油箱内。对油箱的基本要求是：

（1）在保证内部必要的绝缘距离条件下，尽可能减小体积，以节约用油。

（2）应具有必要的真空强度，以便在检修时能利用油箱进行真空干燥。

（3）油箱外部各种附件的布置应便于安装和维护。

变压器的器身放在充满变压器油的油箱中。由于主变压器与平波电抗器共用油箱，下油箱形状如凸字形，分为大腔和小腔，大腔用于安装主变压器器身，小腔用于安装平波电抗器，两腔之间设置一块铝板，用以隔磁。TBQ8-4923/25 型牵引变压器还有上油箱，用于安装滤波电抗器。箱壁上装有压力释放阀，以便迅速排出箱内过高的压力。

3. 保护装置

变压器油是从石油中提炼出来的优质矿物油。在油浸式变压器中，变压器油既是一种绝缘介质，又是一种冷却介质。因此，对变压器油的要求是：介质绝缘强度高、黏度低、闪点高、凝固点低、酸值低、灰粉等杂质及水分少。变压器油中只要含少量水分和杂质就会使绝缘强度大为降低（含 0.004% 水分时，绝缘强度降低约 50%）。此外，变压器油在较高温度下长期与空气中的氧接触时会逐渐老化，在油中生成不传热的悬浮物，堵塞油道，并使酸值增加、绝缘强度降低，这对变压器的安全运行是十分不利的。

为了减缓变压器油受潮或老化的程度，使油能较长久地保持良好状态，在 TBQ 系列主变压器上专门设置了下列几种保护装置：

1）储油柜（油枕）

储油柜安装在箱盖的上方。主变压器的储油柜的容量应能满足在高温（+40 ℃）并在变压器持续运行时，油不溢出储油柜；在低温（-25 ℃）且变压器不工作时，储油柜中应有油。牵引变压器储油柜的功能有：

（1）减小变压器油与空气接触的面积，减小变压器油受潮和氧化，减缓变压器的老化过程。

（2）当油箱中变压器油受热膨胀时，使多余的那部分变压器油进入储油柜中，并储存在储油柜里。

（3）当油箱中的变压器油遇冷收缩时，储油柜中的变压器油回流到油箱中，保证器身与空气隔离。

2）油位表

储油柜侧壁设有玻璃管油位表，玻璃管中有一个空心红色玻璃球，用于指示油位。油位表旁标有环境温度，分别为 +40 ℃、+20 ℃、-30 ℃ 且变压器工作时储油柜内变压器油应具有的油位刻度。

3）吸湿器

TBQ 系列主变压器均采用吊式吸湿器，其主体为一玻璃管，内盛 1.5 kg 用氯化钴浸渍过的变色硅胶作为吸湿剂,变色硅胶在干燥时呈蓝色,吸收潮气后呈粉红色。当玻璃管内有 2/3 的硅胶呈粉红色时,就应对硅胶进行干燥处理或更换。

4)信号温度计

信号温度计用来测量和监视主变压器上层油温。TBQ 系列主变压器上均装有 WTZ-288 型信号温度计。

5)油流继电器

油流继电器用来监视变压器油循环状态是否正常。当油流正常时,变压器油进入探头,靠油的流动压力作用于微动开关,推动触头使常闭触头打开,给出一个油流正常的信号,同时指针偏转 55°,显示正常。

6)压力释放阀

压力释放阀装在油箱壁上。变压器在运行中,因外电路或变压器内部有故障,出现很大的短路电流时,过高的热量使变压器油迅速汽化,变压器内部压力升高。在压力升高到 70 kPa 时,压力释放阀口在 2 ms 内迅速打开,排出的气体和油流沿管路排到车下。当恢复正常时,阀口关闭。

4. 冷却系统

主变压器运行中产生的所有损耗将转变为热能,使各部件的温度升高,当主变压器温升超过规定的限值时,将使绝缘损坏,直接影响主变压器的使用寿命(20~30 年)。因此,主变压器必须具有相应的散热能力。

TBQ 系列主变压器在保证内部散热能力良好的同时,其外部冷却采用了强迫导向油循环风冷式冷却系统,即变压器油经潜油泵强迫循环,热油经冷却器由风机将热量吹向大气。该系统分油路和风路两部分,图 5-3 所示为 TBQ8-4923/25 型主变压器冷却系统示意图。

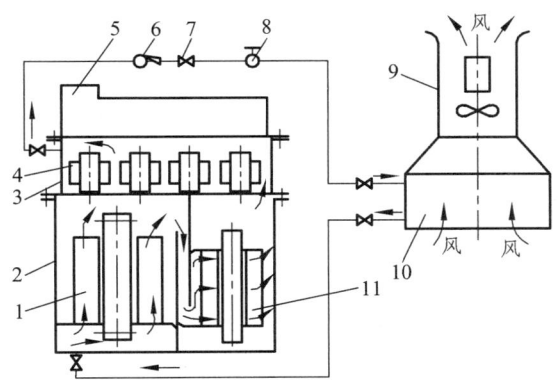

图 5-3 冷却系统示意图

1—主变压器器身;2—下油箱;3—上油箱;4—滤波电抗器;5—储油柜;6—潜油泵;
7—100 蝶阀;8—油流继电器;9—通风机;10—冷却柜;11—平波电抗器

冷却油循环通路:热油从油箱上部抽出,经油流继电器进入潜油泵进油口,经潜油泵加压后,进入冷却器。热油在冷却器内被吹风冷却。从冷却器出来的冷油沿油道进入油箱下部,冷油先冷却主变压器的铁芯、绕组，然后冷却平波电抗器的绕组、铁芯。此后进入上油箱，再冷却 4 台滤波电抗器后进入潜油泵的进油口，反复循环。

冷却系统的风路：冷却器上部装有通风机。冷却风从车体侧墙吸入后，经通风机进入冷却器散热管后排向大气。

在平波电抗器腔内，设置多处隔板，使油流按图示路径流动，此方式即为强迫导向油循环方式。

5. 出线装置

主变压器各绕组的引线从油箱内引至油箱外时，必须采用出线装置，以便使带电的导线与接地的油箱绝缘。绝缘套管型号中符号的意义是：B—变压器用；L—穿缆式；J—加强绝缘；横线后面的分子表示额定电压值（单位：kV）；分母表示额定电流（单位：A）。

TBQ8-4923/25 型牵引变压器的高压绕组 A 端子常采用图 5-4 所示的 25 kV 级的穿缆式套管，该套管装在箱盖的升高座上，为了排出油箱中集存的空气，设有专门的放气塞；二次侧绕组出线都在油箱壁上，不用瓷套管，接线头从固定在油箱壁上的环氧玻璃布板中穿出。

6. 变压器油

主变压器油箱内充满变压器油。变压器油既是绝缘介质，又是冷却介质。在低温寒冷地区用 45 号变压器油，其凝固点为 -45 ℃；在一般地区可用 25 号变压器油，其凝固点为 -25 ℃。

变压器油不能受潮，不能混用，否则绝缘性能就会大大降低。因此器身在进箱前须经真空干燥处理。运行中变压器油的耐压值不应低于 30 kV。

变压器油在下列情况下一定要进行滤油：

（1）变压器油泵烧损修复后；
（2）烧损油泵时；
（3）运行多年而未经过滤油的；
（4）架修牵引变压器时。

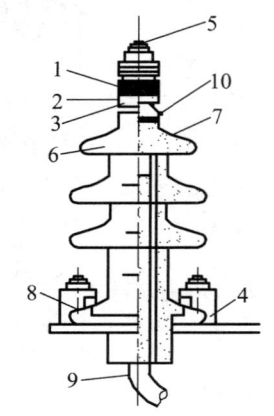

图 5-4　BJL-25/300 型穿缆式套管

1—衬垫；2—瓷盖；3—封环；
4—密封垫圈；5—导电杆；
6—瓷套；7—衬垫；
8—压钉；9—电缆；
10—放气塞

四、TBQ8-4923/25 型主变压器的主要技术数据

额定容量：

　　高压绕组 ·· 4 923 kV·A

　　牵引绕组 ·· 1 168.25×4 kV·A

　　辅助绕组 ·· 250 kV·A

　　励磁绕组 ·· 87.6 kV·A

额定电压：
 高压绕组 ··· 25 000 V
 牵引绕组 ······················· $(695.4+2\times347.7)\times2$ V
 辅助绕组 ··· 399.86/226 V
 励磁绕组 ··· 104.3 V

额定电流：
 高压绕组 ··· 196.92 A
 牵引绕组 ··· 1 680 A
 辅助绕组 ··· 625/100 A
 励磁绕组 ··· 840 A

出线端子标号：
 高压绕组 ·· A，X
 牵引绕组 ······················ a_1、b_1、x_1、a_2、x_2、a_3、b_3、x_3、a_4、x_4
 辅助绕组 ··· a_6、x_6/b_6、x_6
 励磁绕组 ·· a_5、x_5
 整流电路 ·· 相桥式
 调压方式 ·· 相控
 空载电流 ··· 0.4%
 空载损耗 ·· 4 000 W
 负载损耗（75 °C） ··· 90 000 W

阻抗电压：
 高压绕组-牵引绕组 1 168.25×4 kV·A ····························· 13.2%
 高压绕组-辅助绕组 ·· 2.28%（实测）
 冷却方式 ·· 强迫油循环风冷

通风机：
 型号 ··· TZTF-6.0#F
 风量 ··· 22 500 m³/h
 全压 ·· 1 600 Pa
 电机功率 ·· 15 kW

潜油泵：
 型号 ·· TG180-200/10D-2
 流量 ·· 80 m³/h
 扬程 ·· 200 kPa
 电机功率 ·· 10 kW
 外施耐压试验 ·· 50 Hz，1 min
 高压绕组 X 端对牵引、辅助、励磁绕组和地（A 端不进行工频试验） ··· 5 kV
 四个牵引绕组对地及其他 ·· 5.2 kV
 辅助绕组对地及其他 ·· 5 kV
 励磁绕组对地及其他 ·· 5 kV

感应耐压试验 ·················· 200 Hz, 30 s（或 150 Hz, 40 s）

240% U_N，试验时高压绕组 X 端必须接地，此时高压绕组 A 端对地电压······ 60 kW

重量：

器身总重（含主变压器，平波电抗器，滤波电抗器）············ 7 940 kg

油重 ··· 2 500 kg

总重 ··· 13 100 kg

第二节　互感器

一、概　述

直接测量高电压和大电流是比较困难的。在交流电路中，常用特殊的变压器把高电压转换成低电压、大电流转换成小电流再进行测量。这种特殊的变压器称为互感器。使用互感器可以使测量仪表与高电压隔离从而保证人身和仪表安全；同时，可以扩大仪表的量限，便于仪表的标准化。

1．互感器的原理

互感器和变压器原理完全一样，如图 5-5 所示。电流互感器匝数少的原绕组与待测电路串联，匝数多的副绕组与电流表相连。当铁芯未饱和时，互感器的电流比和电压比可以用下式来计算：

$$K_I = \frac{I_1}{I_2} \approx \frac{W_2}{W_1}（一般电流互感器的 I_2 = 5 \text{ A}）\tag{5-4}$$

$$K_U = \frac{U_1}{U_2} \approx \frac{W_1}{W_2}（一般电压互感器的 U_2 = 100 \text{ V}）\tag{5-5}$$

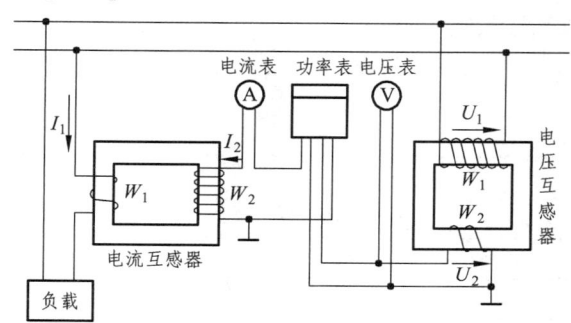

图 5-5　互感器作用原理示意图

由此可见，我们只需要一只考虑放大 K_I 或 K_U 倍值刻度的电流表或电压表同一个专用的电流互感器或电压互感器配套使用，即可直接读出大电流或高电压值，即

$$I_1 = K_I I_2 \tag{5-6}$$

$$U_1 = K_U U_2 \tag{5-7}$$

2. 互感器在机车上的应用

在电力机车上，为了起到测量和保护作用，使用了大量的互感器，表 5-1 是 SS_{4G} 型电力机车互感器的应用情况。

表 5-1　互感器在 SS_{4G} 型电力机车上的使用情况

序号	电路代号	名　称	型　号	规　格	数量
1	6TV	高压电压互感器	TBY1-25	25 000 V/100 V	1
2	7TA	高压电流互感器	TBL1-25	200 A/5 A	1
3	9TA	低压电流互感器	LQG-0.5	300 A/5 A	1
4	100TV	PFC 用电压互感器		100 V/10 V	1
5	109TV	PFC 主变压器原边电流测量用电压互感器	LMZJ-0.5(Y)	300 A/2 V	1
6	118TA、128TA 158TA、168TA	PFC 过流保护用 电压互感器	LMZJ-0.5(Y)	800 A/2 V	4
7	176TA、177TA 186TA、187TA	主变压器次边短路保护用电流互感器	LMZJ-0.5(Y)	3 000 A/10 V	4

二、电流互感器

电流互感器实质上是一台升压变压器，它将大电流转换成小电流，送到电流表或功率表的电流线圈以供测量，也可作为控制信号使用。电流互感器副边额定电流一般为 5 A 或 1 A。电流互感器相当于一台升压变压器短路运行。

1. TBL1-25 型高压电流互感器

TBL1-25 型高压电流互感器与 JL14-20J 型交流电流继电器配合，作机车主电路原边短路保护。它是一种穿墙式电流互感器，位于机车车顶，处于主变压器原边绕组的进线端。其原绕组（一次线圈）与主变压器原边绕组 A 端串联，将车外高压电引入车内，副绕组（二次线圈）接 JL14-20J 型交流电流继电器。TBL1-25 型高压电流互感器属保护级电流互感器，要求它具有良好的过电流工作特性和较大的饱和倍数。其型号意义为：

T——铁路机车用；

B——互感器（变换器）；

L——电流；

1——设计序号；

25——原边绕组额定电压（单位：kV）。

TBL1-25 型高压电流互感器的结构如图 5-6 所示。它的一次线圈就是穿过瓷套管 1 的导电杆 7（单匝），用 $\phi16$ mm 铜棒制成；杆 7 的两端有螺纹，可装螺母，用来连接载流导线；其户外端为 L_1，接主断路器，户内端为 L_2，接主变压器原边绕组的 A 端，将高压电从车顶外引入车内。二次线圈有 40 匝,用 ϕ2.1 mm 双玻璃丝包圆铜线均匀地绕在环形铁芯 5 的圆周上,其抽头标记为 K_1、K_2。铁芯 5 用 0.35 mm 厚的 QD151-35 冷轧钢片卷绕而成。二次线圈和铁芯同装在由两个铝制半法兰 3 拼成的法兰盘中。两个半法兰是接地的,它们用螺栓连成一体,下部再用薄钢板制成的护罩 6 盖紧,使二次线圈在高电场下得到屏蔽。二次线圈与法兰盘、护罩间用绝缘纸圈来绝缘。在法兰盘内径与穿墙套管 1 的中部浇注了环氧树脂 2,使成一体,然后再在瓷套浇注部位的外侧用铜丝加绕了一个短路匝,短路匝的两端固定在半法兰上,用以保证瓷瓶的浇注部分接地良好。最后,整个互感器通过法兰盘固定在主变压器上方的机车顶盖上。

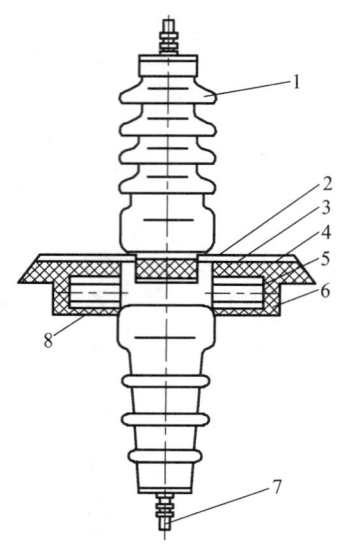

图 5-6　TBL1-25 型高压电流互感器

1—瓷套；2—环氧树脂；3—半法兰；4—二次线圈；5—环形铁芯；
6—护罩；7——次线圈（单匝）；8—接线座

在使用该型高压电流互感器时,应保持瓷瓶清洁、无裂纹,两个半法兰接缝处的密封良好,防止雨水渗进二次线圈,定期检查二次线圈对地绝缘电阻,如果二次线圈受潮或有进水现象,应进行干燥处理。

TBL1-25 型高压电流互感器主要技术参数如下：

额定电流比 ·· 200/5
额定电压 ·· 25 000 V
额定负载（$\cos\phi = 0.8$）·· 1.6 Ω
准确级次 ············· 10 级（即一次侧电流为额定值的 50% ~ 120% 范围内,比差为 ± 10%）
饱和倍数 ·· 6
瓷套管型号 ·· CWB—35/400
冷却方式 ··· 空气自冷
质量 ··· 约 95 kg

2. LQG-0.5 型低压电流互感器

LQG-0.5 型低压电流互感器与电度表配合，用于测量机车所消耗的电量。它的一次线圈与主变压器一次侧绕组的接地端 X 端子串联后接地，即该互感器一次侧流过的电流为网侧绕组的电流；二次侧绕组接电度表。它是测量级电流互感器，其型号意义为：

L——电流互感器；

Q——线圈式；

G——改进设计；

0.5——准确度级。

低压电流互感器的结构如图 5-7 所示。铁芯 4 由条形硅钢片叠成。二次线圈 2 分别套在两个铁芯柱上，其线头接于胶木接线座上，出线端标记为 K_1、K_2。一次线圈 1 由铜带绕成，外部用纱带扎紧后作浸漆处理，它布置在一个心柱的二次线圈以外，在其外侧有几片硅钢片并接在铁芯上作为磁分路 6，用以防止磁路饱和，补偿误差，其首末端标号为 L_1、L_2。铁芯下夹件 5 用钢板冲成，并作为安装底座，其上备有安装孔。上夹件中有一根稍长，在其凸出的一端装有接地螺栓 3，另一夹件上装有接线座。

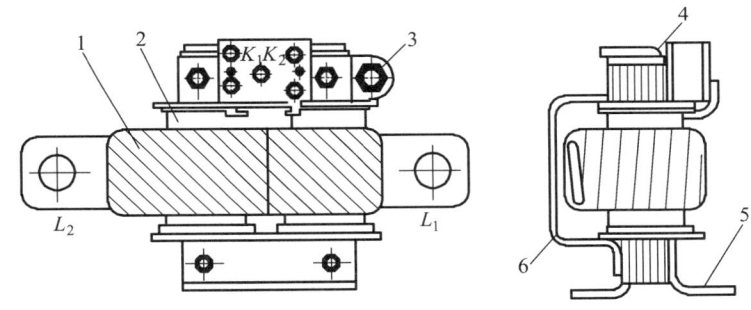

图 5-7 LQG-0.5 型低压电流互感器

1——次线圈；2——二次线圈；3——接地螺栓；4——铁芯；5——铁芯下夹件；6——磁分路

LQG-0.5 型低压电流互感器主要技术参数如下：

额定电流比 ··· 300/5

额定负载（$\cos\phi = 0.8$）·· 0.4 Ω

准确级次 ··· 0.5

原边电流为额定电流的 100% ~ 200% 时：

比差 ··· ± 0.5%

角差 ·· ± 40′

质量 ··· 约 1.7 kg

3. LMZJ 系列电流互感器

LMZJ-0.5（Y）型电流互感器是在 LMZJ-0.5 型电流互感器的基础上加以改进而派生的，主要是将互感器的二次侧电流信号输出改为电压信号输出。技术参数见表 5-2。

表 5-2　LMZJ 系列电流互感器主要技术参数

型　号	LMZJ-0.5	LMZJ-0.5（Y）		
规格	3 000 A/1 A	3 000 A/10 V	800 A/2 V	300 A/2 V
一次侧额定电流（A）	3 000	3 000	800	300
二次侧额定电压（V）		10	2	2
准确级次	0.5	0.5	0.5	0.5
额定二次负荷	10 Ω	10 mA	10 mA	10 mA
饱和倍数	6	6	6	6

三、TBY1-25/100 型高压电压互感器

TBY1-25/100 型高压电压互感器是一种电力机车专用的高压电压互感器，用于监测电力机车行驶过程中的接触网电压，装于机车顶部，为户外式产品。一次绕组 A 端子接高压，X 端子接地，结构紧凑，并使用了绝缘性能优异的线圈和绝缘结构，在设计上充分考虑了耐振性。该互感器的保养、检修简单，能够常年发挥稳定的性能。

高压电压互感器是一种专门用作变换电压的特种变压器，是利用电磁感应原理工作的。
电压互感器的主要作用是：
（1）给测量仪器、仪表或继电保护、控制装置提供信息；
（2）使测量、保护和控制装置与高电压相隔离。

TBY1-25/100 型电压互感器的一次绕组连接在车顶 25 kV 高压线路上，X 端子接地（轨道电路），二次绕组外部接有测量仪表、保护继电器等设备，为低压部分。电压互感器的一、二次绕组之间有足够的绝缘，从而保证所有低压回路与车顶高压线路的高电压相隔离。此电压互感器在多种韶山系列机车上安装。

1. TBY1-25/100 型电压互感器的型号含义

T——铁路机车用；
B——变换器；
Y——电压互感器；
1——设计序号；
25——额定电压 25 kV；
100——输出电压。

2. TBY1-25/100 型电压互感器的主要参数

额定一次电压 ·· 25 kV
额定二次电压 ·· 100 V
额定电压比 ·· 250
准确级次 ·· 0.5 级
额定输出（$\cos\phi = 0.8$）·· 20 V·A

误差极限:比值差 ··· ±0.5%
角差 ·· ±20′
相数 ·· 单相
频率 ·· 50 Hz
冷却方式 ·· 油浸自冷
绝缘等级 ·· A 级
功率因数 ·· 0.8(滞后)
质量 ·· 145 kg

3．TBY1-25/100 型电压互感器的结构简介

TBY1-25/100 型高压电压互感器由线圈和铁芯组成互感器的器身，线圈和铁芯套装后经干燥处理，吊入油箱内，其主要部件有：绕组、铁芯、油箱、瓷套、出线装置等，结构如图 5-8 所示。

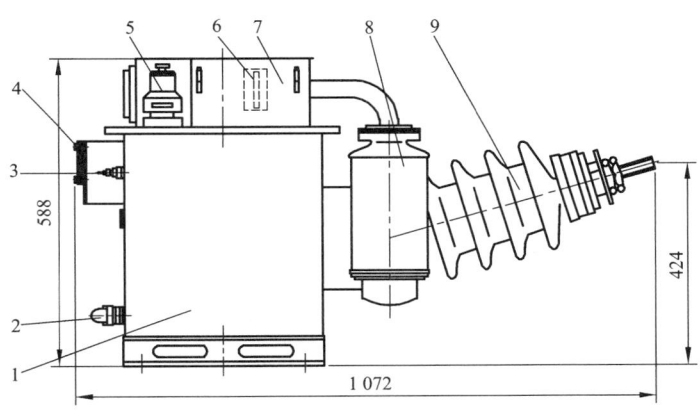

图 5-8　TBY1-25/100 型高压电压互感器结构图
1—油箱；2—油样活门；3—观察窗；4—二次侧套管；5—压力释放阀；6—油位表；
7—箱盖；8—吸湿器；9—25 kV 套管

线圈在油箱内卧式放置，浸于 45 号或 25 号变压器油中。高压一次侧 A 端由高压瓷套引出，低压二次线圈出头 a_1、x_1 及高压一次线圈 X 端子、接地屏出线端子经 0.2 kV 套管引出。互感器油箱外部经过接地螺栓可靠接地，避免由于悬浮电位造成放电现象。箱盖上有油位表，并用红色油漆在显著位置标明 +40 ℃、+25 ℃、-25 ℃ 温度下的油位。箱体上有注油装置，箱盖上有补油装置。互感器内装有一个呼吸器，以保证油箱内气压与外界大气压强相等。同时，为了保持因环境温度及油温变化时呼入或排出空气的干燥，呼吸器内装有 1.5 kg 硅胶。在箱盖上还装有压力释放阀一个，其开启压力为 (35±5) kPa，关闭压力为 19 kPa，以防互感器内部短路或其他原因而引起互感器爆炸。

TBY1-25/100 型电压互感器有高压线圈和低压线圈两部分，在高、低压线圈之间放有静电屏，如图 5-9 所示。

1）一次线圈

TBY1-25/100 型高压电压互感器的一次线圈为高压线圈，线圈分 A、B、C、D、E 五段，

为多层圆筒式，呈宝塔状。

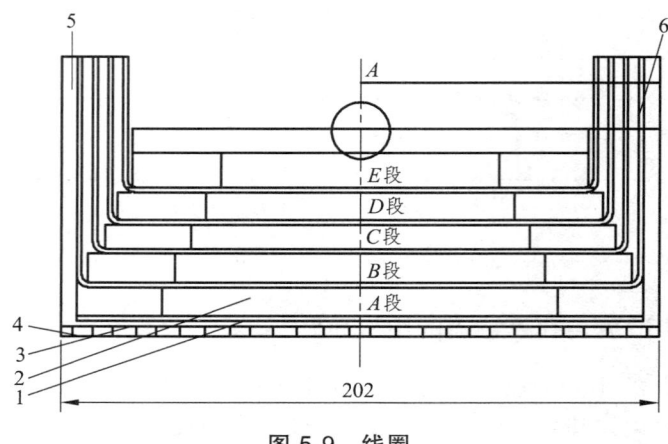

图 5-9 线圈

1—低压线圈；2—高压线圈；3—静电屏；4—绝缘筒；5—压板；6—角环

2）二次线圈

由于高压线圈对低压线圈及地之间存在分布电容，在原边发生故障时二次线圈会产生很高的静电感应电压，造成一、二次线圈之间击穿，危及测量仪表或人身安全。为此，在高压一次线圈与低压二次线圈之间设置静电屏。静电屏为一块 0.5 mm 厚的紫铜板围成，然后引出一根接地线，与接地端子相连，在油箱外部接地。

3）铁 芯

铁芯为壳式结构，线圈套装于心柱周围，心柱为五根梯形结构，外接圆直径 80 mm，有效截面面积 42.4 cm^2。整个铁芯通过夹件夹紧，铁芯与夹件之间安装接地片。

4．使用注意事项

（1）高压电压互感器一次侧绕组要与被测负荷并联，其二次侧所有测量仪表的电压线圈要与二次侧绕组并联。使用中，若不接仪表时，应使二次侧绕组处于开路状态，要绝对避免二次侧短路。因此，在电压互感器二次电路中接有保护用自动开关。

（2）电压互感器在使用中，二次侧绕组的一端和外壳要可靠接地，以防一次绕组放电或击穿时，高电压进入二次侧测量电路，危及仪表和人身安全。

第三节 平波电抗器和滤波电抗器

一、平波电抗器

平波电抗器是串接在电动机回路中的电感装置，用来减小整流电流的脉动，改善牵引电动机的换向条件。对于交-直流传动的电力机车，由于整流器输出电压是一个脉动电压，在整流电路中必然产生脉动电流，这种脉动电流会影响牵引电动机的换向。这时，就必须在牵引电动机回路中另外串联电抗装置,改善牵引电动机的换向,减少整流电流的脉动,如图 5-10 所示。

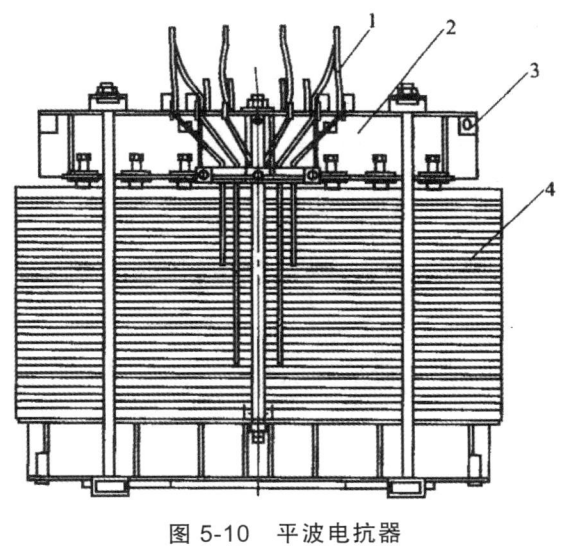

图 5-10　平波电抗器

1—引线；2—铁芯；3—夹件；4—线圈

1. 平波电抗器的结构

1）铁　芯

铁芯构成平波电抗器的磁路,由 0.5 mm 厚晶粒无取向冷轧硅钢片叠成。芯柱截面近似圆形,中间部分做成分段的,段间有气隙垫块。铁轭做成矩形,上下铁轭和分断铁芯之间用不锈钢制的拉螺杆紧固。

与主变压器的铁芯不同,平波电抗器一般不能采用晶粒取向冷轧硅钢片。在额定工况下,平波电抗器铁芯在交、直流同时激磁时,磁感应强度已达饱和,若采用晶粒取向冷轧硅钢片,会造成电感量过低,使脉流系数过大。而无取向冷轧硅钢片虽然起始并不高,但高饱和时,仍有较大的脉流电感,可以满足平波电抗器的需要。

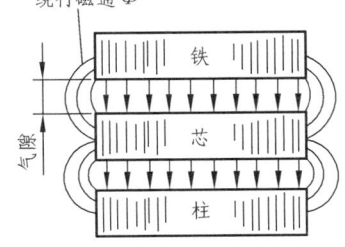

图 5-11　通过气隙的磁通

铁芯中的磁通在通过气隙时,一部分垂直穿过,另一部分则由气隙外面绕行而过,后者称为绕行磁通。气隙越大,绕行磁通越多,绕行磁通垂直穿过硅钢片边缘时,会产生较大的涡流和噪声。气隙分段后；每段气隙相对减小,绕行磁通相应减小,产生的涡流损耗及噪声就显著减小。

平波电抗器的铁芯应接地。为了防止在试验或运行中由于静电感应作用使铁芯及各金属零部件间产生悬浮电位而导致局部放电,平波电抗器的铁芯必须确保一点可靠接地,接地片的设置就是为了确保铁芯一点接地。分断铁芯用接地铜片相互连接后,再与下铁轭相连,上、下铁轭分别接地。

2）绕　组

平波电抗器采用连续式,每个绕组匝数为 136 匝,用导线换位绕制。

平波电抗器组装后整体进行浸漆处理。

2. TPX7 型平波电抗器

SS_{4G} 型电力机车采用 TPX7 型平波电抗器，每节车内装有一台平波电抗器，4 组电抗绕组分别串入 4 台牵引电动机电路中。结构由铁芯组装、绕组、引线油道隔板等四部分组成，铁芯带有气隙，气隙是为了有效地改善牵引电机的换向。

TPX7 型平波电抗器的主要技术数据如下：

电压等级 ··· 1.5 kV
基准电流 ··· 180 A
交流 50 Hz、180 A 时电感 ·· 14 mH
额定电流时的电感（840 A）··· 7.8 mH
直流电阻（75 ℃）·· 0.017 17 Ω
绝缘等级 ··· A 级
总损耗 ··· 59.6 kW
总质量 ··· 2 520 kg

二、滤波电抗器

TXL5 型滤波电抗器是 SS_{4G} 型电力机车功率补偿环节的电感部件，工作频率 150 Hz。每节机车 4 台，每台机车 8 台。

1. TXL5 型滤波电抗器的主要技术参数

电压等级 ··· 2 000 V
额定电流 ··· 501.8 A
电感值 ··· 0.92 mH
频率 ··· 150 Hz
绝缘等级 ··· A 级
电阻（75 ℃）·· 0.006 678 Ω
线圈温升限值 ··· 75 K
总损耗 ··· 4 kW
质量 ··· 285 kg

2. TXL5 型滤波电抗器的结构

TXL5 型滤波电抗器主要由线圈、铁芯、引线三大部件组成，结构如图 5-12 所示。

1）线　圈

线圈分 A 柱和 X 柱，A 柱线圈左绕向，X 柱线圈右绕向。

2）铁　芯

TXL5 型滤波电抗器为心式分断结构。铁芯饼之间垫铁芯垫块形成气隙，气隙截面形状

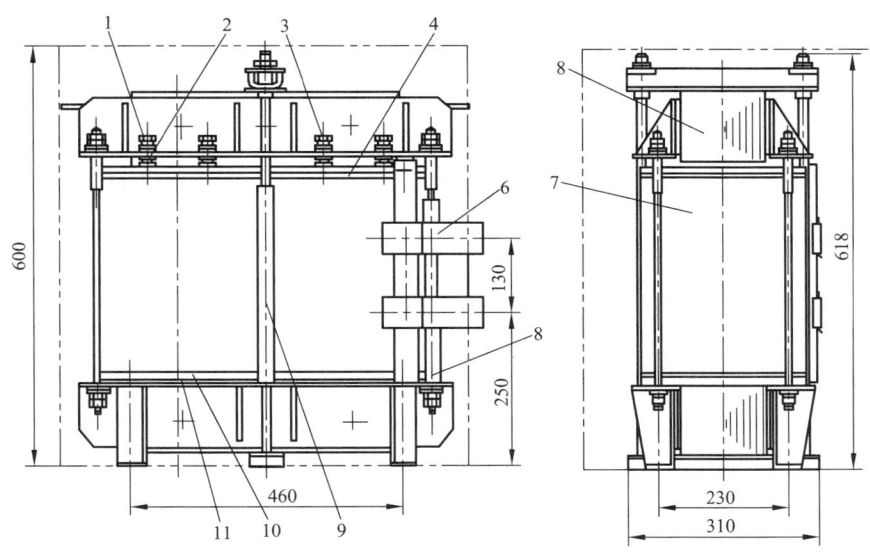

图 5-12 滤波电抗器外形图

1—压钉螺栓；2—压钉垫圈；3—螺母 M10；4—上端圈；5—铁芯组装；6—引线；7—线圈；
8—胶木布管；9—胶木布管；10—下端圈；11—垫脚绝缘

为矩形，铁芯饼截面为阶梯断面，用 DW310-35 硅钢片叠压成型。必要时可对气隙进行调整。上下铁轭分别有夹紧件夹紧，由 4 根拉杆将上下夹件拉紧。在整个铁芯组装结构中，各部无可靠接地装置，并避免环接地，防止由此引起的短路电流。

3）TXL5 型滤波电抗器的安装

滤波电抗器安装在主变压器的上油箱内，滤波电抗器下夹件上有 4 个安装孔，与箱盖板上的 4 个定位钉相对应。上部利用拉板将上夹件与箱壁牢靠连接。

4）TXL5 型滤波电抗器的特点

TXL5 型滤波电抗器的主要特点是心式、分段式铁芯结构。饱和电流大，要求在 2 倍以上，即在 2 倍额定电流下仍然不变，有很好的电感特性。工作频率高，要求为 150 Hz。另一个特点是滤波电抗器、平波电抗器、主变压器共用油箱，共冷却油回路，并且强迫油循环风冷，比独立安装的电抗器或干式电抗器工作环境好，工作更可靠。

复习思考题

1. 机车主变压器有哪些特点？
2. 简述主变压器的基本结构。
3. 绘出主变压器电气原理图，并标出各绕组名称、电压额定值。
4. 简述 SS_{4G} 型电力机车互感器的应用情况。
5. 简述平波电抗器的结构特点。
6. 简述滤波电抗器的特点。

第六章 交流电机的基本知识

交流电机是将交流电能和机械能进行相互转化的设备,可分为异步电机和同步电机两大类。在生产上主要用的是交流电动机,特别三相异步电动机,因为它具有结构简单、坚固耐用、运行可靠、价格低廉、维护方便等优点。它被广泛地用来驱动各种金属切削机床、起重机、锻压机、传送带、铸造机械、功率不大的通风机及水泵等。

第一节 三相交流异步电动机的结构和铭牌

一、三相交流异步电动机的基本结构

三相异步电动机的种类很多,但各类三相异步电动机的基本结构是相同的,它们都由定子和转子这两大基本部分组成,在定子和转子之间具有一定的气隙。此外,还有端盖、轴承、接线盒、吊环等其他附件,如图6-1所示。

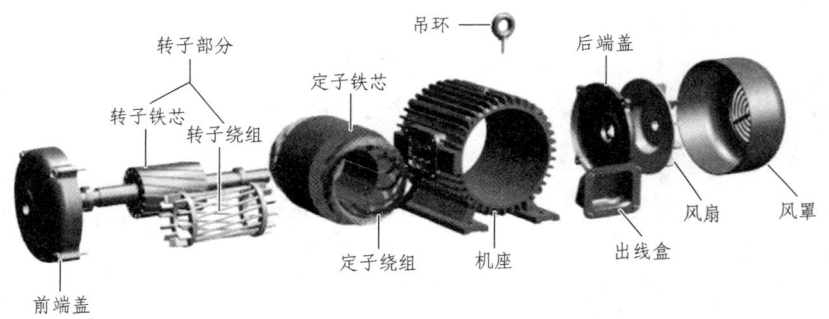

图 6-1 三相相异步电动机的结构图

1. 定 子

定子是用来产生旋转磁场的,一般由机座、定子铁芯、定子绕组等部分组成。

1)机 座

机座又称机壳,由铸铁或铸钢浇铸成型,它的作用是保护和固定三相电动机的定子绕组。中、小型三相电动机的机座还有两个端盖支承着转子,它是三相电动机机械结构的重要组成部分。通常,机座的外表要求散热性能好,所以一般都铸有散热片。

2)定子铁芯

异步电动机定子铁芯是电动机磁路的一部分,由 0.35~0.5 mm 厚表面涂有绝缘漆的薄硅

钢片叠压而成，如图 6-2 所示。由于硅钢片较薄而且片与片之间绝缘，所以减少了由于交变磁通通过而引起的铁芯涡流损耗。铁芯内圆有均匀分布的槽口，用来嵌放定子线圈。

3）定子绕组

定子绕组是三相电动机的电路部分，三相电动机有三相绕组，通入三相对称电流时，就会产生旋转磁场。三相绕组由三个彼此独立的绕组组成，且每个绕组又由若干线圈连接而成。每个绕组即为一相，每个绕组在空间相差 120° 电角度。线圈由绝缘铜导线或绝缘铝导线绕制。中、小型三相电动机多采用圆漆包线，大、中型三相电动机的定子线圈则用较大截面的绝缘扁铜线或扁铝线绕制后，再按一定规律嵌入定子铁芯槽内。例如，鼠笼式异步电动机定子三相绕组的 6 个出线端都引至接线盒上，首端分别标为 U_1，V_1，W_1，末端分别标为 U_2，V_2，W_2。这 6 个出线端在接线盒里的排列如图 6-3 所示，可以接成星形（Y）或三角形（△）。

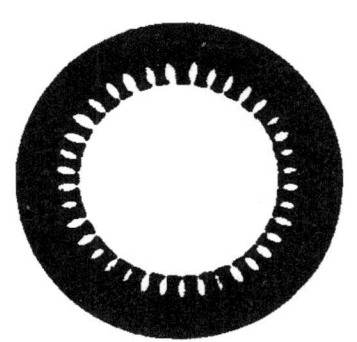

图 6-2 定子硅钢片

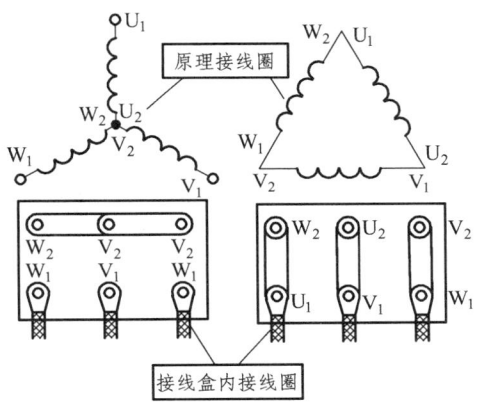

（a）星形连接　　（b）三角形连接

图 6-3 三相鼠笼式异步电动机出线端

2. 转 子

1）转子铁芯

转子铁芯是用 0.5 mm 厚的硅钢片叠压而成，如图 6-4（a）所示，套在转轴上，作用和定子铁芯相同，一方面作为电动机磁路的一部分，一方面用来安放转子绕组。

2）转子绕组

异步电动机的转子绕组分为鼠笼式与绕线式两种，由此分为鼠笼式异步电动机与绕线式转子异步电动机。

（1）鼠笼式绕组。

在转子铁芯的每一个槽中插入一根铜条，在铜条两端各用一个铜环（称为端环）把导条连接起来，称为铜排转子，形似鼠笼，称为鼠笼式绕组。如图 6-4（b）所示。也可用铸铝的方法，把转子导条和端环风扇叶片用铝液一次浇铸而成，称为铸铝转子，如图 6-4（c）所示。

100 kW 以下的异步电动机一般采用铸铝转子。

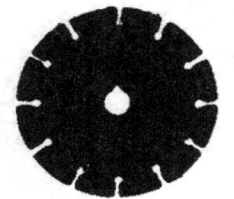
（a）转子的硅钢片

（b）鼠笼绕组

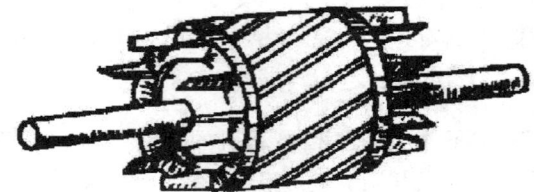
（c）铸铝转子

图 6-4　鼠笼式转子

（2）绕线式绕组。

与定子绕组一样也是一个三相绕组，一般接成星形，三相引出线分别接到转轴上的三个与转轴绝缘的集电环上，通过电刷装置与外电路相连，这就有可能在转子电路中串接电阻或电动势以改善电动机的运行性能，如图 6-5 所示。

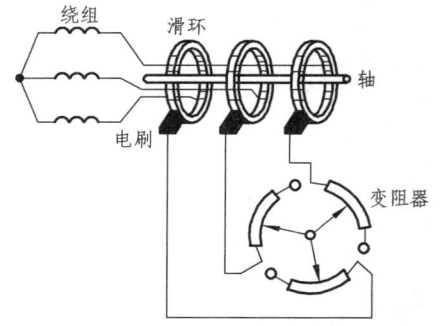
（a）绕线式转子与外加变阻器的连接

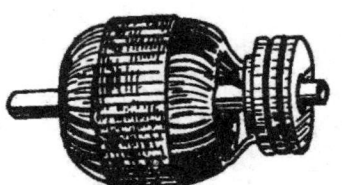
（b）绕线式转子

图 6-5　绕线式绕组

其他部分包括端盖、风扇等。端盖除了起防护作用外，在端盖上还装有轴承，用以支撑转轴。风扇则用来通风冷却电动机。三相异步电动机的定子与转子之间的空气隙，一般仅为 0.2～1.5 mm。

二、三相异步电动机的铭牌

在三相电动机的外壳上有一块铭牌，铭牌上注明这台三相电动机的主要技术数据，是选择、安装、使用和修理（包括重绕绕组）三相电动机的重要依据，Y132M-4 型三相异步电动机的铭牌如下。

	三相异步电动机	
型号　Y132M-4	功率　7.5 kW	频率 50 Hz
电压　380 V	电流　15.4 A	接法：△
转速　1 440 r/min	绝缘等级　B	工作方式：连续
年　　月		××电机厂

1. 型　号

为了适应不同用途和不同的工作环境需要，电动机制成不同的系列，每种系列用各种型号表示。例如 Y132M-4 电动机型号意义如下：

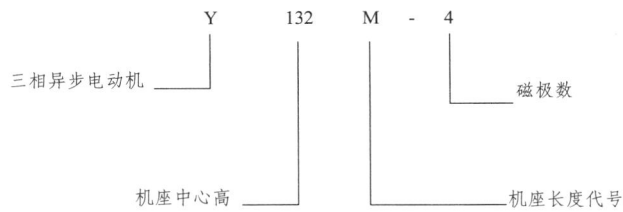

2. 接　法

铭牌数据中的接法是定子三相绕组的接法，有星形（Y）和三角形（△）两种接法。

3. 额定功率 P_N

额定功率 P_N 是指在满载运行时三相电动机轴上所输出的额定机械功率，单位为 kW 或 W。

4. 额定电压 U_N

额定电压 U_N 是指接到电动机绕组上的线电压。三相电动机要求所接的电源电压值的变动一般不应超过额定电压的 ±5%。

5. 额定电流 I_N

额定电流是指三相电动机在额定电源电压下，输出额定功率时，流入定子绕组的线电流，用 I_N 表示。

6. 额定频率 f_N

额定频率 f_N 是指加在电动机定子绕组上的允许频率。

7. 额定转速 n_N

额定转速 n_N 表示三相电动机在额定工作情况下的转速。

8. 绝缘等级

绝缘等级是指三相电动机所采用的绝缘材料允许的最高工作温度。三相电动机的绝缘等级和最高允许温度参见表 6-1。

表 6-1　电动机允许温升与绝缘耐热等级关系

绝缘耐热等级	A	E	B	F	H	C
允许最高温度（°C）	105	120	130	155	180	180 以上
允许最高温升（°C）	60	75	80	100	125	125 以上

9. 工作方式

电动机的工作方式有三种：连续工作方式、短时工作方式、断续工作方式。

连续工作方式是指电动机带额定负载运行时，运行时间很长，电动机的温升可以达到稳态温升的工作方式。

短时工作方式是指电动机带额定负载运行时，运行时间很短，使电动机的温升达不到稳态温升；停机时间很长，使电动机的温升可以降到零的工作方式。

周期断续工作方式是指电动机带额定负载运行时，运行时间很短，使电动机的温升达不到稳态温升；停止时间也很短，使电动机的温升降不到零，工作周期小于 10 min 的工作方式。

第二节 三相交流异步电动机工作的原理及特性

为了说明三相异步电动机的工作原理，我们做如下演示实验，如图 6-6 所示。

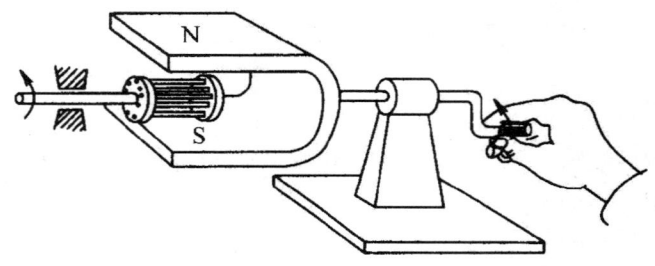

图 6-6 异步电动机转子转动实验

当转动外面的磁极时，转子随磁极同方向转动。磁极转动得快，转子转得快。磁极反转，转子也反转。实验说明，三相异步电动机工作的关键是有旋转磁场。

一、旋转磁场

1. 旋转磁场的产生

图 6-7 表示最简单的三相定子绕组 U_1U_2、V_1V_2、W_1W_2，它们在空间按互差 120° 的规律对称排列，并接成星形与三相电源 U、V、W 相连。则三相定子绕组便通过三相对称电流，为

$$\begin{cases} i_1 = I_m \sin \omega t \\ i_2 = I_m \sin(\omega t - 120°) \\ i_3 = I_m \sin(\omega t + 120°) \end{cases}$$

电流波形如图 6-8 所示。随着电流在定子绕组中通过，在三相定子绕组中就会产生旋转磁场。

第六章 交流电机的基本知识

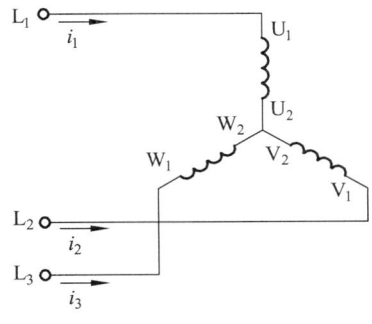

图 6-7 三相异步电动机定子绕组接线

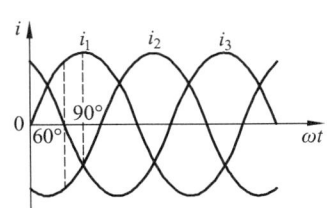

图 6-8 三相对称电流波形

（1）当 $\omega t = 0$ 时刻，$i_1 = 0$，$U_1 U_2$ 绕组中无电流；i_2 为负，其方向为由 V_2 流入 V_1 流出；i_3 为正，其方向为由 W_1 流入 W_2 流出；且 i_2、i_3 电流大小相等，由右手螺旋定则可得合成磁场的方向如图 6-9（a）所示。

（2）当 $\omega t = 60°$ 时刻，$i_3 = 0$，$W_1 W_2$ 绕组中无电流；i_1 为正，其方向为由 U_1 流入 U_2 流出；i_2 为负，其方向为由 V_2 流入 V_1 流出；由右手螺旋定则可得合成磁场的方向如图 6-9（b）所示。可以看出，三相电流的合成磁场沿顺时针方向旋转 60°。

（3）当 $\omega t = 90°$ 时刻，i_1 为正，其方向为由 U_1 端流进，U_2 端流出；i_2 为负，绕组中的电流从 V_2 流入 V_1 流出；i_3 为负，绕组中的电流从 W_2 流入 W_1 流出，由右手螺旋定则可得合成磁场的方向如图 6-9（c）所示。三相电流的合成磁场沿顺时针方向又旋转 30°。

可见，随着定子绕组中三相对称电流的不断变化，所产生的合成磁场也在空间不断旋转，电流变化一周，合成磁场在空间旋转 360°，所以把定子绕组通过三相电流形成的合成磁场称为旋转磁场。

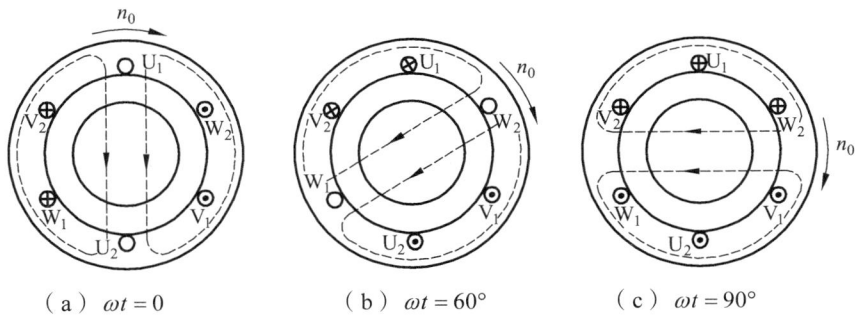

（a）$\omega t = 0$　　　　（b）$\omega t = 60°$　　　　（c）$\omega t = 90°$

图 6-9 旋转磁场的形成

2. 旋转磁场的转向

旋转磁场的方向是由三相绕组中电流相序决定的，若想改变旋转磁场的方向，只要改变通入定子绕组的电流相序，即将三根电源线中的任意两根对调即可。这时，转子的旋转方向也跟着改变。

3. 旋转磁场的转速 n_0

三相异步电动机旋转磁场的转速 n_0 与电动机磁极对数 p 和三相电源的频率 f_1 有关，它们的关系是：

$$n_0 = \frac{60 f_1}{p} \tag{6-1}$$

由式（6-1）可知，旋转磁场的转速 n_0 决定于电机电源频率 f_1 和磁场的极对数 p。旋转磁场的极对数 p 和三相绕组的安排有关。对某一异步电动机而言，f_1 和 p 通常是一定的，所以磁场转速 n_0 是个常数。

在我国，工频 $f_1 = 50\ \text{Hz}$，因此对应于不同极对数 p 的旋转磁场转速 n_0 见表 6-2。

表 6-2　不同极对数时的旋转磁场转速

极对数 p	1	2	3	4	5	6
转速 n_0（r/min）	3 000	1 500	1 000	750	600	500

二、电动机的转动原理

如图 6-10 所示，为三相异步电动机转子转动的简化原理图，N、S 表示两级旋转磁场，转子中只画出了两根导条作示意。设旋转磁场以 n_0 的转速顺时针旋转，则旋转磁场与静止的转子导条之间就存在相对运动，相当于转子导条切割磁力线，导条中就会产生感应电动势和电流。其方向可由右手定则确定。

通电的导条在旋转磁场中将会受到电磁力 F 的作用，电磁力的方向可由左手定则判断。电磁力作用到电动机的转轴上将会产生电磁转矩，从而带动转子以转速 n 旋转起来，其转动方向与旋转磁场的旋转方向相同。

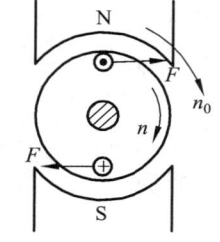

图 6-10　转子转动原理图

三、转差率 s

电动机转子的转动方向与磁场旋转的方向相同，但转子的转速 n 不可能达到与旋转磁场的转速 n_0 相等，否则转子与旋转磁场之间就没有相对运动，因而磁力线就不切割转子导体，转子电动势、转子电流以及转矩也就都不存在。也就是说旋转磁场与转子之间存在转速差，因此我们把这种电动机称为异步电动机，又因为这种电动机的转动原理是建立在电磁感应基础上的，故又称为感应电动机。

旋转磁场的转速 n_0 常称为同步转速。

转差率 s 是用来表示转子转速 n 与磁场转速 n_0 相差的程度的物理量，即

$$s = \frac{n_0 - n}{n_0} = \frac{\Delta n}{n_0} \tag{6-2}$$

转差率是异步电动机的一个重要物理量。

当旋转磁场以同步转速 n_0 开始旋转时，转子则因机械惯性尚未转动，转子的瞬间转速 $n = 0$，这时转差率 $s = 1$。转子转动起来之后，$n > 0$，$(n_0 - n)$ 差值减小，电动机的转差率 $s < 1$。

如果转轴上的阻转矩加大，则转子转速 n 降低，即异步程度加大，才能产生足够大的感应电动势和电流，产生足够大的电磁转矩，这时的转差率 s 增大。反之，s 减小。异步电动机运行时，转速与同步转速一般很接近，转差率很小，在额定工作状态下一般在 0.015~0.06。

根据式（6-2），可以得到计算电动机转速的常用公式为

$$n = (1-s)n_0 \qquad (6-3)$$

例 6-1 有一台三相异步电动机，其额定转速 $n = 975 \text{ r/min}$，电源频率 $f = 50 \text{ Hz}$，求电动机的极数和额定负载时的转差率 s。

解 由于电动机的额定转速接近而略小于同步转速，而同步转速对应于不同的极对数有一系列固定的数值。显然，与 975 r/min 最相近的同步转速 $n_0 = 1\,000 \text{ r/min}$，与此相应的磁极对数 $p = 3$。因此，额定负载时的转差率为

$$s = \frac{n_0 - n}{n_0} \times 100\% = \frac{1\,000 - 975}{1\,000} \times 100\% = 2.5\%$$

四、电磁转矩

通过分析可知，转子是由于受电磁转矩作用而转动起来的。电磁转矩是由转子电流 I_2 与每极磁通 $\varPhi$ 相互作用产生的。经过推导，可得电磁转矩为

$$T = K \frac{sR_2 U_1^2}{R_2^2 + (sX_{20})^2} \qquad (6-4)$$

式中 K——电机常数；
R_2——转子每相绕组电阻；
U_1——定子每相电压；
X_{20}——启动瞬间转子感抗。

由式（6-4）可知，K、R_2、X_{20} 一般情况下为常数，转子转矩 T 与每相电压 U_1 的平方成正比，所以，电源电压变动时，对转矩的影响很大。

五、机械特性

当电源电压 U_1、频率 f_1 及电动机结构一定（R_2 和 X_{20} 为常量）时，电磁转矩 T 只与转差率 s 有关，其关系曲线 $T = f(s)$ 称为电动机的转矩特性曲线，如图 6-11（a）所示。而在异步电动机中，转速 $n = (1-s)n_0$，为了符合习惯画法，可将曲线换成转速与转矩之间的关系曲线，即称为异步电动机的机械特性，如图 6-11（b）所示。

电动机在实际等速运行时，电磁转矩 T 与机械负载转矩 T_2 和机械损耗转矩 T_0 相等，由于 T_0 很小，所以有 $T \approx T_2$，电动机转轴上实际工作时输出功率 $P_2 = T\omega$，经推导得

$$T = 9\,550 \frac{P_2}{n} \qquad (6-5)$$

P_2 的单位为 kW，转速的单位为 r/min。

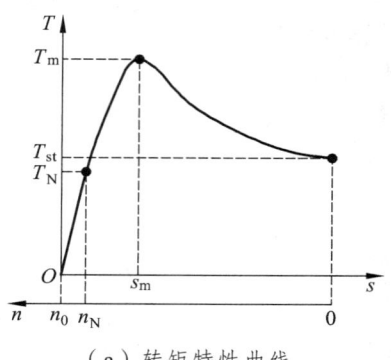 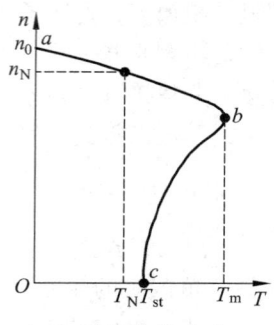

(a) 转矩特性曲线　　　　　(b) 机械特性曲线

图 6-11　特性曲线

1. 三个重要转矩 T_N

在机械特性曲线中,有三个重要的转矩,分别为额定转矩 T_N,最大转矩 T_m 和启动转矩 T_{st}。

1）额定转矩 T_N

额定转矩 T_N 是指电动机带动额定负载时产生的转矩。根据电动机铭牌上的额定功率和额定转速,由下式可计算额定转矩

$$T_N = 9\,550\frac{P_N}{n_N} \tag{6-6}$$

P_N 为电动机的额定功率,单位为 kW;n_N 为额定转速,单位为 r/min;额定转矩单位为 N·m。

2）最大转矩 T_m

最大转矩 T_m 是指三相异步电动机所产生的最大电磁转矩,如图 6-11（b）所示曲线上的 b 点,其大小与电压的平方成正比。当负载转矩超过最大转矩时,电动机将因带不动负载而发生停车,这种现象称为堵转。电机堵转时,其定子绕组仍接在电源上,转子却静止不动,这时定子及转子中的电流将会立即增大到额定值的 6～7 倍,若不及时切断电源,电动机将迅速过热,以致烧损。

如果负载转矩只是短时间接近最大转矩而使电动机过载,电动机不会立即过热,这是允许的。因此,最大转矩也表示电动机短时允许过载的能力,常用过载系数 λ_m 来表示。过载系数 λ_m 是指电动机的最大转矩 T_m 与额定转矩 T_N 之比,即

$$\lambda_m = \frac{T_m}{T_N} \tag{6-7}$$

一般三相异步电动机的过载系数为 1.8～2.2。在实际使用当中,电动机的最大转矩大于可能出现的最大负载转矩,因此,过载系数是选择电动机的依据。

3）启动转矩 T_{st}

启动转矩 T_{st} 是指电动机接通电源的瞬间（$n=0$,$s=1$）电动机的电磁转矩,如图 6-11（b）

所示曲线上的 c 点。启动转矩只有大于负载转矩,电动机才能启动。通常用启动转矩 T_{st} 与额定转矩 T_N 之比来表示电动机的启动能力,称为启动系数 λ_s,即

$$\lambda_s = \frac{T_{st}}{T_N} \tag{6-8}$$

Y 系列异步电动机的启动能力较大,一般为 1.7~2.2。

2. 电动机的运行分析

如图 6-12 所示,电动机的机械特性曲线分为两个区段,ab 段和 bc 段。电动机只能在 ab 段稳定运行,在 bc 段不能稳定运行。

电动机接通电源后,只要启动转矩大于负载转矩,转子便能启动旋转。电磁转矩 T 开始沿着 bc 段随转速 n 的升高而不断增大,一直到临界点 b,此时,电磁转矩 T 等于最大转矩 T_m。经过 b 点进入 ab 段后,T 随 n 的升高而减小,直到电磁转矩和阻转矩 T_2 相等,电动机便以转速 n 稳定运行。

若由于某种原因使负载转矩增大到 T_2',在最初瞬间电动机的转矩 $T < T_2'$,电动机的转速将下降,如图 6-11 所示,随着转速的下降,电动机的转矩将增大,当转矩增加到和负载转矩相等时,电动机达到新的稳定状态。

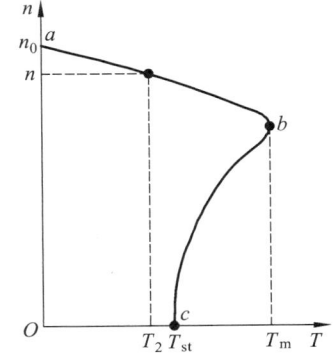

图 6-12 电动机的运行分析

由此可见,在机械特性曲线的 ab 段,当负载转矩发生变化时,电动机能自动调节转矩以适应其变化,从而保持稳定运行状态,ab 段称为稳定运行区。由于 ab 段比较平坦,转矩变化时转速变化很小,这种特性为硬特性。

如果负载转矩由于某一原因突然增大,超过了电动机的最大转矩,电动机转速下降到达了 bc 段,在 bc 段,随着转速的下降,电动机的转矩会进一步下降,最后变为 0。因此在 bc 段电动机无法稳定运行。

第三节 三相异步电机基本工作原理

上一节分析了三相交流异步电动机的原理,三相交流异步电动机既可以作为电动机使用,也可以作为发电机使用,这一节我们分析异步电机的运行情况。

如图 6-13(a)所示,当三相异步电机定子绕组接到三相电源上时,定子绕组通过三相对称电流,在气隙产生旋转磁场,以同步转速 n_0 在旋转;转子绕组自成闭合回路,转速为 n,当异步电机的负载发生变化时,转子的转差率随之变化,使得转子导体的电势、电流和电磁转矩发生相应的变化,因此异步电机转速随负载的变化而变动。按转差率正负、大小,异步电机可分为电动机、发电机、电磁制动三种运行状态。

1. 电动机状态

当 $0 < n < n_0$,即 $0 < s < 1$,如图 6-13(b)所示,转子中导体以与 n 相反方向作切割磁感

线,由前面的分析可知,电机作电动机运行,转子产生的电磁转矩拖动转子带着负载旋转,从轴上输出机械功率,该电机从电网吸收有功功率。

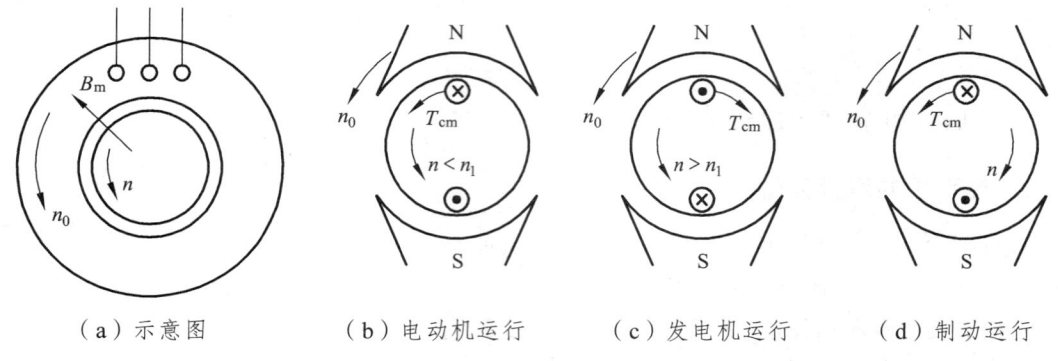

(a)示意图　　(b)电动机运行　　(c)发电机运行　　(d)制动运行

图6-13　三相异步电机的工作原理图

2. 发电机状态

用原动机拖动异步电机,使其转速高于旋转磁场的同步转速,即 $n > n_0$、$s < 0$,如图6-13(c)所示。转子上导体切割旋转磁场的方向与电动机状态时相反,从而导体上感应电动势、电流的方向与电动机状态相反,电磁转矩的方向与转子转向相反,电磁转矩为制动性质。此时异步电动机由转轴从原动机输入机械功率,克服电磁转矩,通过电磁感应由定子向电网输送功率。

3. 电磁制动状态

由于机械负载或其他外因,转子逆着旋转磁场反方向旋转,$n < 0$、$s > 1$,如图6-13(d)所示,此时转子导体中的感应电动势、电流与电动机状态相同。但由于转子转向与旋转磁场方向相反,电磁转矩表现为制动转矩,此时电动机运行于电磁制动状态,即由转轴从原动机输入机械功率的同时又从电网吸收电功率(因电流与电动机状态同方向),两者都变成了电机内部的损耗。

综上所述,转速(转差率)与电机运行状态可用图6-13表示。

第四节　三相异步电动机的启动、调速和制动

三相异步电动机启动时与直流电动机一样,启动电流大,对电源有较大的冲击,因此容量较大的电动机不允许直接启动。需要在三相异步电动机的各种启动方法中选择一种对电源、对负载最合适的方法。异步电动机驱动的生产机械,也经常要改变运动方向,如电梯的上下、刨床的往返运动,这就需要电动机能快速地正、反转。某些生产机械除了需要电动机提供驱动力矩外,还要异步电动机在必要时提供制动力矩,以便迅速反转、停车或限制转速,例如起重机下放重物时,机床反向运动开始时,都需要电动机进行制动。因此掌握三相异步电动机启动、反转和制动的知识及技能,对电气技术人员是很重要的。

一、三相异步电动机的启动

异步电动机接入三相电源后,如果电磁转矩 T 大于负载转矩 T_{st},电动机就可以从静止状态过渡到稳定运转状态,这个过程叫作启动。

电动机启动时,由于旋转磁场对静止的转子相对运动速度很大,转子导体切割磁力线的速度也很快,所以电动机的启动电流很大,一般为额定电流的 5～7 倍。由于启动后转子的速度不断增加,所以电流将迅速下降。若电动机启动不频繁,则短时间的启动过程对电动机本身的影响并不大。但当电网的容量较小时,这么大的启动电流会使电网电压显著降低,从而影响电网上其他设备的正常工作。另外,电动机的启动转矩 T_2 对启动过程也有一定的影响,若启动转矩太小,即使电动机能够启动,加速也将必然较慢,启动时间较长。考虑到上述原因,因此必须根据具体的情况选择不同的启动方法。

三相异步电动机的启动方法与电动机转子的结构有关。异步电动机的转子有笼型和绕线型两种结构形式,这两种结构的电动机启动方法有所不同。

1. 笼型转子异步电动机的启动方法

1)直接启动

直接启动,就是利用刀开关或接触器将电动机定子绕组直接接到额定工作电压上的启动方式,故又叫全压启动,这是异步电动机最简单最常用的启动方式,一般电动机容量在 14 kW 以下并且小于供电变压器容量的 20% 时,可采用这种启动方式。

2)降压启动

笼型电动机若直接启动时电流太大,为了降低启动电流,在空载或轻载的情况下,可以采用降压启动。所谓降压启动,就是在启动时降低加在电动机定子绕组上的电压,待电动机转速升高到接近额定值时,再将电压恢复到额定值,转入正常运行。由于降压启动同时也减小了电动机的启动转矩,所以这种方法只适用于对启动转矩要求不高的生产机械。下面介绍几种常用的降压启动方法。

(1)星形-三角形降压启动。

若电动机在正常工作时其定子绕组是联结成三角形的,那么在启动时可以将定子绕组联结成星形,通电后电动机运转,当转速升高到接近额定转速时再换接成三角形联结。根据三相交流电路的理论,用星形-三角形换接启动可以使电动机的启动电流降低到全压启动时的 1/3。但要注意的是,由于电动机的启动转矩与电压的平方成正比,所以,用星形-三角形换接启动时电动机的启动转矩也是直接启动时的 1/3。这种启动方法适合于电动机正常运行时定子绕组为三角形联结的空载或轻载启动。其接线原理线路如图 6-14 所示。

(2)自耦变压器降压启动。

对于有些三相异步电动机来说,在正常运转时要求其转子绕组必须接成星形,这样一来就不能采用星形-三角形换接启动方式,我们可以用三相自耦变压器将电动机在启动过程中的端电压降低,同样达到减小启动电流的作用。自耦变压器降压启动,是利用自耦变压器将电网电压降低后再加到电动机定子绕组上,待转速接近稳定值时,再将电动机直接接到电网上。原理图如图 6-15 所示。自耦变压器备有 40%、60%、80% 等多种抽头,使用时可根据电动机启动转矩的要求具体选择。

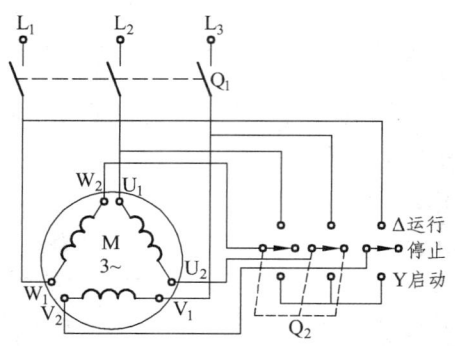 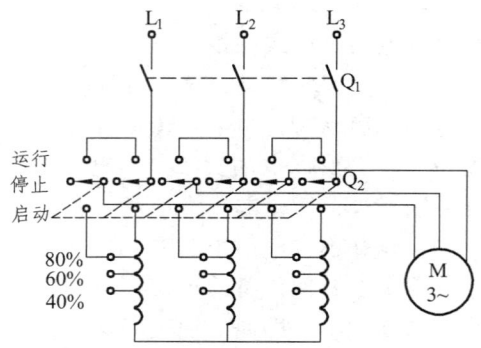

图 6-14　星形-三角形降压启动原理图　　图 6-15　自耦变压器降压启动原理图

2. 绕线型转子异步电动机的启动方法

对于笼型异步电动机，无论采用哪一种降压启动方法来减小启动电流，电动机的启动转矩都随着减小。所以，对某些重载下启动的生产机械（如起重机、带运输机等），不仅要限制启动电流，而且还要求有足够大的启动转矩，在这种情况下就基本上排除了采用笼型转子异步电动机的可能性，而采用启动性能较好的绕线式异步电动机。通常绕线转子异步电动机用转子电路串接电阻或串接频敏变阻器的方法实现启动。

1）转子电路串接启动电阻器

绕线转子异步电动机的转子回路串入适当的电阻，既可降低启动电流，又可提高启动转矩，改善电动机的启动性能。其原理如图 6-16 所示。

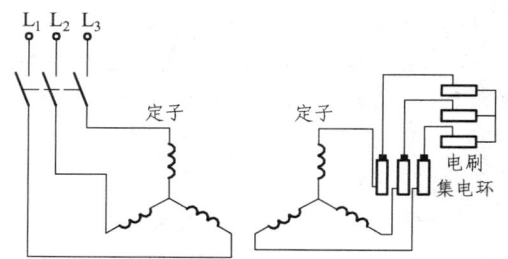

图 6-16　绕线转子异步电动机串电阻启动

绕线转子异步电动机不仅能在转子回路串入电阻减小启动电流，增大启动转矩，而且还可以在小范围内进行调速，因此，广泛地应用于启动较困难的机械（如起重吊车、卷扬机等）上。但它在结构上比笼型异步电动机复杂，造价高，效率也稍低。在启动过程中，当切除电阻时，转矩突然增大，会在机械部件上产生冲击。当电动机容量较大时，转子电流很大，启动设备也将变得庞大，操作和维护工作量大。为了克服这些缺点，目前多采用频敏变阻器作为启动电阻。

2）转子串接频敏变阻器

频敏变阻器是一个三相铁芯绕组（三相绕组接成星形），铁芯一般做成三柱式，由几片或十几片较厚（30～50 mm）的 E 形钢板或铁板叠装制成。

电动机启动时，转子绕组中的三相交流电通过频敏变阻器，在铁芯中便产生交变磁通，该磁通在铁芯中产生很强的涡流，使铁芯发热，产生涡流损耗，频敏变阻器线圈的等效电阻随着频率的增大而增加，由于涡流损耗与频率的平方成正比，当电动机启动时（$s=1$），转子电流（即频敏变阻器线圈中通过的电流）频率最高（$f_2=f_1$），因此频敏变阻器的电阻和感抗最大。启动后，随着转子转速的逐渐升高，转子电流频率便逐渐降低（$f_2<f_1$），于是频敏变阻器铁芯中的涡流损耗及等效电阻也随之减小。实际上频敏变阻器就相当于一个电抗器，它的电阻是随交变电流的频率而变化的，故称频敏变阻器，它正好满足绕线转子异步电动机启动的要求。

频敏变阻器是一种静止的无触点变阻器，它具有结构简单、启动平滑、运行可靠、成本低廉、维护方便等优点。

二、三相异步电动机调速

根据三相异步电动机的转速公式

$$n=(1-s)n_0=(1-s)\frac{60f_1}{p} \tag{6-9}$$

可知交流电动机有三种调速方法：① 改变供电频率 f_1；② 改变电动机的磁极对数 p；③ 改变转差率 s。从调速的本质来看，不同的调速方式无非是改变交流电动机的同步转速 n_0 或不改变同步转速 n_0 两种。

具体来讲，三相异步电动机的调速主要有以下几种方法：

1. 变频调速方法

变频调速是用改变电动机定子电源的频率 f，从而改变电动机同步转速的调速方法。其调速系统主要设备是变频器，变频器可分成交流-直流-交流变频器和交流-交流变频器两大类，目前国内大都使用交-直-交变频器。

2. 变极调速方法

这种调速方法是用改变定子绕组的接线方式来改变笼型电动机定子极对数达到调速目的。

变极调速的特点如下：具有较硬的机械特性，稳定性良好；无转差损耗，效率高；接线简单、控制方便、价格低；但属于有级调速，级差较大。本方法适用于自动化程度要求不高、不需要无级调速的生产机械，如金属切削机床、升降机、风机等。

3. 改变转差率调速

在绕线式转子异步电动机转子电路中接入调速电阻，通过改变电阻值来改变转差率 s。此方法设备简单，控制方便，但转差功率以发热的形式消耗在电阻上，损耗较大，属于有级调速，调速范围有限，机械特性较软。主要应用于小型电动机调速中（如起重机的提升设备）。

三、三相异步电动机的制动

所谓制动是指电动机产生的电磁转矩与转子的旋转方向相反。和直流电动机一样，异步电动机在拖动生产机械时也有制动要求，如起重机把重物下降时，电力机车下坡时就需要制动。具体来说，异步电动机的制动方法主要有以下三种：

1. 反接制动

反接制动是指异步电动机作电磁制动状态运行时的制动，由于这时转子的转向与定子旋转磁场的转向相反，故称为反接制动。当转速接近零时，应及时切断电源，否则电动机将会反转。

反接制动制动迅速、简单，但能量消耗大，对电源及电动机的冲击很大。

2. 能耗制动

将正在运行中的异步电动机的定子绕组从电网断开，而接到一个直流电源上，由直流电流励磁而在气隙中建立一个静止磁场，如图6-17所示。于是从正在旋转的转子上来看此磁场将是向后旋转的，因此由它在转子中产生的感应电流所产生的电磁转矩方向应为向后转，即对转子起制动作用。这时转子的动能全部消耗于转子的铜耗和铁耗中，故称为能耗制动。

能耗制动的能量消耗小，制动平稳，无冲击，但需要直流电源。

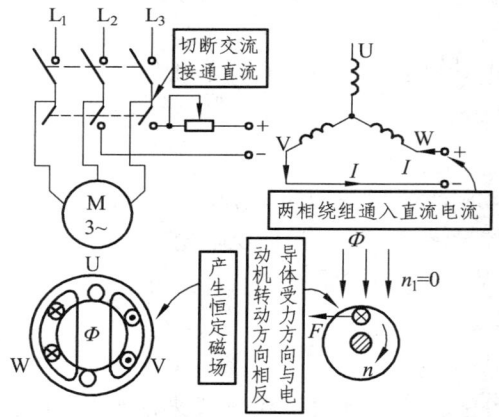

图 6-17 能耗制动

3. 回馈制动

当电机作电动机运行时，如果由于外来因素使转子转速高于其旋转磁场转速（即同步转速），则电机进入回馈制动状态（亦称发电机制动）。如图6-18所示，起重机放下重物时，如果仍按电动机状态运行，即转子转向和定子旋转磁场转向相同，则在电动机的电磁转矩和重物的重力产生的转矩双重作用下，重物以越来越快的速度下降；当转子转速由于重力的作用超过同步转速时，电机就进入发电机制动状态运行，电磁转矩方向开始转变，一直到电磁转矩与

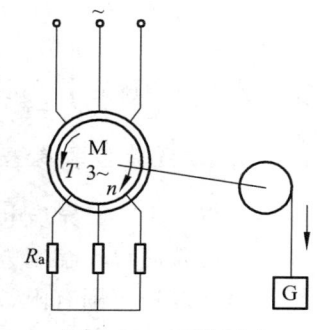

图 6-18 回馈制动

重力转矩平衡时，转子转速以及重物下降速度才稳定不变，使重物恒速下降。

复习思考题

1. 简述三相交流异步电动机的结构。
2. 什么是旋转磁场？写出转速计算公式。
3. 简述异步电动机的转动原理。
4. 什么是转差率？写出转差率的计算公式。
5. 三相交流异步电动机有什么机械特性？绘出机械特性曲线。
6. 简述三相交流异步电机三个重要转矩的概念。
7. 简述三相异步电动机运行分析。
8. 三相异步电机有哪三种运行状态？
9. 三相异步电机有哪些调速方法？
10. 三相异步电机制动有哪些方法？

第七章　电力机车上常用的异步交流电机

随着电力电子技术的飞速发展，可调压、调频的大功率变频器成功解决了交流电动机调速的问题，三相交流异步电机作为机车的牵引电动机已成为现实，现已在机车上广泛应用；除了牵引电机之外，电力机车上还有许多辅助机械，这些辅助机械多采用三相异步电动机驱动，称为辅助电机。

第一节　典型的三相交流异步牵引电动机

一、三相交流牵引电机的特点

目前，我国和世界上许多国家制造出了三相交流牵引电动机驱动的机车，随着技术的不断进步，交流传动逐渐取代直流传动，这是因为交流电机和直流电机相比有如下优点：

（1）结构简单，造价低廉。交流电动机没有换向器，不存在换向器的圆周速度限制，也不像直流电机那样受电抗电势及片间电压的限制，因而交流电机的转速可以设计得比相同功率的直流电机转速更高。在相同功率下，异步电动机与直流电动机质量比为 1：1.6，因而造价更为低廉。

（2）故障率低，运行可靠，维护工作量小。交流电动机无需检查换向器和更换电刷，因此，电机故障率极低，特别是鼠笼型异步电机转子无绝缘，除轴承外，几乎不作经常的维护，所以维护工作量也少。

（3）交流电机在高速运行时不存在电抗电势限制的问题，因而能发挥较大的功率，甚至能以额定功率运行。异步电动机的特性硬，有自然防空转的性能，使黏着利用提高。

（4）在机车上可以节省若干电器，并有利于实现自动控制。三相交流电动机的转向改变，不需要变换机车主电路，仅需通过控制系统改变变频器任意两相的触发脉冲顺序即可实现。

除此之外，三相异步电动机可以做到功率大、体积小，单电机功率可提高到 1 600 kW，质量为 2 150 kg。

虽然交流电机与直流电机相比有许多优点，但是交流电机的调速还是比较困难的，但随着大功率变频器的出现，交流电动机在大功率干线机车和高速动车上的应用，发挥了其优越的牵引性能，将逐步取代换向器式牵引电机。

二、交-直-交变频调速系统的基本电路

三相交流传动系统有两类，一类称为交-交电传动，是把频率和电压固定的交流电转换为

电压和频率可调的交流电供给牵引电机,我们国家机车传动不采用这种方式。另一类称为交-直-交电传动,是具有中间直流环节的交流电传动系统。我国和世界大部分国家采用这种传动方式。

交-直-交变频调速基本电路如图 7-1 所示,频率固定的电网三相交流电或单相交流电经过变频器转变为频率可调的三相交流电,再向交流电动机供电。

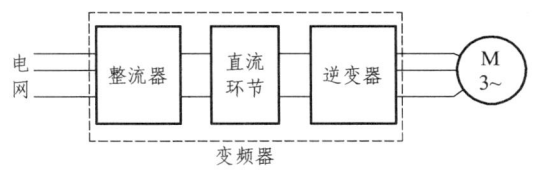

图 7-1 交-直-交变频调速基本电路

变频器主要由整流器、直流环节和逆变器三个部分组成。整流器的主要作用是将交流电整流成直流电,分为不可控整流器和可控整流器。如图 7-2 所示,不可控整流器中的电子器件为二极管,而可控整流器中的电子器件多采用双极型或复合型电子器件,如 GTR、GTO、IGBT、IPM 等。

直流环节分为电压型和电流型两种,如图 7-3 所示。

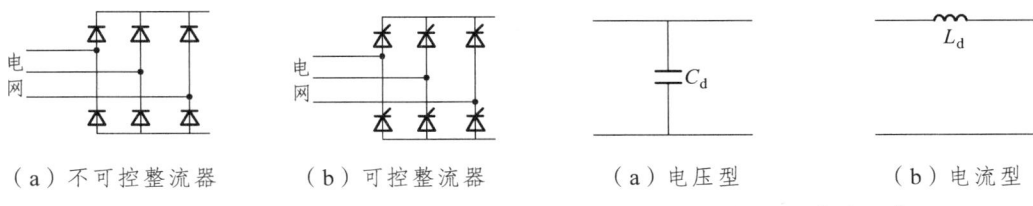

图 7-2 整流器　　　　　　　　　　图 7-3 直流环节

逆变器的主要作用是将直流电逆变为频率可调的三相交流电,并向三相异步电动机供电,分为电压型逆变器和电流型逆变器,如图 7-4 所示。

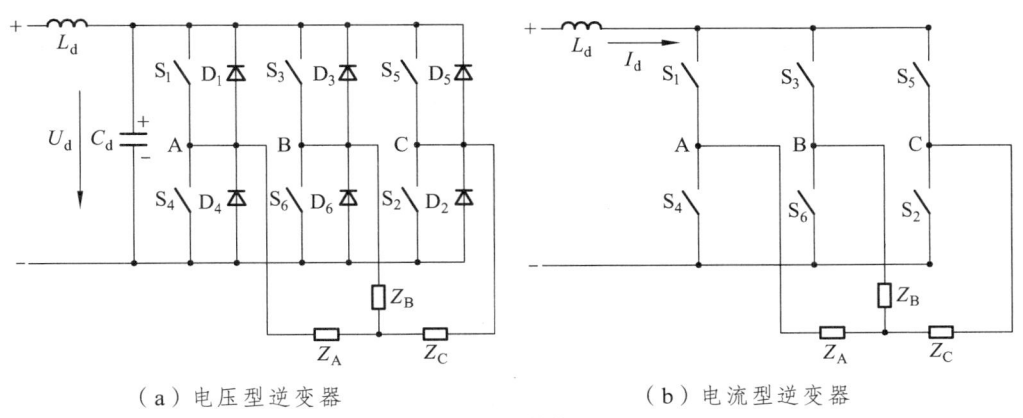

图 7-4 逆变器

三、Mitrac TM3800 F 型交流牵引电机

Mitrac TM3800 F 型交流牵引电机是一个 4 极三相鼠笼式单轴承异步电动机,采用强迫风

冷、半悬挂、单级斜齿轮传动，是为逆变器供电特别设计的电机，可降低逆变器造成的脉动转矩、损耗和噪声等级。该电机由 Bombardier 公司开发生产，产品符合 ICE 60349—2 标准。

1. Mitrac TM3800 F 型交流牵引电机的主要技术参数

型号 ·· Mitrac TM3800 F
极对数 ··· 2
直流中间电压（最大）··· 2 950 V
额定功率 ··· 1 632 kW
额定转速 ··· 1 494 r/min
额定电流 ··· 498 A
额定电压 ··· 2 183 V
额定频率 ··· 50.4 Hz
最大电动机转速 ·· 3 198 r/min
功率因数 ··· 0.904
冷却类型 ··· 外部冷却
冷却风量 ··· 约 1.8 m³/s
绝缘等级 ··· 200 级
质量 ·· 2 150 kg

2. Mitrac TM3800 F 型交流牵引电机的结构

Mitrac TM3800 F 型交流牵引电机主要由定子、转子、端盖、轴承等部件组成，其外形如图 7-5 所示，横剖面如图 7-6 所示。

定子采用全叠片形式，由两个坚固的铸钢压板将叠片压接在一起。压板通过钢套焊接在一起，构成结构紧凑、有足够的扭转强度的机体。叠片由高磁导率的硅钢片组成，该无取向的硅钢片双面均涂有专门开发的极厚半有机绝缘涂层，具有很高的表面电阻，可有效降低铁芯的涡流损耗。定子总成的非驱动端装有端盖，端盖材料系具有高强度和高韧性的球墨铸铁。端盖内装有轴承，轴承采用等离子喷涂陶瓷层的绝缘轴承，可以有效阻断可能通过轴承的轴电流，保证轴承的使用寿命。定子的驱动端直接与齿轮箱配合。

图 7-5　Mitrac TM3800 F 型交流牵引电机外形图

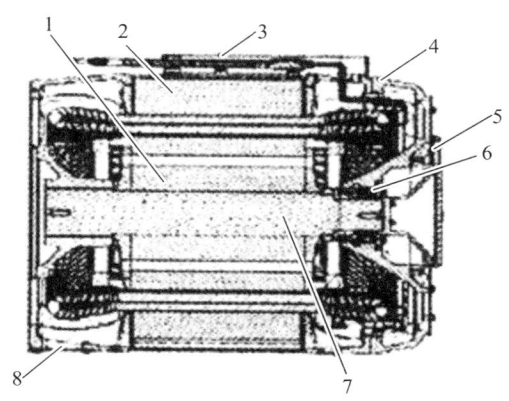

图 7-6　Mitrac TM3800 F 型电机剖面图

1—转子；2—定子；3—端盖；4—非传动端端盖；5—速度传感器；
6—滚动轴承；7—转轴；8—传动端安装盖

定子采用开口式槽型，槽内垫有双面带保护层的 Dupot 高绝缘强度的槽绝缘膜，绕组为双层绕组。定子绕组由绕制成型的线圈组成，线圈由包有 Kapton 耐电晕薄膜的矩形截面铜导线绕制而成，线圈成型后，其外侧再包扎多层云母带，线圈在定子的 A 端连接成 Y 形三相绕组，并通过三相引出线引至外侧接线端。所有连接部分使用铜焊，并做同样的绝缘处理。两端定子槽口做封胶处理。定子绕组采用真空加绝缘漆处理（VPI 处理），使用了有机硅脂。整个定子绝缘体系符合交流电机最高耐温等级，即 C200 级要求。

转子为短路鼠笼式结构，由短路笼导条和 2 个短路环（铜材质）组成，采用中频感应钎焊。短路环的外侧包有收缩环，其很高的机械强度保证了转子在离心负载下的工作可靠性。叠片由两个压环连接在一起，热套在电机轴上。转子导条经过特殊设计以减小由于电流谐波引起的损耗、振动和扭矩波动。电机的转轴用优质合金钢锻造，全长 686.5 mm。

电机和齿轮箱为一体式结构，在传动端没有轴承盖。非传动端端盖由球墨铸铁材料构成。端盖的形状尺寸小、刚度大。

电机的非传动端有一个 NU 型绝缘轴承。在非传动端端盖处设有注油口，允许补加润滑脂。轴承密封通过不接触的迷宫式油封密封完成。在传动端，电机带有薄板式联轴节。

3. Mitrac TM3800 F 型交流牵引电机的特性

1）牵引特性

牵引特性曲线如图 7-7 所示。

温度：定子 150 ℃；转子 150 ℃。

额定值：$U_1 = 2\,183$ V；$U_d = 2\,800$ V；$I_1 = 497$ A；$\eta_N = 96.1\%$；$P_2 = 1\,632$ kW；$T = 10\,434$ N·m；$n = 1\,494$ r/min；$\cos\varphi = 0.904$；$f_1 = 50.3$ Hz；$f_2 = 0.55$ Hz

2）制动特性

温度：定子 150 ℃；转子 150 ℃。

最大值：$U_1 = 2\,183$ V；$I_1 = 468$ A；$P_2 = -1\,568$ kW；$T = -9\,499$ N·m；$n = 3\,065$ r/min；$f_1 = 101.1$ Hz；$U_d = 2\,800$ V（制动）（见图 7-8）

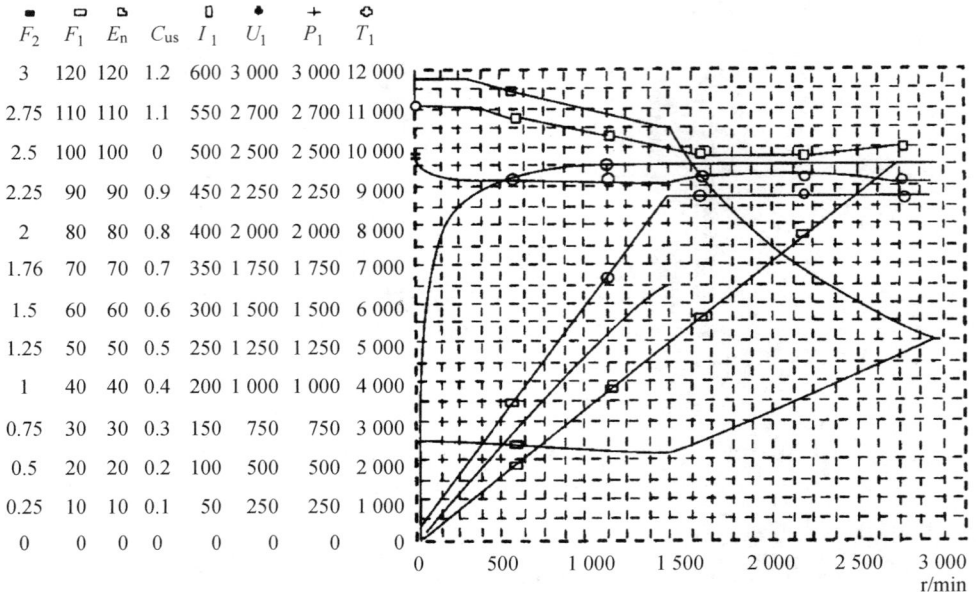

图 7-7 Mitrac TM3800 F 电机的牵引特性曲线

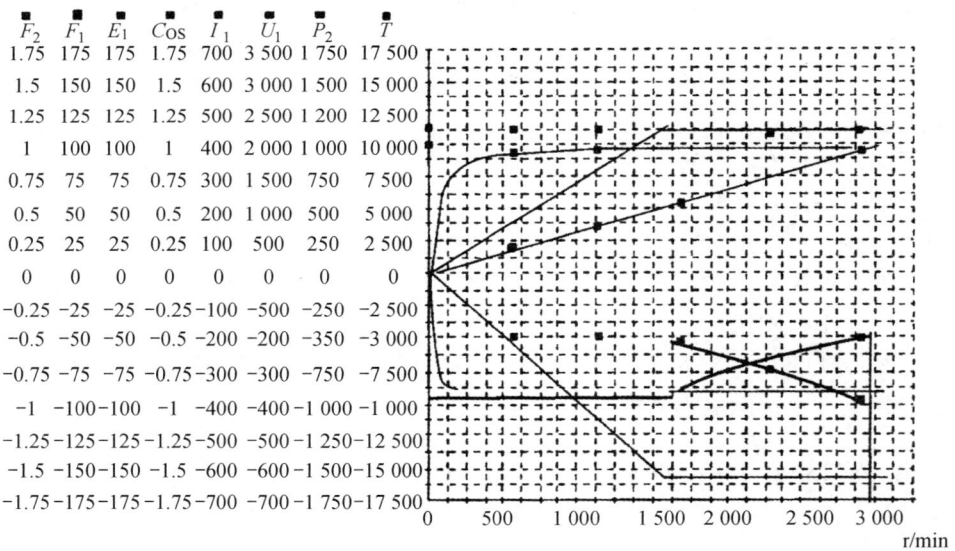

图 7-8 Mitrac TM3800 F 电机的制动特性曲线

4. Mitrac TM3800 F 电机的特点

牵引模式，牵引电机将电能转变为机械能；制动模式，牵引电机将机械能转变为电能。当电机由三相电源供电时，定子绕组将产生旋转的正弦分布的磁动势，作用在气隙上的磁动势产生旋转磁场，基波磁场以同步速度旋转。该同步转速是电源频率在特定电机极对数下形成的。旋转磁场在转子导条中产生与同步转速和转子转速的差值成比例变化的电压，该电压将在转子回路产生电流，转子电流和定子磁场在转子上产生机械转矩。电源电压和频率控制电机转矩，电源频率和转差率控制电机转速。

牵引电机采用半悬挂方式，通过抱轴箱与轮对相连。机车在牵引运行状态时，牵引电机将电能转换为机械能，通过轮对驱动机车运行。当机车在再生制动工况时，牵引电机将机械能转换为电能，产生列车制动力，此时电机处于发电状态。牵引电机的工作条件非常恶劣，与其他电机相比较，负载变化大，冲击和振动严重，恶劣的风沙、雨雪气候、酸碱性气体影响侵蚀严重。

对逆变器供电的牵引电机来说，在器件关断时，尖峰脉冲对电机会产生极为不利的影响；此外，当电机在额定转速以上运行时，电源为矩形波，流经电机的电流含有大量谐波，从而使电机的效率降低，所产生的谐波转矩使电机转速波动；同时，还因共模电压产生轴电流。为此 Mitrac TM3800 F 型牵引电机针对这些特殊因素，采用了不同的改进措施。

本电机设计还采用了无机座化定子铁芯、转子整体感应焊接、进口绝缘轴承等技术。通常，为防止尖峰脉冲对电机绝缘的损坏，采用了耐电晕绝缘材料，这是为防止绝缘失效所采取的一项有效措施；为了防止轴电流对轴承的电蚀，采用良绝缘轴承。

电机为强迫风冷，空气通过柔性风道从通风机传输至进气口，进气口同齿轮箱是一起的，在那里径向气流转换为通过电机的轴向气流。电机内部冷却空气流经电子绕组、定子叠片、转子叠片、转子饶组及轴承等产生损耗的零件。出风口位于电机的非传动端一侧，轴向排布。为了保护定子线圈，避免产生热过载，并考虑到功能上的控制，为电动机配备如下的传感器：① Pt100 传感器，用于探测定子的温度，保证电机的安全运行，其位于定子的非传动端侧面的外壳部分。② 速度传感器，其安装在非传动端侧面的电动机端护罩上。用于产生与转速对应的脉冲序列信号的测速齿盘安装在转子轴端。牵引电机的转速测量及转向确定由速度传感器来完成。电机电缆与定子绕组间的连接采用铜焊。电机带有三根最长为 3 m 的功率电缆和接地电缆，电缆的端部不带连接器，镀锡长度 40 mm。Mitrac TM3800 F 型牵引电机结构简单，维护方便，同时能满足机车的牵引运行要求，该电机已批量用于 HXD3B 型机车，运行安全可靠。

第二节　交流辅助电动机

为了保证电力机车正常运行，在单相工频交流电力机车中装有许多辅助机械，这些辅助机械多采用结构简单、价格低廉的三相异步电动机驱动。

用于驱动辅助机械的三相异步电动机（简称辅助电动机）结构上与普通鼠笼式异步电动机相同。但由劈相机供电时，电压波动范围大、三相电压和电流不对称等，使这些辅助电动机工作在三相不对称且非额定、非正弦电压下。为保证辅助电动机能正常工作，在选用和设计辅助电动机时，必须考虑电动机额定功率与实际使用功率之间的差异，以满足电动机在电压变化及不对称条件下运行的需要。

本节简要介绍 SS_{4G} 型电力机车中辅助电动机的工作特点、结构特点、额定参数及维护保养等基本知识。

电力机车上工作的辅助电动机与一般场合下使用的三相异步电动机相比较，其工作条件是比较恶劣的。《机车车辆用三相异步电机基本技术条件》（TB 1608—2001）中规定，辅助电动机在下列条件下应能正常启动和长期工作：

（1）辅助电动机应能承受机车正常运行中产生的振动和冲击。

（2）在劈相机供电条件下，辅助电动机应在单相电源电压 270～460 V（相当于接触网电压为 19～29 kV）范围内波动时正常工作。

（3）辅助电动机在机车辅助回路三相线电压不对称度为 270 V 时不超过 10%，460 V 时不超过 7% 的条件下应能正常可靠工作。

（4）环境空气温度最高为 45 ℃（车体内），最低为 -40 ℃。

（5）月平均空气相对湿度最大为 90%（该月月平均最低温度为 25 ℃）。

（6）当使用于海拔在 1 400～2 500 m 的地区时，且该地区环境温度不超过 45 ℃ 与所需的环境空气温度降低补差值时，应能正常运行。所需的环境空气温度降低补偿值是按 1 400 m 以上，每 100 m 降低温升限值的 1% 计算。

SS_{4G} 型电力机车辅助系统中使用着各种用途的辅助电动机共 17 台，见表 7-1。

表 7-1 SS_{4G} 型电力机车辅助电机一览表

序号	名称	代号	型号	数量	用途
1	劈相机	1MG	JP402A	2	
2	压缩机电动机	2MA	YYD-280S-6	2	驱动 NPT-5 型空气压缩机
3	牵引通风机电动机	3MA、4MA		4	驱动 13-50-NQ-6 型离心通风机
4	制动电阻通风机电动机	5MA、6MA	JD305	4	驱动 TZTF5.6 型轴流式通风机
5	主变压器通风机电动机	7MA	JT61-2LA	2	驱动 TZTF6.0#F 型轴流式通风机
6	变压器油泵电动机	8MA	TG80-200/10D-2	2	驱动 TG80-200/10D-2 型潜油泵
7	辅助压缩电动机	447MD	Z_2-22D2	1	驱动 CA-10B 型压缩机

这些电动机按用途可归纳为压缩机电动机、通风机电动机、主变压器油泵电动机三类，主要技术数据见表 7-2。

表 7-2 SS_{4G} 型电力机车辅助电动机主要技术数据表

电机名称		压缩机电动机	牵引通风机电动机	制动电阻通风机电动机	主变压器通风机电动机	变压器油泵电动机
电机型号		YYD280S-6	YFD-280S-4	JD305	JT61-2LA	TG80-200/10D-2
技术数据	额定功率（kW）	37	37	30	14	10
	功率因数	0.87	0.87	0.89	0.89	0.89
	额定电压（V）	380	380	380	380	380
	额定电流（A）	70	68	56.5	27.5	19.2
	转速（r/min）	983	1 480	2 950	2 900	2 940
	绝缘等级	B	B	B	B	
	效率（%）	90	90	89	89	
	重量（kg）	485	440	210	315	

一、异步劈相机

在单相工频交流电力机车上,为各辅助机组提供三相交流电源的劈相机是一种将单相电变换成三相电的特殊电机,其实质是由单相电动机和三相发电机组合而成的旋转电机。劈相机可以是同步型,也可以是异步型,目前应用较广的是异步劈相机。

本节将分析异步劈相机的工作原理,讨论异步劈相机启动、三相电压对称性问题,介绍异步劈相机的结构特点、额定参数等。

1. 异步劈相机的工作原理

异步劈相机是一种结构特殊、用途特殊的三相异步电机。它是一种能实现单—三相变换的异步电机,用于一切由单相电源供电,而又以三相异步电动机为负载的场合。在单相工频交流电力机车的辅助系统中,异步劈相机(简称"劈相机")用来将主变压器辅助绕组供给的单相电源"劈成"三相,向辅助系统所有三相异步电动机供电。图7-9所示为异步劈相机工作原理电路图。

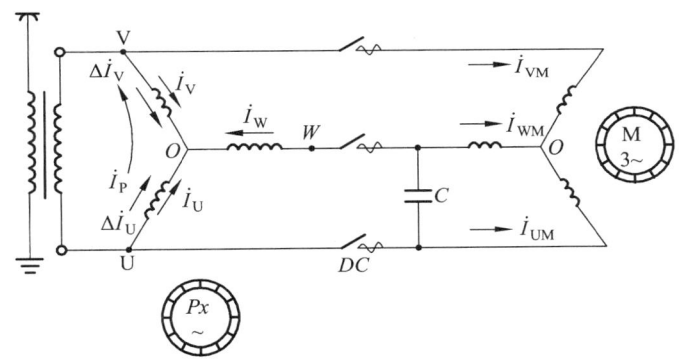

图 7-9 劈相机工作原理电路图

当定子绕组 UOV 接至单相电源时,单相电流 I_p 由 U 相流入,从 V 相流出,该电流产生的磁场可以分解为两个幅值相等、转速相同、转向相反的旋转磁场,分别称为正序旋转磁场和负序旋转磁场。当劈相机转子静止不动时,这两个旋转磁场在转子导体中感应出两个大小相等、方向相反的电势和电流,而产生两个大小相等、方向相反的电磁转矩,其合成启动转矩为零,故劈相机不能自行启动。如果用某种方法使劈相机的转子转动起来,并达到额定转速 n_N,那么和转子转向一致的定子正序磁场与转子的相对速度很小,而和转子转向相反的定子负序磁场与转子的相对速约为2倍同步转速,定子负序磁场切割转子导体,在转子导体中感应出数值较大且频率为接近2倍电网频率的转子负序电势和电流。当劈相机转动起来以后,若劈相机不与外界电负载相接,称为劈相机空载工况。这时劈相机气隙中的正序磁场和磁通有两个作用:一是正序磁通和转子导体内感应的正序电流相互作用产生电磁转矩,用以克服转子的机械阻转矩及转子负序电流产生的电磁阻转矩,驱使转子沿着正序磁场的方向继续维持转动,这时劈相机实际上是作为一台单相异步电动机运行;二是正序磁场切割定子三相绕组,感应出三相电势,从劈相机三相负载端来看,它又是三相发电机。因此,从这两方面作用来看,劈相机是一台单相异步电动机和三相异步发电机的组合体,既可以在它的轴上接上机械负载，又可以在它的 U、V、W 三相输出端接上电负载。

异步电机进入劈相机工况一般应具备以下两个条件：

（1）电机轴上的机械负载不变；

（2）三相电网中 W 相缺相，使 W 相电流反相输出。

2. 异步劈相机的启动及三相电压对称性调整

1）异步劈相机的启动

从前面的分析可知当劈相机转子静止不动时，这两个旋转磁场在转子导体中感应出两个大小相等、方向相反的电势和电流，而产生两个大小相等、方向相反的电磁转矩，其合成启动转矩为零，故劈相机不能自行启动。异步劈相机的启动方法有辅助电动机启动法和分相启动法两种。分相启动法分为电阻分相启动和电容分相启动两种。分相启动是在发电相接入电阻或电容，使两电动相电源之间有一相位差，从而产生旋转磁场，并在转子上产生启动转矩，当转速达到某一数值时，将电阻或电容切除。电阻分相启动具有线路简单、设备成本低等优点，因而得到广泛的应用，SS₄型电力机车上的劈相机采用电阻分相启动的方法。辅助电动机启动法是在劈相机的转轴上安装一台辅助电动机，启动时先由辅助电动机带动劈相机转子转动，待劈相机转速达到一定值时，将劈相机投入单相电网，并切除辅助电动机的电源。

劈相机的电阻分相启动原理线路如图 7-10（a）所示。

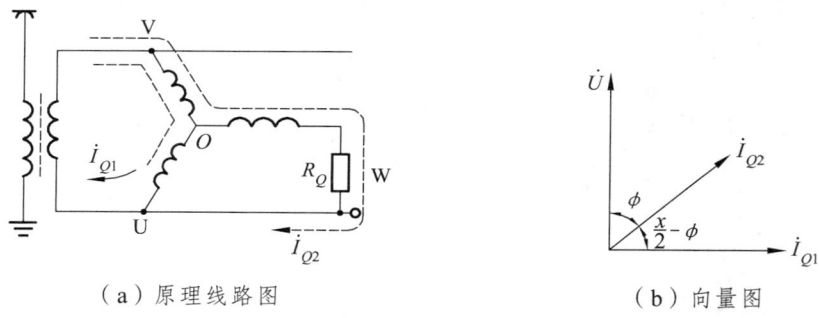

（a）原理线路图　　　　　　　（b）向量图

图 7-10　劈相机电阻分相启动原理图

多年来，在国产 SS 系列电力机车上经常发生的劈相机烧损故障大部分发生在启动过程中，其主要原因是由于分相启动元件未能合理选择或正常接入。为了保证劈相机的可靠启动，应该解决以下两个问题：

（1）启动电阻值应选择合适，以获得最大的启动转矩；

（2）控制好切除启动电阻的时刻。

在劈相机的实际使用时，还应注意以下几点：

（1）劈相机只允许空载启动，待劈相机启动完成后，才能逐个接通电动机负载。

（2）劈相机停止工作前应先断开电动机负载。劈相机运行中应特别防止接触网突然断电，劈相机转速下降到 1 200 r/min 以下不带启动电阻重新启动时，可能造成劈相机"走单相"故障的发生。

（3）劈相机启动时间不能过长，在最低网压（19 kV）下启动时间应不超过 15 s，在高网压（29 kV）下要防止过早切除启动电阻，造成劈相机在低速大电流下单相堵转。在一般情况下,连续启动次数不应超过3次,如仍不能启动,则应查明原因消除故障后,方可再行启动。

2)异步劈相机三相电压对称性的调整

劈相机负载时其电动相绕组中流过的既有电动机电流,又有发电机电流;而发电相绕组中只流过发电机电流,这说明劈相机的定子三相电流是不对称的,不对称电流引起不对称的阻抗压降。此外,没有被完全抵消的气隙剩余负序磁场,也将在定子三相绕组中感应出负序电势,这就进一步加剧了三相电压的不对称。劈相机输出三相电压的不对称,将直接影响辅助电动机的正常运行,严重的三相电压不对称还将引起辅助电动机个别绕组过热而烧损,直接影响电力机车的正常工作。为了改善劈相机三相电压的对称性,通常采取以下措施:

(1)劈相机定子绕组采用三相不对称绕组。

根据输出负载的要求,相应地提高或降低某些相的电势,是改善劈相机在额定负载时三相电压对称性的主要方法。为此,劈相机的定子三相绕组匝数和空间相隔的电角度均应根据需要确定,其绕组选择的定性规律是:一方面要增加发电相 W 相的匝数,另一方面要减少电动相 V 的匝数。为了改善劈相机在负载变动时的三相电压对称性,还可以采用并联电容器的措施。JP402A 型异步劈相机三相绕组匝数分别为 $W_W:W_U:W_V = 54:48:24$。这种方法只能保证劈相机在额定负载、额定电压下三相电压的对称性。劈相机的端电压、负载发生波动时,将直接影响三相电压的对称性。

(2)在负载侧的 U 和 W 端子上并联电容器。

劈相机的负载是三相异步电动机群,因机车运行工况的改变,电动机投入台数也不同,这就要求劈相机输出功率和功率因数随投入电动机数的差异而有所不同。为适应实际需要,可在负载侧的 U、W 端子并联一些电容器和电感元件,以扩展劈相机的容量,通过这些元件向负载提供 W 相电流。由它们辅助劈相机相向负载提供电流,有利于改善三相电压的对称性,如图 7-1 所示。

3. 异步劈相机的参数及技术数据

由于劈相机实质上是一种其本身只输出一相电流的特殊异步电机,因此对劈相机的额定参数就有必要重新定义。原铁道部标准《机车车辆用三相异步电机基本技术条件》(TB 1608—2001)对劈相机的额定参数作了明确定义,由于该标准规定这些额定参数都是在三相电压对称条件下进行测量和考核的,因此,为了确切反映劈相机供电电压的对称性,引入了"电压和电流不对称度"的概念,所谓电压(或电流)不对称度是指三相电压(或三相电流)中的负序分量与正序分量之比值。标准规定对劈相机系统的三相不对称度是用三相电流不对称度小于 10% 来测量和考核额定参数的。

1)额定功率

劈相机的额定功率是指在额定单相输入电压而且负载三相电流不对称度小于 10% 的条件下,劈相机能输出的三相电功率。

2)额定电压

劈相机的额定电压是指额定运行时单相输入电压。国产劈相机的额定电压规定为 380 V。

3)额定电流

劈相机的额定电流是指在额定电压、额定负载下相应的相电流。

4）额定功率因数

劈相机的额定功率因数与额定电流对应有输入功率因数和输出功率因数两项。输入功率因数是指单相电源向劈相机及其负载供电的单相功率因数，它等于单相输入的有功功率与无功功率之比。输出功率因数是指劈相机向负载供电的三相功率因数，它可由劈相机的额定功率、额定三相输出电流和额定电压给出。

5）效　率

劈相机的效率是指劈相机输出三相额定有功功率与单相输入有功功率之比。

6）JP402A 型劈相机的主要技术数据

形式 ·· 自行通风防护式
额定功率 ·· 57 kV·A
额定电压 ·· 输入单相 380 V，输出三相 380 V
额定电流 ·· 输入单相 200 A，输出三相 90 A
额定转速 ·· 1 499 r/min
极数 ·· 4
频率 ·· 50 Hz
输入功率因数 ·· 0.80
绝缘等级 ·· F
定额种类 ·· 连续
质量 ·· 586 kg

4. 异步劈相机的结构特点

劈相机的结构和一般的鼠笼式三相异步电动机结构相似，JP402A 型劈相机是由定子（包括定子铁芯、定子绕组和机座）、铸铝转子（包括转子铁芯、转子绕组、转轴）及端盖、轴承等组成，在定子与转子间有 1 mm 的气隙，其结构如图 7-11 所示。

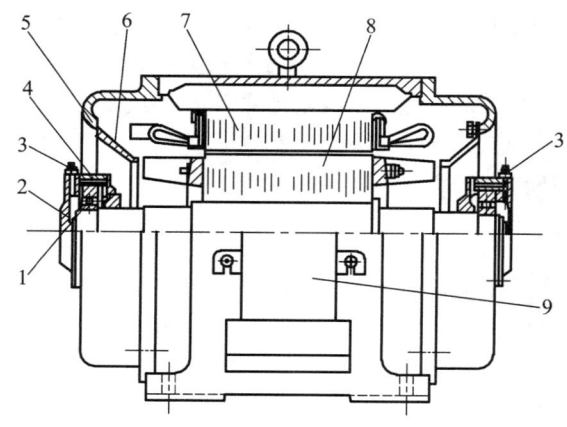

图 7-11　JP402A 劈相机结构图

1—313Z1 轴承；2—轴承外盖；3—油杯；4—轴承内盖；5—端盖；
6—挡风板；7—定子；8—转子；9—接线罩

定子铁芯和转子铁芯均采用 0.5 mm 厚 DW470-50 冷轧硅钢片，按给定图形冲制的冲片叠压而成。定子铁芯外径为 423 mm，内径为 280 mm，铁芯长 310 mm，定子三相绕组为不对称 Y 接。转子为铸铝转子结构，端环、风叶、平衡柱及槽内导体用铝一次铸成，并热套于转轴上，转子外径 278 mm，共 50 槽，槽形为倒梨形半闭口槽。这种结构趋肤效应较差。这是因为转子是劈相机实现相数变换的主要部件，旋转着的转子对定子负序磁场有很强的阻尼作用，转子绕组中的负序电流频率为电源频率的 2 倍，趋肤效应很强。

二、压缩机电动机

压缩机电动机是用来驱动空气压缩机以产生供机车与列车制动装置及气动器件所使用的压缩空气。在 SS$_{4G}$ 型电力机车中，与 NPT-5 型空气压缩机配套的电动机为 YYD-280S-6 型自通风防护式三相异步电动机。其结构与普通三相鼠笼式异步电动机相似，由定子（机座、定子铁芯、定子绕组）、转子（转子铁芯、转子绕组、转轴）以及端盖、轴承等组成，其结构如图 7-12 所示。

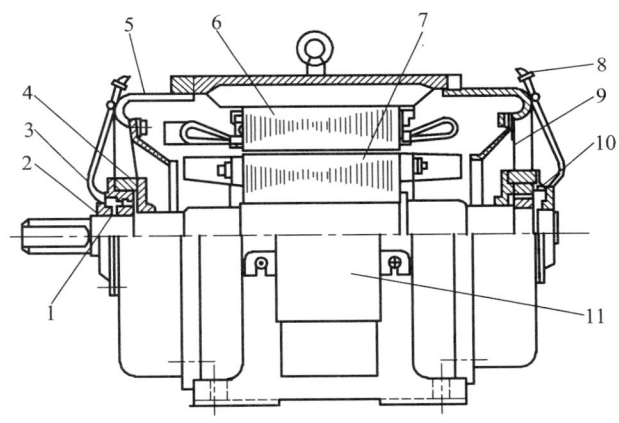

图 7-12 YYD-280S-6 型电动机结构图

1—2313Z1 轴承；2—轴承外盖；3—油杯；4—轴承内盖；5—端盖；6—定子；7—转子；
8—加油管及油杯；9—挡风板；10—313Z1 轴承；11—接线罩

NPT-5 型压缩机设计的轴功率为 22 kW，而 YYD-280S-6 型电动机的额定功率为 37 kW，这主要用来保证在较低电压下机组仍能可靠运行，电动机转速不会因网压过低而失速，在高网压下定子绕组温升不致过高。

此外，由于电力机车上的受电弓和主断路器均系气动高压电器，必须用标定压力的压缩空气才能使其正常工作。SS$_{4G}$ 型电力机车上还设置了一台 CA-10B 型空气压缩机，由 Z-22 型并励直流电动机直接驱动。该电动机功率为 1.1 kW，电压为 110 V，电流 13 A，转速为 1 500 r/min，由机车蓄电池供电。

三、通风机电动机

SS$_{4G}$ 型电力机车通风系统按主要冷却对象可分为：牵引通风支路、制动通风支路和变压器通风支路,各通风支路采用不同形式的通风机组,用不同形式的电动机驱动。

1. 牵引通风机电动机

牵引通风机组(通风机及其驱动电动机)用来冷却牵引电动机、硅整流柜及平波电抗器。因为所需要的风量大、风道又长,所以选用4台13-50-No6型离心式通风机,分4组进行冷却。配套的电动机为YFD-280S-4型自通风防护式三相异步电动机,其结构与普通三相鼠笼式异步电动机相似,由定子(机座、定子铁芯、定子绕组)、转子(转子铁芯、转子绕组、转轴)以及端盖、轴承盖等组成,其结构如图7-13所示。

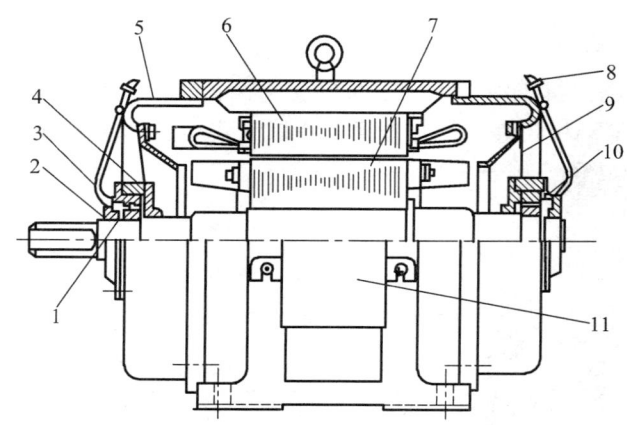

图 7-13　YFD-280S-4 型电动机结构图

1—2313Z1 轴承;2—轴承外盖;3—加油管及油杯;4—轴承内盖;5—端盖;6—定子;
7—转子;8—油杯;9—挡风板;10—313Z1 轴承;11—接线罩

2. 制动电阻通风机电动机

制动电阻通风机组(通风机及其驱动电动机)用来冷却制动电阻柜,由于所需要的风量大、风道短及安装位置限制,选用4台立式安装的TZTF5.6型轴流式通风机,并与驱动电动机装在同一个双圆筒形机壳内,成为一个整体。驱动电动机为JD305型防爆式三相异步电动机,其结构与普通三相鼠笼式异步电动机相似,由定子(机座、定子铁芯、定子绕组)、转子(转子铁芯、转子绕组、转轴)以及端盖、轴承盖等组成,其结构如图7-14所示。

JD305 型电动机额定功率为 30 kW,而在 SS_{4G} 型电力机车上的实际使用功率不大于 20 kW。

3. 变压器通风机电动机

变压器通风机组(通风机及其驱动电动机)用来冷却主变压器油散热器,选用TZTF6.0#F型轴流式通风机,驱动电动机采用JT61-2LA型电动机,其结构与封闭式三相鼠笼式异步电动机相似,由定子(机座、定子铁芯、定子绕组)、转子(转子铁芯、转子绕组、转轴)以及端盖、轴承盖等组成,如图7-15所示。JT61-2LA型电动机额定功率为14 kW,而在 SS_{4G} 型电力机车上的实际使用功率不大于 11.6 kW。

第七章 电力机车上常用的异步交流电机　125

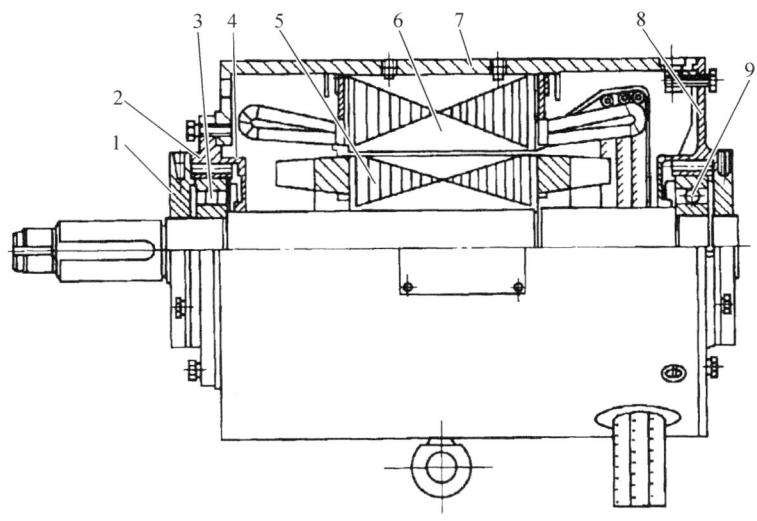

图 7-14　JD305 型电动机结构图

1—轴承外盖；2—前端盖；3—66312Z1 轴承；4—轴承内盖；5—转子；6—定子；
7—机座；8—后端盖；9—312Z1 轴承

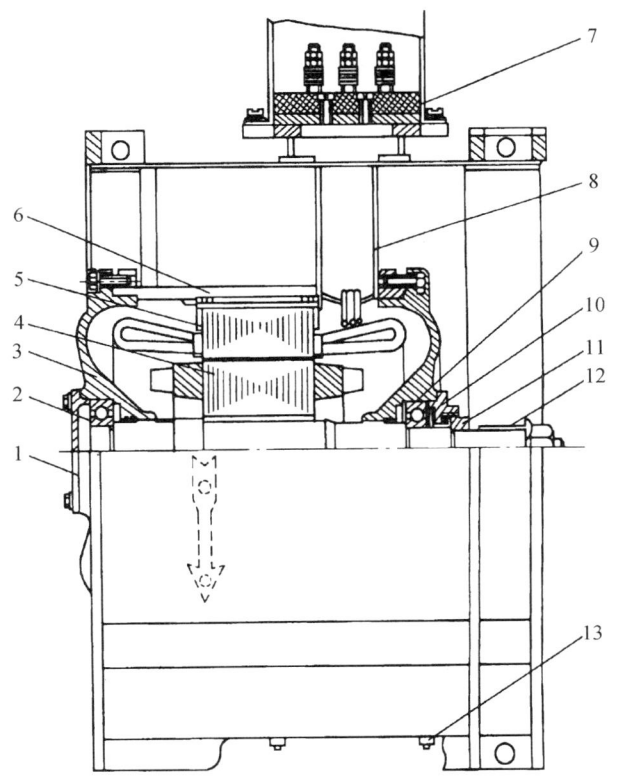

图 7-15　JT61-2LA 型电动机结构图

1—前轴承盖；2—轴承；3—端盖；4—转子；5—定子；6—机座；7—接线板；8—橡胶管；
9—轴承；10—后轴承盖；11—曲路环；12—键；13—加油管及油杯

四、变压器油泵机组

TBQ8-4923/25 型主变压器装有一台变压器油泵机组,用来强迫变压器油的循环,提高变压器的散热能力。TG80-200/10D-2 型变压器油泵是一种驱动电动机和油泵组合为一体的特殊电动油泵,简称潜油泵。其型号意义是:"TG"表示特种、全钢板结构;"80"表示油泵流量为 $80\ m^3/h$;"200"表示油泵扬程为 200 kPa;"10D"表示电动机功率为 10 kW;"2"表示驱动电动机极数为 2。图 7-16 所示为 TG80-200/10D-2 型潜油泵结构图。

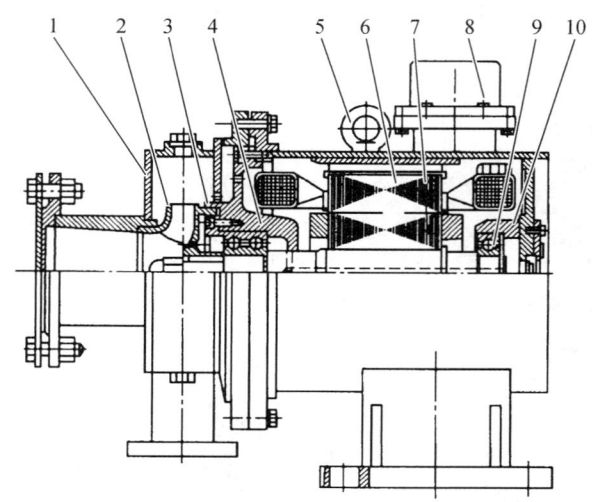

图 7-16　TG80-200/10D-2 型潜油泵

1—泵壳;2—叶轮;3—轴承盖;4—电机前端盖;5—吊环;6—定子;7—转子;
8—接线盒;9—轴承;10—电机后端盖

复习思考题

1. 画出交-直-交变频调速基本电路,并说明各部分的作用。
2. 简述 Mitrac TM3800 F 型交流牵引电机主要技术参数。
3. 简述 Mitrac TM3800 F 型交流牵引电机的结构特点。
4. 简述 SS_{4G} 型电力机车上辅助电机的应用情况。

第八章 电器的基本理论

第一节 触 头

一、概 述

电路的通断和转换是通过有触点电器的触头来实现的。有触点电器主要由三部分组成：触头部分、驱动装置、灭弧装置。触头是有触点电器完成其职能的执行机构，是有触点电器极重要的组成部分，通常由动触头和静触头组成，动触头由驱动装置带动，完成电路的通断，静触头一般固定不动。触头工作的优劣直接影响到电器的性能，但由于它经常受到机械撞击、发热及电弧等的有害作用，极易损坏，所以它也是有触点电器的一个薄弱环节。

二、触头的分类

触头可按以下方法分类：

（1）按触头工作情况可分为有载开闭和无载开闭两种。前者在触头开断或闭合过程中，允许触头中有电流通过；后者在触头开断或闭合过程中，不允许触头中有电流通过，而在闭合后才允许触头中通过电流，如转换开关等。无载开闭触头，由于触头开断时无载，故无电弧产生，对触头的工作十分有利。

（2）按开断点数目可分为单断点式和双断点式触头。

（3）按触头正常工作位置可分为常开触头和常闭触头。

（4）按结构和形状可分为指形触头和桥式触头等。

（5）按触头相互运动状态可分为滑动式和滚动式两种。后者比前者的机械磨损小，驱动力也大为减小。

（6）按触头的接触方式可分为面接触、线接触和点接触三种，如图 8-1 所示。触头对电路电流的接通，是通过其接触面来实现的，所以接触面形式对触头的工作性能起着重要的作用。

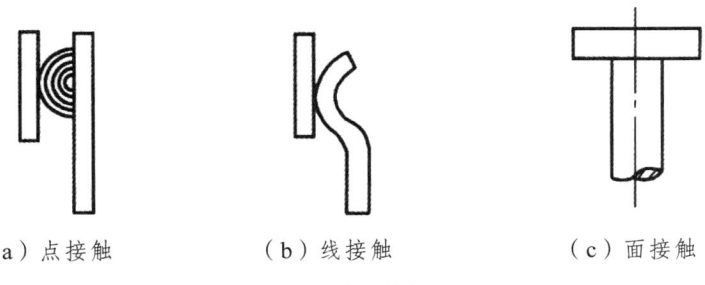

（a）点接触　　　　　　（b）线接触　　　　　　（c）面接触

图 8-1　触头的接触式

对于点、线、面三种接触形式，它们各自的特点和适用场合如下：

① 点接触。

点接触触头是指两个导体只在一点或者很小的面积上发生接触的触头（如球面对球面，球面对平面）。触头间是"点"与"点"的接触。在同样的触头压力下，它的单位压力大，因此，可得到较小的接触电阻。但其散热条件差，用于大电流是不合适的。同时，点接触的机械强度较弱，只适用于开断负荷小的触头。如多用于 10 A 以下的继电器，以及接触器和自动开关的联锁触头等，一般控制电路的触头都采用点接触形式。由于接触面积小，保证其工作可靠性所需的接触互压力也较小。

② 面接触。

面接触是指两个导体有着较广的表面发生接触（如平面对平面）。其接触面积和触头压力均较大。由于其触头在开闭过程中接触面间无相对滑移，不能清除氧化膜等高电阻物质，所以在此种触头面上需嵌上贵重的银片。而且面接触的接触电阻很不稳定，当外界对接触面稍有一些破坏或者装配不当，都会使接触电阻大大增加。所以此种形式应用较少，仅用于大电流、接触压力大的场合，如固定母线接触、大容量的接触器和断路器的主触头。闸刀开关常采用面接触的形式。

③ 线接触。

线接触是指两个导体沿着线或较窄的面积发生的接触（如圆柱对圆柱、圆柱对平面）。在同一压力条件下，线接触的接触电阻比前两种较低。其原因是触头的压力强度和实际接触面得到了适当配合。面接触的接触点虽较多，但压力强度小，点接触的压力强度虽高，但接触点少，因此它们的接触电阻都比线接触情况大。另外，线接触容易做到触头间有滑动和滚动，从而使触头的工作条件得到改善。同时，线接触触头的制造、调整、装配均比较方便，因而得到广泛的采用。常用于几十安至几百安电流的中等容量的电器，如接触器、自动开关及高压开关电器的主触头。

触头实现电连接，一般采用触头弹簧压紧，压力较小，并考虑到装配检修的方便和工作可靠，多采用点接触或线接触的形式。在近代高压断路器和低压自动开关中，有的采用多个线接触和点接触并联使用，以减小接触电阻，使得工作可靠，制造检修方便。

三、触头的参数

触头的参数主要有开距、超程、研距、触头初压力和终压力等。

1. 触头的开距

触头处于断开位置时，动静触头之间的最小距离 s 称为触头的开距（或行程），如图 8-2 所示。开距是触头的一个主要参数。它不仅要保证在开断正常电流时能可靠地熄弧，而且还要能使触头间具有足够的绝缘能力，当电源出现不正常的过电压时不致击穿。它不仅影响触头与灭弧系统的尺寸，而且影响到电磁驱动机构的尺寸。

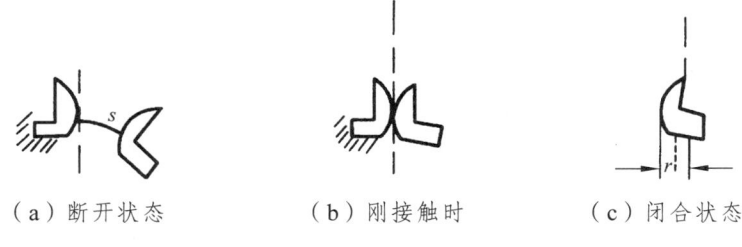

图 8-2　触头的参数

2. 触头的超程

触头的超程是指动、静触头完全闭合后,如果将静触头移开,动触头在触头弹簧的作用下继续前移的距离 r,如图 8-2 所示。触头超程是用来保证在触头允许磨损的范围内仍能可靠地接触。一般为触头厚度的 60%~80%。

3. 触头的初压力

触头闭合后,其接触处有一定的互压力,称为触头压力。触头压力是由触头弹簧产生的。触头弹簧有一预压缩,使得动触头刚与静触头接触时就有一互压力 F_0,称为触头初压力,它是由调节触头弹簧预压缩量来保证的。初压力可以降低触头闭合过程的振动。

4. 触头终压力

动、静触头闭合终了时,触头间的接触压力称为终压力 F_Z。它是由触头弹簧最终压缩量来决定的。它使触头闭合时的实际接触面积增加,使闭合状态时的接触电阻小而稳定。

5. 触头的研距

动触头和静触头接触过程中,触头接触表面既有滚动,又有滑动,这种滚动和滑动称为触头的研磨过程。由研磨所产生的距离称为研距。为了保证触头工作时有良好的电接触,一般线接触触头开闭过程的起止点不重合,且有一定距离。研距是触头开闭过程中动静触头间滚动量与滑动量之和。

如图 8-3 所示,动、静触头开始接触时,其接触线在 a 点处,在触头闭合过程中,接触线逐渐移动,最后停在 b 点处接触,以导通工作电流。由于在动触头上的 ab 和静触头上的 $a'b'$ 长度不一样,因此,在两者接触过程中,不仅有相对滚动,而且有相对滑动存在,整个接触过程称为触头的研磨过程。

图 8-3　触头的研磨过程及研距

触头表面有滑动,可以擦除触头表面的氧化层及脏物,减小接触电阻,使触头有良好的电接触。触头表面有滚动可以使触头在闭合时的撞击处与最后闭合位置的工作点之间，以及开断电路时产生电弧处与闭合位置的工作点分开，保证正常工作的接触线不受机械撞击与电弧的破坏作用，保证触头接触良好。

触头的开距、超程、初压力和终压力都是必须进行检测的重要参数。在电器的使用和维修中常用这些参数来反映触头的工作情况及检验电器的工作状态。

四、触头的工作情况

1. 触头处于闭合状态

触头处于闭合状态时的主要任务是保证能通过规定的电流，且触头温升不超过允许值，主要问题是触头的发热及热和电动稳定性，触头的发热是由接触电阻引起的，故应设法减小接触电阻。

2. 触头闭合过程

从动、静触头刚开始接触到触头完全闭合，由于会发生振动，使它不是一次接触就能闭合，而是有一个过程的，这个过程称为触头的闭合过程。由于触头在闭合过程中会因碰撞而产生机械振动，因此这个过程的主要问题是减小机械振动，从而减小触头的磨损，避免触头熔焊。

3. 触头处于断开状态

触头处于断开状态时，必须有足够的开距，以保证可靠地熄灭电弧和开断电路。

4. 触头的开断过程

触头的开断过程是触头最繁重的工作过程。一般可分三个阶段：第一个阶段是从触头完全闭合时起，到触头将开始分开为止；第二阶段是触头开始分开以后的一段时间；第三阶段是电路完全切断的过程。由于在触头开断电路时，一般会在触头间产生电弧，因此这个过程的主要问题是熄灭电弧，减小由电弧而产生的触头磨损。

五、触头材料

对触头材料的要求主要有以下三点：
（1）高的导电和导热性能；
（2）良好的机械性能；
（3）良好的化学性能。

机车电器触头材料通常有铜材料和银材料，铜材料硬度大，熔点高，加工容易，价格低廉。缺点是易氧化，氧化膜导电能力差。银是高质量的触头材料，具有高的导电性和导热性，常温下不易氧化，且氧化膜能导电，高温下还能还原成金属银。但缺点是不耐磨熔点低。价格较贵。银常用于小功率的电器触头的电镀覆盖层。而当电流大于 150 A 时，可采用铜触头，并制成单断点指式触头,在触头分、和过程中有研磨过程,以清除氧化铜薄膜。有时为了提高耐磨性和耐弧性,也使用合金材料和金属陶冶材料,如线路接触器触头表面镶有银碳化钨粉末冶金片;空气断路器静触头上镶有耐电弧的钼块等。

第二节 驱动装置

一、驱动装置概述

驱动装置是产生动力并使动力传递到动触头的装置。驱动装置接收外界的信号,并通过一系列的处理作出的有规律的反应,使电器的执行部分(触头)动作,输出相应的指令,来实现控制的目的。机车上主要采用电磁驱动装置和电空驱动装置。

电磁驱动装置就是通过电磁铁把电磁能转变成机械能来驱动电器动作的机构,主要用于小型电器。在电力机车中装有大量的电磁接触器、电磁继电器等,它们都是以电磁铁作为驱动机构。

电空驱动装置,是以电磁阀控制的压缩空气作为动力,驱使电器运动部件动作的机构,它广泛用于触头开闭高电压、大电流的场合。

二、电磁驱动装置

1. 电磁驱动装置组成及原理

电磁驱动装置是一种通过电磁铁把电磁能转变成机械能来驱使电器触头动作的机构。

电磁铁主要由吸引线圈和磁系统两部分组成。磁系统一般由铁芯、磁轭和衔铁三部分组成。衔铁又称为动铁芯,铁芯和磁轭又称为静铁芯。

下面以直流接触器和继电器常用的拍合式电磁铁为例,说明其工作原理和各组成部分的用途。

如图 8-4 所示为一个直流拍合式电磁铁的结构,它由线圈、极靴、铁芯、磁轭和衔铁等组成。线圈套装在铁芯上,极靴与衔铁之间的空气隙称为工作气隙,磁轭与衔铁之间的气隙称为棱角气隙。极靴用来增大气隙磁导,并可以压住线圈。非磁性垫片用来减少剩磁通,以防线圈断电后衔铁被剩磁吸力吸住而不能释放。由于非磁性材料的磁导率和空气的磁导率很接近,故可认为是一个空气隙,称非工作气隙。

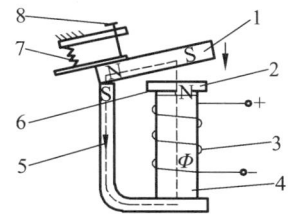

图 8-4 电磁铁的工作原理图

1—衔铁;2—极靴;3—线圈;4—铁芯;5—磁轭;6—非磁性垫片;7—反力弹簧;8—调节螺钉

其工作原理是：在线圈未通电时，衔铁在反力弹簧的作用下处于打开位置，衔铁与极靴之间保持一个较大的气隙。当线圈接通电源后，线圈中产生磁势，在磁系统和工作气隙所构成的回路中产生磁通 Φ，其流向用右手螺线管法则确定，如图 8-4 中虚线所示。根据磁感线流入端为 S 极、流出端为 N 极的规定，在工作气隙两端的极靴和衔铁相对的端面上产生异性磁极。由于异性磁极相吸，于是在铁芯和衔铁间产生电磁吸力。当电磁吸力产生的转矩大于反力弹簧反作用力产生的转矩时，衔铁被吸向铁芯，直到与极靴接触为止，并带动触头动作。这个过程称为衔铁的吸合过程，衔铁与极靴接触的位置称为衔铁闭合位置。此时，衔铁与极靴之间仍有一个很小的气隙。

当线圈中的电流减小或中断时，铁芯中的磁通变小，吸力也随之减小，如果吸力小于反力弹簧的反力，衔铁在反力弹簧的作用下返回至打开位置，并带动触头处于另一工作位置。这个过程称为衔铁释放过程。

由此可见，只要控制电磁铁吸引线圈电流（或电压）就能通过触头来控制其他电器。

我们规定：当线圈失电时，触头若是打开的，称为常开触头（也称动合触头）；触头若是闭合的，则称为常闭触头（也称动断触头）。

电磁铁的用途很广，例如在接触器中，利用电磁铁带动触头运动，只要控制电磁铁线圈电流的通断，就能使电磁铁完成某一工作任务，实现自动控制及远距离操纵的目的。在许多继电器中利用电磁铁作感受元件，它可以反映出电路中电压、电流、功率等参数的变化，对电路及电气设备进行保护和控制。

电磁铁的电磁吸力与空气隙有关，空气隙越大，吸力越小。

2. 电磁铁（电磁驱动装置）的分类

电磁铁的结构形式很多，图 8-5 所示是几种常见电磁铁的结构形式。

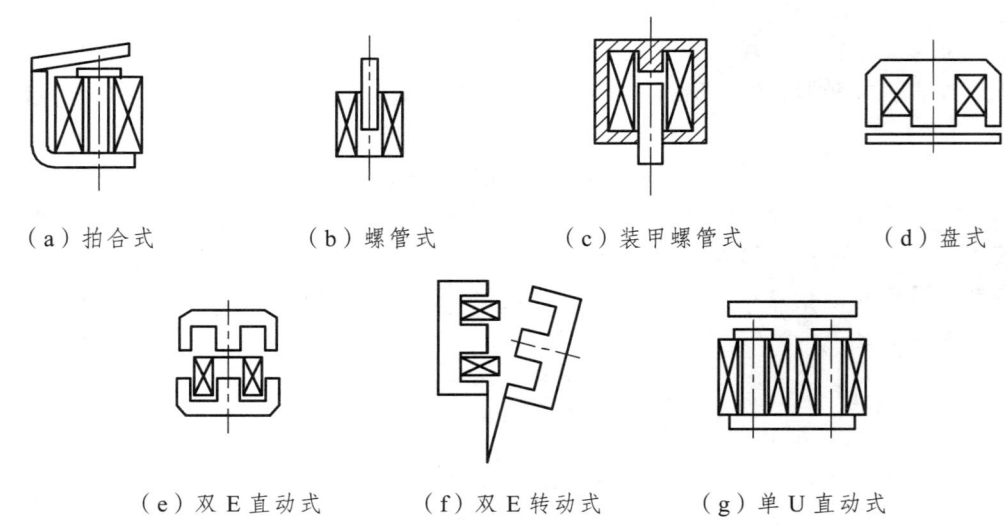

(a) 拍合式　　(b) 螺管式　　(c) 装甲螺管式　　(d) 盘式

(e) 双 E 直动式　　(f) 双 E 转动式　　(g) 单 U 直动式

图 8-5　常见电磁铁的结构形式

电磁铁可以按衔铁运动方式、磁系统形状、线圈电流种类和连接方式等分类。

（1）按吸引线圈通电电流的性质，可分为直流电磁铁和交流电磁铁。

直流电磁铁线圈通的是直流电流，当电流达到稳定值后，可以认为匝数 N、电流 I 均不变，磁通不随时间而变化，在铁芯中没有涡流和磁滞损耗，铁芯可用整块钢或工程纯铁制造。为了便于制造，铁芯和极靴一般做成圆形，线圈也做成圆形，形状细高，与铁芯配合较紧密。

交流电磁铁的吸引线圈通的是交流电流，可以认为匝数为 N 和磁通有效值 Φ 不变。但总磁通 Φ 交变，在铁芯中有涡流和磁滞损耗，铁芯不能再用整块钢铁制造，一般是用硅钢片叠制而成。为了便于制造，把铁芯制成方形的，线圈往往也制成方形，且为"矮胖型"，线圈与铁芯间的间隙较大，以利于线圈散热。

（2）按吸引线圈与电路的连接方式，可分为并联电磁铁和串联电磁铁。

并联电磁铁的线圈与电源并联，输入电量是电压，其线圈称并联线圈或电压线圈。其阻抗要求大，电流小，故线圈匝数多且线径细，这种电磁铁应用较为广泛。

串联电磁铁的线圈与负载串联，反应的是电流量，其线圈称为串联线圈或电流线圈。其阻抗要求小，故其匝数少且导线粗，应用较少。

（3）按衔铁的运动方式，可分为直动式和转动式电磁铁两大类。图 8-5 中（a）（f）为转动式，其余均为直动式。

（4）按磁系统的结构形状，可分为 U 形、E 形和螺管形。图 8-5 中（a）和（g）为 U 形，（b）和（c）为螺管形，（d）、（e）、（f）均为 E 形。

三、电空驱动装置

电磁驱动装置的电磁吸力随气隙的增加而下降，因此在需要长行程、大驱动力的场合，用电磁驱动装置就不适宜了。这时，可以采用电空驱动装置。电空驱动装置是一种以电空阀（电磁阀）控制的压缩空气作为动力，驱使触头按规定动作的执行机构。其特点是驱动力大、行程长。它主要由电空阀和压缩空气驱动装置组成。

1. 电空阀

电空阀是借电磁吸力来控制压缩空气管路的导通或关断，从而达到远距离控制气动器械的目的。

电空阀按工作原理分有开式和闭式两种，但从结构来说都由电磁机构和气阀两部分组成，工作原理也类似。本书中主要介绍闭式电空阀。

闭式电空阀是电力机车上应用较多的一种，其原理结构如图 8-6 所示。

其工作原理：当线圈有电时，衔铁吸合，阀杆动作，使上阀门关闭，下阀门打开，关断了驱动气缸和大气的通路，打开了气源和驱动气缸的通路，压缩空气从气源经电空阀进入驱动气缸，推动气动器械动作。当线圈失电时，衔铁在反力弹簧作用下打开，带动阀杆上移，使下阀门关闭，上阀门打开，关断了气源和驱动气缸的通路，打开了驱动气缸与大气的通路，驱动气缸的压缩空气经电空阀排向大气，气动器

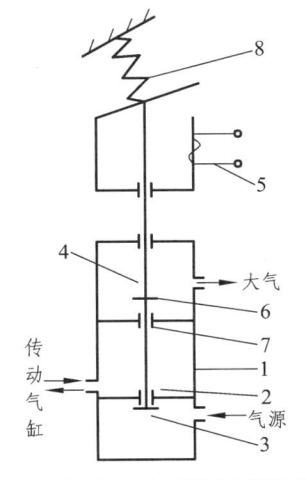

图 8-6　闭式电空阀的原理结构图

1—阀体；2—下阀门；3、6—阀块；
4—阀杆；5—电磁铁；7—上阀门；
8—反力弹簧

械恢复原状。其实际结构如图 8-7 所示。

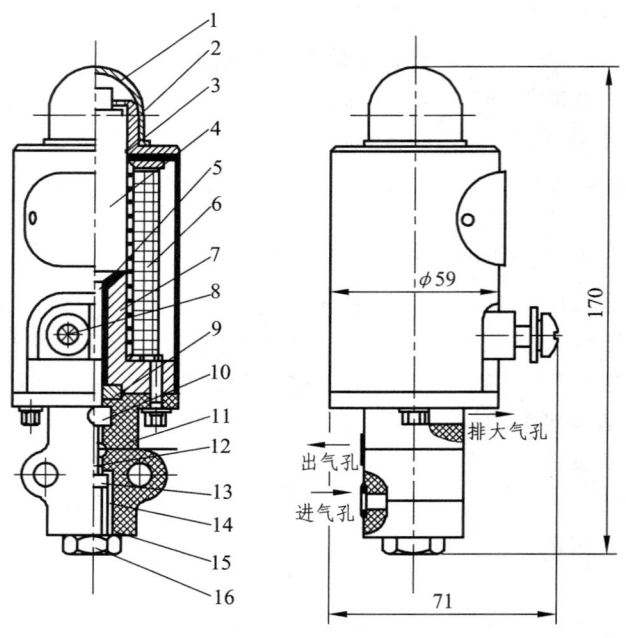

图 8-7　TFK1B 型电空阀结构简图

1—防尘罩；2—磁轭；3—铜套；4—动铁芯；5—心杆；6—线圈；7—铁芯座；8—接线座；
9—滑道；10—上阀门；11—阀座；12—阀杆；13—下阀门；14—弹簧；
15—密封垫；16—螺母

在电力机车上，闭式电空阀应用较多。

TFK1B-110 型电空阀主要技术参数如下：

额定气压：500 kPa；　　　　　　　额定电压：DC 110 V；

最小动作电压 $0.7U_H$（77 V）；　　阀杆行程：1.0 mm ± 0.2 mm；

铁芯气隙：1.9~0.2mm；　　　　　线圈线径：$\phi 0.23$ mm；

线圈匝数：13 000 匝；　　　　　　线圈阻值：938^{+75}_{-45} Ω。

2．压缩空气驱动装置

压缩空气驱动装置有气缸式驱动和薄膜式驱动两种。

1）气缸驱动装置

（1）单活塞压缩空气驱动装置。

其原理结构如图 8-8（a）所示。

其工作原理是：当电空阀有电时，其控制的压缩空气进入驱动气缸，推动活塞，压缩弹簧，使活塞杆右移，带动触头闭合。当电空阀失电时，其控制的气源被关断，在弹簧的作用下，推动活塞，带动活塞杆左移，使触头打开。

通常活塞由皮碗或耐油橡胶制成，活塞上涂有机油，以减少摩擦力并具有良好的密封性能。

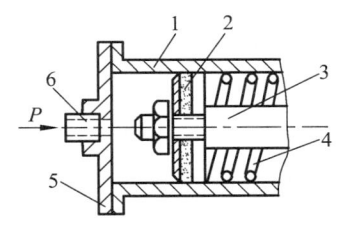 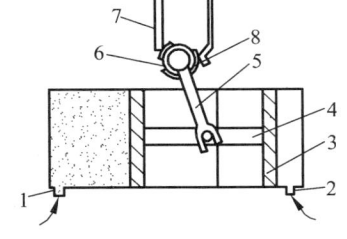

（a）单活塞气缸驱动装置　　　　　　（b）双活塞压缩空气驱动装置示意图

1—气缸；2—活塞；3—活塞杆；4—弹簧；　　1、2—气口；3—活塞；4—活塞杆；5—曲柄；
5—气缸盖；6—进气孔　　　　　　　　　6—转鼓；7—静触头；8—动触头

图 8-8　气缸式驱动装置

该种驱动方式的优点是工作行程可以选择，以满足开距和超程的要求。缺点是摩擦力较大，动作较慢。

（2）双活塞气缸驱动装置。

其原理结构如图 8-8（b）所示。

其工作原理是：当气孔 1 开通气源、气孔 2 通向大气时，压缩空气驱动活塞右移。当气孔 2 开通气源，气孔 1 通向大气时，活塞则反向转动。

其特点是：所控制的行程受一定限制，且对被控制的触头不具有压力的传递，所以应用较少。

2）薄膜驱动装置

其原理结构如图 8-9 所示，实际结构如图 8-10 所示。

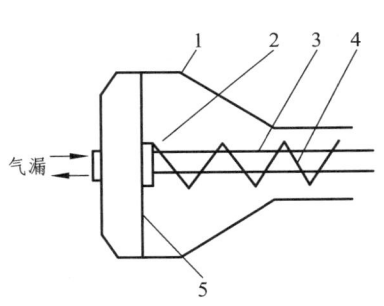 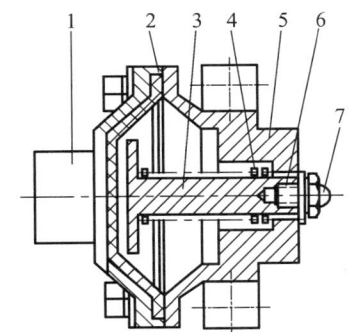

图 8-9　薄膜驱动装置原理结构图　　　　图 8-10　薄膜驱动装置

1—阀体；2—活塞；3—活塞杆；　　　1—气缸盖；2—弹性薄膜；3—活塞杆；
4—开断弹簧；5—橡胶薄膜　　　　　4—复原弹簧；5—气缸座；
　　　　　　　　　　　　　　　　6—衬套；7—杆头

其工作原理是：当气孔进入压缩空气时，压迫薄膜，克服弹簧张力，使活塞杆右移，带动触头动作。反之，则触头在弹簧的作用下打开。

其特点是：动作灵活，摩擦力和磨损较小。加工制作及维修方便。但活塞杆行程小，在低温条件下，薄膜易开裂，需经常更换。

第三节　电弧及灭弧方法

当电器的动触头、静触头开断具有一定的电压和电流电路的瞬间，随着接触面积的减小，引起电流密度和接触电阻增大，使触头表面温度大大升高，形成电子热发射，导致触头间空气电离，形成电弧。电弧是一种放电现象，产生高温会烧毁触头。为了触头的正常工作，必须及时快速的熄灭电弧，拉长并迅速冷却是熄灭电弧的主要手段。下面主要介绍灭弧方法和灭弧装置。

一、机械力拉长电弧

电弧沿轴向拉长的情况是很多的，电器触头分断过程实际上就是将电弧不断地拉长。刀开关中闸刀的拉开也拉长电弧，电焊过程中将焊钳提高可使电弧拉长并熄灭。

1. 回路电动力拉长

载流导体之间会产生电动力，如果把电弧看作一根软导体，那么它受到电动力后就会发生变形，即拉长。如图 8-11 所示，在一对桥式双断点结构形式的触头断开时，电弧受回路电动力 F 的作用被横向拉长。横向拉长时电弧与周围介质发生相对运动而加强了冷却，这样就加速了电弧的熄灭。有时为了使磁场集中，在触头上添加磁性片 6，以增大吹弧力，如图 8-11（b）所示。

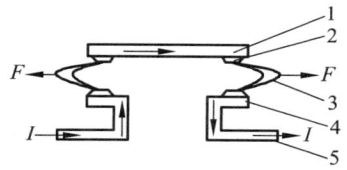
（a）常用触头回路电动力吹弧

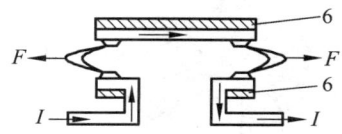
（b）增磁型触头回路电动力吹弧

图 8-11　触头回路电动力吹弧

1—触头桥；2—动触头；3—电弧；4—静触头；5—静触头座；6—磁性片

2. 磁吹灭弧装置

因利用回路本身灭弧的电动力不够大，电弧拉长和运动的速度都较小，所以这种方法一般仅用于小容量的电器中。开断大电流时，为了有较大的电动力而专门设置了一个产生磁场的吹弧线圈，这种利用磁场力使电弧运动而熄灭的方法称为磁吹灭弧。

如图 8-12 所示，在触头电路中串入一个磁吹线圈 1，它产生的磁通通过磁性夹板 5 引向触点周围，当动、静触头分开并产生电弧 4 时，由于磁性夹板中磁场方向与触头间电弧的轴线垂直，电弧受电动力作用向上运动，并转移到引弧角 3 上燃烧，最后被拉长熄灭。这种灭弧装置是利用电弧电流本身灭弧，电流越大，吹弧能力就越强。

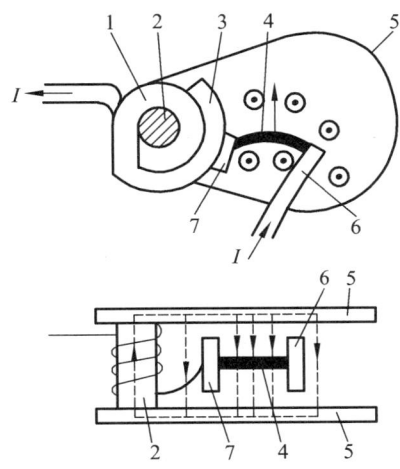

图 8-12 磁吹灭弧装置示意图

1—磁吹线圈；2—铁芯；3—引弧角；4—电弧；5—磁性夹板；6—动触头；7—静触头

二、灭弧罩

灭弧罩是让电弧与固体介质相接触，降低电弧温度，从而加速电弧熄灭的比较常用的装置。其结构形式是多种多样的，但其基本构成单元为"缝"。我们将灭弧罩壁与壁之间构成的间隙称作"缝"。根据缝的数量可分为单缝和多缝。根据缝的宽度与电弧直径之比可分为窄缝与宽缝，缝的宽度小于电弧直径的称窄缝，反之，大于电弧直径的称宽缝。根据缝的轴线与电弧轴线间的相对位置关系可分为纵缝与横缝，缝的轴线和电弧轴线相平行的称为纵缝，两者相垂直的则称为横缝。

1. 纵缝灭弧罩

图 8-13 所示为一纵向窄缝的灭弧情况，当电弧受力被拉入窄缝后，电弧与缝壁能紧密接触。在继续受力情况下，电弧在移动过程中能不断改变与缝壁接触的部位，因而冷却效果好，对熄弧有利。但是在频繁开断电流时，缝内残余的游离气体不易排出，这对熄弧不利。所以此种形式适用于操作频率不高的场合。

图 8-14 所示为一纵向宽缝的灭弧情况，宽缝灭弧罩的特点与窄缝的正好相反，冷却效果差，但排出残余游离气体的性能好。图 8-14 中所示情况是将一宽缝中又设置了若干绝缘隔

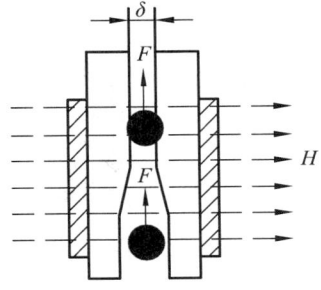

图 8-13 纵向窄缝式灭弧罩

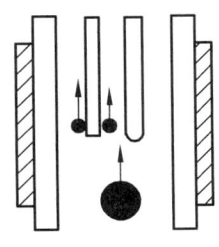

图 8-14 纵向宽缝式灭弧罩

板,这样就形成了纵向多缝。电弧进入灭弧罩后,被隔板分成两个直径较原来小的电弧,并和缝壁接触而冷却,冷却效果加强,熄弧性能提高。此外,由于缝较宽,熄弧后残存的游离气体容易排出,所以这种结构形式适用于较频繁开断的场合。

图 8-15 所示为纵向曲缝式灭弧罩的灭弧情况。纵向曲缝式又称迷宫式,它的缝壁制成凹凸相间的齿状,上下齿相互错开。同时,在电弧进入处齿长较短,越往深处,齿长越长。当电弧受到外力作用从下向上进入灭弧罩的过程中,它不仅与缝壁接触面积越来越大,而且长度也越来越长。这就加强了冷却作用,具有很强的灭弧能力。但是,也正因为缝隙越往深处越小,电弧在缝内运动时受到的阻力越来越大。所以,这种结构的灭弧罩,一定要配合以较大的让电弧运动的力,否则,其灭弧效果反而不好。

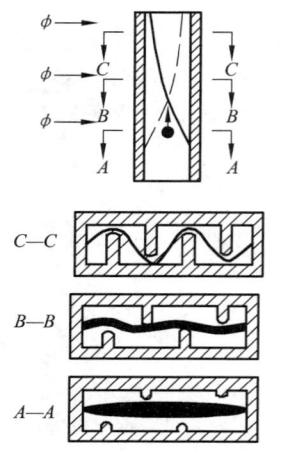

图 8-15　纵向曲缝式灭弧罩

2. 横缝灭弧罩

为了加强冷却效果,横缝灭弧罩往往以多缝的结构形式使用,也就是称为横向绝缘栅片,如图 8-16 所示。当电弧进入灭弧罩后,受到绝缘栅片的阻挡,电弧在外力作用下便发生弯曲,从而拉长了电弧,并加强了冷却。为了分析电弧与绝缘栅片接触时的情况,以图 8-17 来放大说明:设磁通方向为垂直向里,电弧 AB、BC 和 CD 段所受的电动力都使电弧压向绝缘栅片顶部,而 DE 段所受的电动力使电弧拉长,CD 段和 EF 段相互作用产生斥力。这样一些力的作用,使电弧拉长并与缝壁接触面增大而且紧密,所以能收到比较好的灭弧效果。

由于灭弧罩要受电弧高温的作用,所以对灭弧罩的材料也有一定要求,如受电弧高温作用不会因热变形、绝缘性能不能下降,机械强度好且易加工制造等。灭弧罩材料过去广泛采用石棉水泥和陶土材料。现在逐渐改为采用耐弧陶瓷和耐弧塑料,它们在耐弧性能与机械强度方面都有所提高。

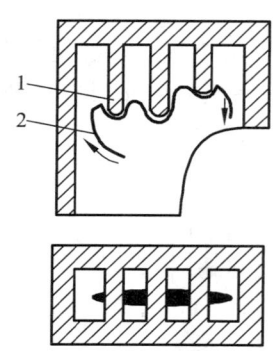

图 8-16　横向绝缘栅片式灭弧罩

1—灭弧罩;2—电弧

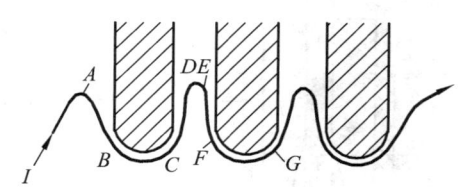

图 8-17　电弧在横向绝缘栅片灭弧罩中的放大图

三、油冷灭弧装置

油冷灭弧是将电弧置于液体介质（一般为变压器油）中，电弧将油汽化、分解而形成油气。油气中主要成分是氢，在油中以气泡的形式包围电弧。氢气具有很高的导热系数，这就使电弧的热量容易散发。另外，由于存在着温度差，所以气泡产生运动，又进一步加强了电弧的冷却。若再要提高其灭弧效果，可在油箱中加设一定机构，使电弧定向发生运动，这就是油吹灭弧。由于电弧在油中灭弧能力比大气中拉长电弧大得多，所以这种方法一般用于高压电器中，如油开关。

四、气吹灭弧装置

气吹灭弧是利用压缩空气来熄灭电弧的。压缩空气作用于电弧，可以很好地冷却电弧、提高电弧区的压力、很快带走残余的游离气体，所以有较高的灭弧性能。按照气流吹弧的方向，它可以分为横吹和纵吹两类。横吹灭弧装置的绝缘件结构复杂，电流小时横吹过强会引起很高的过电压，故已被淘汰。图 8-18 表示了纵吹（径向吹）的一种形式。压缩空气沿电弧径向吹入，然后通过动触头的喷口、内孔向大气排出，电弧的弧根能很快被吹离触头表面，因而触头接触表面不易烧损。因为压缩空气的压力与电弧本身无关，所以使用气吹灭弧时要注意熄灭小电流电弧时容易引起过电压。由于气吹灭弧的灭弧能力较强，故一般运用在高压电器中，例如韶山系列机车的空气断路器（主断路器）。

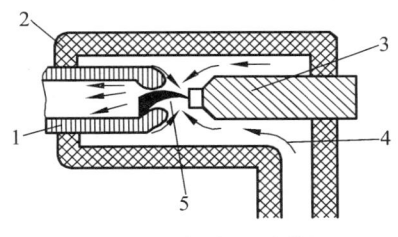

图 8-18 气吹灭弧装置

1—动触头；2—灭弧室瓷罩；3—静触头；4—压缩空气；5—电弧

五、真空灭弧装置

真空灭弧是使触头电弧的产生和熄灭在真空中进行，它是依据零点熄弧原理，以真空为熄弧介质工作的。真空灭弧的特点是耐压强度高，介质强度恢复快。

在真空中气体很稀薄，电子的自由行程远大于触头间的距离。当真空度为 10^{-5} mm 汞柱时，电子的自由行程达 43 m。自由电子在弧隙中做定向运动时几乎不会和气体分子或原子相碰撞，不会产生碰撞游离。所以将触头置于真空中，断开时产生的电弧是由于阴极发射电子和产生的金属蒸气被电离而形成的。当电弧电流接近零时，阴极发射的电子和金属蒸气减少，弧隙中残留的金属蒸气和等离子体向周围真空迅速扩散。这样，弧隙可以在数微秒之内由导电状态恢复到真空间隙的绝缘水平。因此，在真空中触头有很高的介质恢复速度、绝缘能力和分断电流的能力。

真空电弧按其电流的大小可分为扩散弧和收缩弧两种。扩散弧的电流较小（几百至几千安培），此时电弧分裂为许多并联的支弧。每一支弧有自己的阴极斑点和弧柱，阴极斑点互相排斥且均匀分布在阴极上。在电磁场的作用下阴极斑点不断地沿左旋方向运动，触头表面的平均温度较低且分布均匀。阳极此时不存在阳极斑点。阴极斑点既发射电子又产生金属蒸气。当电流接近于零值时，最终只剩下一个斑点。电流过零时，电弧自行熄灭。当扩散弧的电流增加到足够大时，阴极斑点相互聚成一团，运动速度很小甚至不再运动。阴极表面不但产生大量的金属蒸气，而且有一部分金属直接以颗粒或液滴的形式向弧隙喷射。阳极此时也出现炽热的阳极斑点且蒸发和喷射一定数量的金属，触头的电磨损迅速增加。当真空灭弧装置中出现收缩弧后，就不能再开断电路。电弧由扩散弧转变为收缩弧的电流，也就是该真空灭弧装置的极限开断电流，它随触头材料和直径大小而不同。

在开断交流电路时，当被开断的电流减小到某一数值时，扩散弧会发生电流突然被截断的现象，称之为截流。这样，在开断感性负载电流时，弧隙上将产生很高的过电压，这是使用真空灭弧装置应注意的问题。

复习思考题

1. 简述触头的分类。
2. 触头的参数有哪些？各有什么意义？
3. 对触头材料有哪些要求？
4. 电磁传动装置由哪些部分组成？
5. 简述电磁铁的组成及工作原理。
6. 说明气缸式传动装置的工作过程。
7. 试说明闭式电空阀的工作原理。
8. 常用的灭弧方法和灭弧装置有哪些？

第九章 高压电器

机车高压电器主要包括受电弓、主断路器、两位置转换开关等主型电器和避雷器等其他高压电器。高压电器主要应用于高电压、大电流的机车主电路，并且针对机车电器的特点，有的是专门为机车制造的，也称为牵引电器。

第一节 受电弓（HXD_3参考）

一、概述

电气化铁路的牵引动力是电力机车，机车本身不带能源，所需能源由电力牵引供电系统提供。牵引供电系统主要是指牵引变电所和接触网两大部分。变电所设在铁道附近，它将从发电厂经高压输电线送来的电流送到铁道上空的接触网上。接触网是向电力机车直接输送电能的设备，是电气化铁路的动脉。我国电气化铁路的牵引供电制式从一开始就采用单相工频（50 Hz）25 kV 交流制。

电力机车利用车顶的受电弓从接触网获得电能，牵引列车运行。因此，受电弓是电力机车从接触网接触导线上受取电流的一种受流装置。它通过绝缘子安装在电力机车的车顶上。当受电弓升起时，其滑板与接触网导线直接接触，从接触网导线上受取电流，通过车顶母线传送至机车内部，供机车使用。

受电弓靠滑动接触而受流，是电力机车与固定供电装置之间的连接环节，其性能的优劣直接影响到电力机车工作的可靠性。随着电力机车运行速度的不断提高，对其受流性能也提出了越来越高的要求。

其基本要求是：滑板与接触导线接触可靠；磨耗小；升、降弓时不产生过分冲击；运行中受电弓动作轻巧、平稳、动态稳定性好。

为此，在接触导线高度允许变化的范围内，要求受电弓滑板对接触导线有一定的接触压力，且升、降弓过程具有先快后慢的特点，即升弓时滑板离开底架要快，贴近接触导线要慢，以防弹跳（弹跳会产生弓网间的拉弧造成弓网的烧损）；降弓时滑板脱离接触导线要快（以防拉弧造成烧损），落在底架上要慢（防止对底架有过分的机械冲击）。

电力机车上安装有两台受电弓，正常运行时一般只升后弓，前弓备用。受电弓种类较多，本书只介绍单臂受电弓。单臂受电弓结构简单，尺寸小，质量轻，调整容易，具有良好的动特性，高速时动态跟随性及受流特性较好，故而被现代电力机车广泛采用。

目前，电力机车上采用有各种型号的受电弓，早期如 SS_4 型机车采用的 TSG1-630/25 型受电弓，现在 SS_4 型机车和 HXD_3 型机车上采用的 DSA-200 型受电弓，CRH5 型动车组采用

DSA-250 型受电弓等。各型受电弓的某些零部件虽略有不同，但其基本结构有许多相似之处。本节以 SS$_4$ 型电力机车上采用的 DSA-200 型受电弓为例加以介绍。

二、DSA-200 型受电弓

DSA-200 型单臂受电弓是由大同电力机车有限公司生产的国产化产品，属于气囊式的，是目前国内新产机车的首选型号。设计时速 200 km/h，使用时速度可根据需要进行调节，适用于各等级的电动车辆及电力机车。

1. DSA-200 型单臂受电弓结构及主要部件作用

DSA-200 型单臂受电弓的结构如图 9-1 所示，主要由底架、阻尼器、升弓装置、下臂、弓装配、下导杆、上臂、上导杆、弓头、滑板及升弓气源控制阀板等机构组成。升弓装置安装在底架上，通过钢丝绳作用于下臂。上臂和弓头由较轻的铝合金材料结构设计而成，保证了良好的弓网动力学性能。

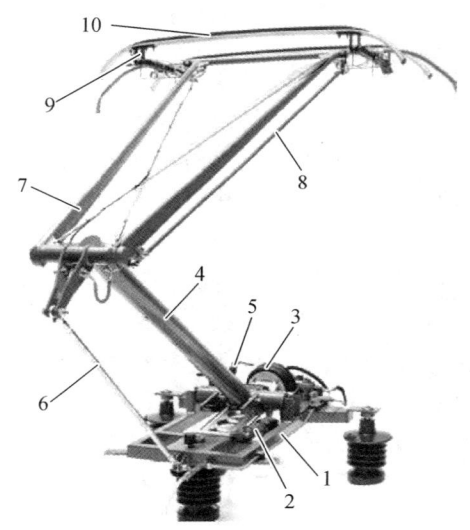

图 9-1　受电弓结构图

1—底架；2—阻尼器；3—升弓装置；4—下臂；5—弓装配；6—下导杆；
7—上臂；8—上导杆；9—弓头；10—滑板

1）底　架

受电弓的刚性底架由型材组焊而成，是整个受电弓的基座部分。通过支持绝缘子和 3 个安装座将受电弓安装到车顶上，结构如图 9-2 所示。底架上有 3 个电源引线连接点和升弓用气路，还装有 ADD（自动降弓装置）用快速排气阀、ADD 试验阀和 ADD 关闭阀。

快速排气阀用于检测气路压力。当滑板发生破裂时，快速排气阀将排除受电弓升弓装置中的空气，实现自动降弓。ADD 试验阀可以人为检测自动降弓装置是否有效。当自动降弓装置本身发生故障时，可通过自动降弓关闭阀停止该装置的运行。

第九章 高压电器

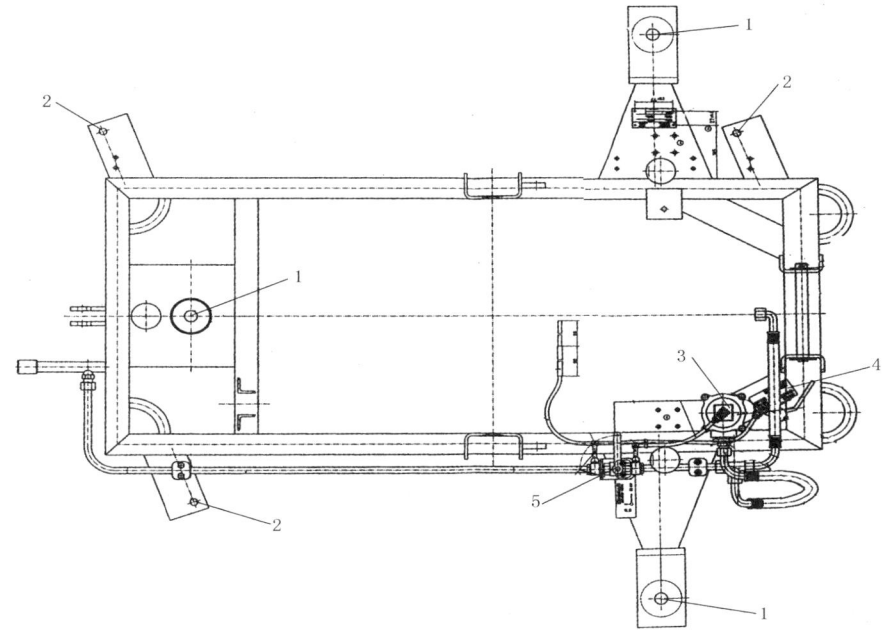

图 9-2 底架结构图

1—安装座；2—电源引线连接点；3—自动降弓用快速排气阀；4—试验阀；5—自动降弓用关闭阀

2）铰链机构

DSA-200 型受电弓的铰链机构由两个四铰链机构组成（见图 9-1）。下部四铰链机构由下臂、上臂的 T 形部分、下导杆和底架组成，其作用是当下臂转动角 ϕ 角度时使弓头上升或下降并保持其运动轨迹基本上为一铅垂线。下臂结构如图 9-3 所示。上部四铰链机构由上臂框架部分、弓头导杆及弓头支架组成，其作用是使滑板在整个运动高度保持水平状态。

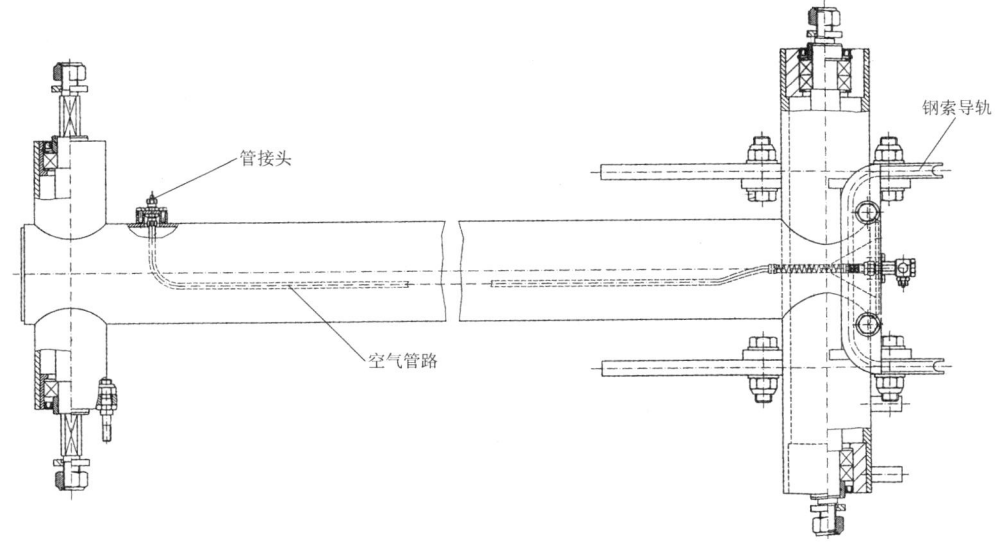

图 9-3 下臂结构图

下臂为钢管，如图 9-3 所示，支承受电弓质量，传递升降弓力矩，其长度决定了受电弓的工作高度。其一端固定在底架上，另一端通过铰链和上臂相连。其上设有钢索导轨，通过钢索和升弓装置相连，升弓装置带动下臂绕轴转动。其内有空气管路，通过管接头和软管连接，作为自动降弓装置气的路。下导杆分别接在上臂一端和底架上，用于调整最大升弓高度和滑板运动轨迹。上臂为铝合金框架，用于支承弓头质量，传递向上压力，保证受电弓工作高度。上导杆一端接在下臂，另一端接在弓头支架的幅板下方，其作用是调整滑板在各运动高度均处于水平位置。

3）弓头部分

弓头安装在受电弓框架的顶端，直接与接触网接触，汇集电流。两个滑板座与两个幅板相连，组成相对坚固的弓头支架。弓头支架垂悬在 4 个拉簧下方，两个横向弹簧安装在弓头和上臂间，滑板安装在弓头支架上。这种结构使滑板在机车运行方向上移动灵活，而且能够缓冲各方向上的冲击，达到保护滑板的目的。滑板应满足结实、耐磨、电阻率低、密度小的特点，DSA-200 型受电弓滑板采用整体碳滑板，碳条高度 22 mm，极限尺寸 5 mm，滑板中有气腔，通有压缩空气，如果滑板出现磨损到限或断裂时，自动降弓装置发生作用，受电弓会迅速自动降下。更换滑板后，要重新启动自动降弓装置（见图 9-4）。

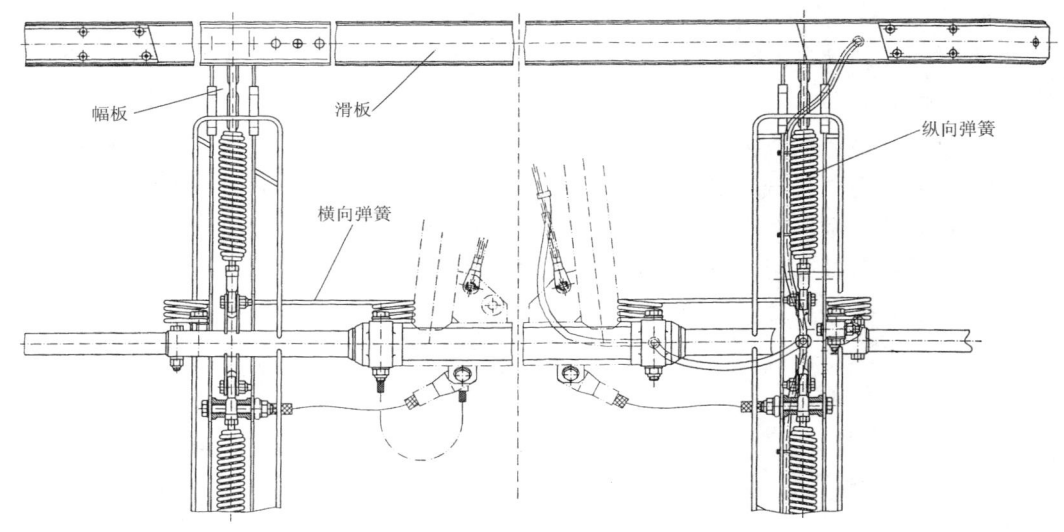

图 9-4　弓头部分

4）升弓装置

如图 9-5 所示，升弓装置是受电弓的动力装置，由气囊式气缸和导盘组成，其导盘通过钢索连接在下臂钢索轨道上，进气时气囊胀大，推动导盘向其前方运动，导盘和钢索轨道间拉紧的钢索带动下臂绕轴向上转动，受电弓升起。排气时气囊式气缸回缩，受电弓降弓。

5）升弓气源控制阀组

升弓气源控制阀板（见图 9-6）安装在机车控制电器柜及Ⅱ端机械室空气压缩机组后面的侧墙上，用于调节受电弓升降弓时间和静态接触压力等参数。其中空气过滤器 1 可提高升弓气源的质量；可调节流阀 2 可限制升弓速度；调压阀 3 用于调节受电弓工作压力，精确度

为 ±0.02 bar（20 kPa），每 0.1 bar（10 kPa）的压力变化将导致 10 N 的接触力变化。压力表 4 可显示工作压力并对其进行粗略控制，可调节流阀 5 可以限制降弓速度。如果调压阀 3 出现故障，则由排气阀 6 限制压力。

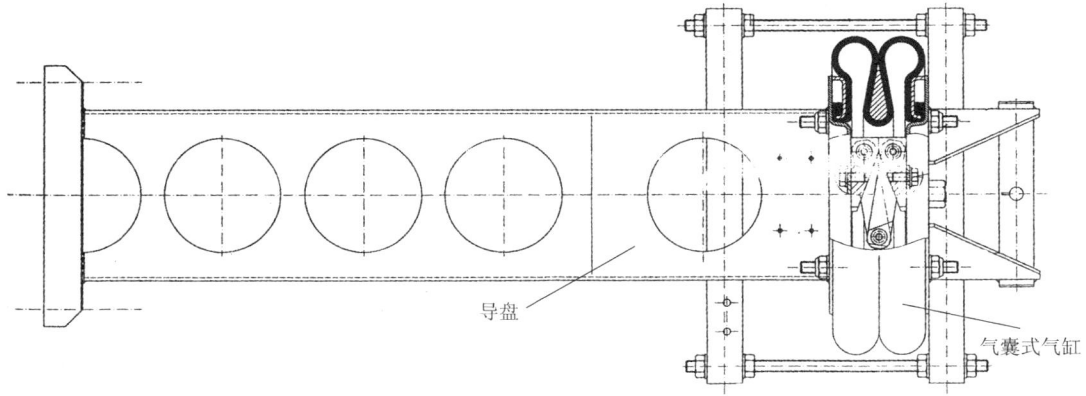

图 9-5　升弓装置的结构图

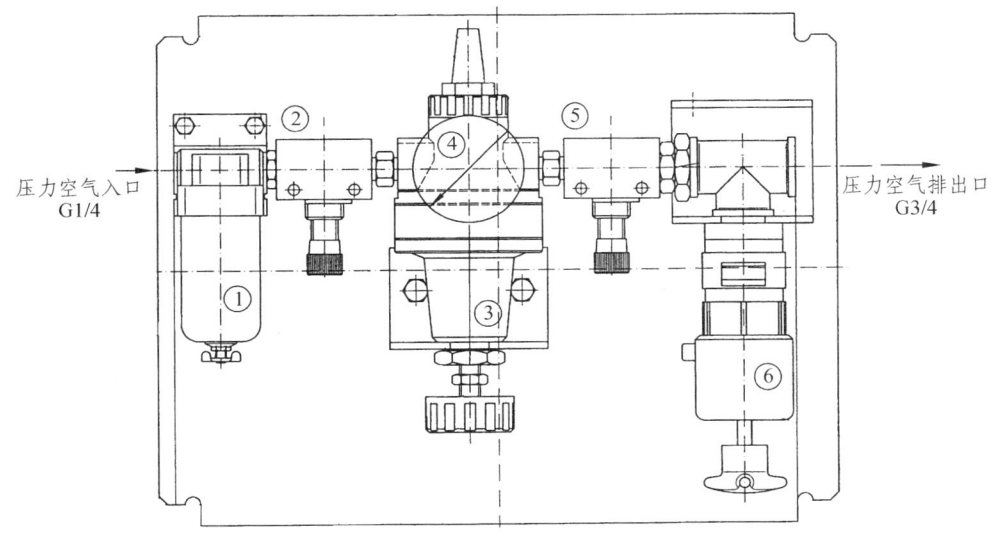

图 9-6　升弓气源控制阀组

1—空气过滤器；2—可调节流阀（用于调节升弓时间）；3—调压阀；4—压力表；
5—可调节流阀（用于调节降弓时间）；6—排气阀

6）阻尼器

阻尼器装在底架和下臂之间，它使得机车运行速度变化大时受电弓和接触网压力变化不大。阻尼器包括防护套、防尘盖、安装座和锁紧螺母。安装时通过锁紧螺母可调节并锁定阻尼器的长度。

2. DSA-200 型单臂受电弓的动作原理

受电弓升气动原理图如图 9-7 所示。

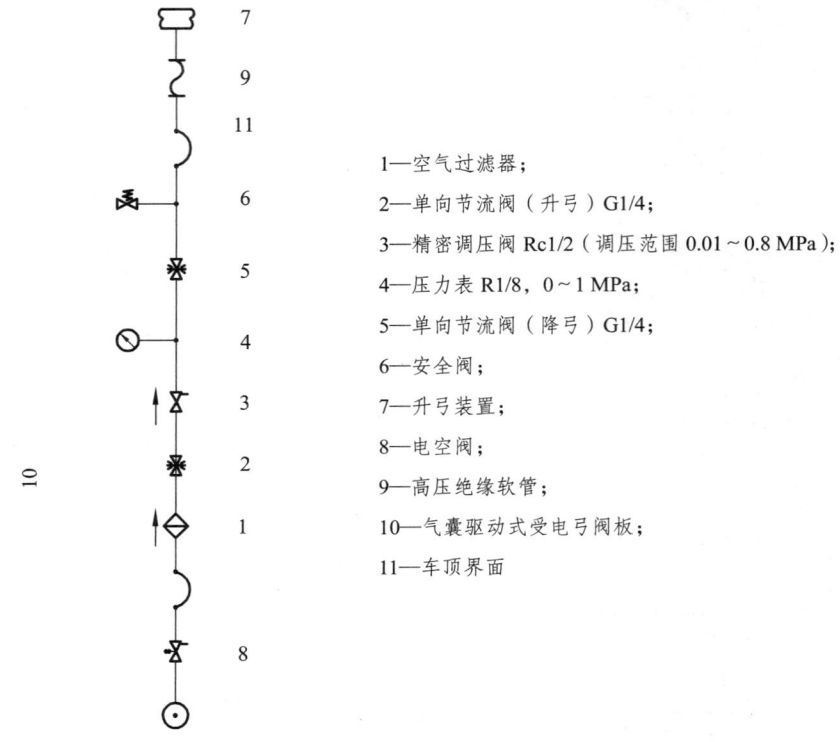

图 9-7 受电弓气动原理图

1—空气过滤器；
2—单向节流阀（升弓）G1/4；
3—精密调压阀 Rc1/2（调压范围 0.01~0.8 MPa）；
4—压力表 R1/8，0~1 MPa；
5—单向节流阀（降弓）G1/4；
6—安全阀；
7—升弓装置；
8—电空阀；
9—高压绝缘软管；
10—气囊驱动式受电弓阀板；
11—车顶界面

1）升弓原理

升弓时，司机将受电弓扳键开关扳至"升"位，控制受电弓电空阀，使压缩空气通过电空阀 8 流经由空气过滤器 1、升弓用单向节流阀 2、精密调压阀 3、压力表 4、降弓用单向节流阀 5、安全阀 6 组成的受电弓气源阀板和高压绝缘软管 9 进入车顶受电弓升弓装置。气囊充气，推动导盘前移，通过钢索带动下臂绕轴顺时针旋转，此时上臂在推杆的作用下逆时针转动，使受电弓弓头升起。

调节节流阀 2 可以调整升弓时间，调压阀 3 可以调整滑板对接触网的压力。

2）降弓原理

降弓时，司机将受电弓扳键开关扳到"降"位，控制受电弓电空阀使气路与大气接通，气囊收缩，下臂作逆时针转动，最终使受电弓弓头降到落弓位。

调节节流阀 5 可调整降弓时间。

3）自动降弓装置工作原理

自动降弓装置（ADD）的作用是为保证当滑板断裂或磨损到限时，与接触网接触的受电弓能自动下落，从而避免接触网和受电弓的损坏。其工作原理如图 9-8 所示。

自动降弓装置由快速排气阀、自动降弓关闭阀、试验阀及相应气路组成。

升弓压缩空气在进入升弓装置的同时，还有一路进入自动降弓装置，经快速排气阀、自动降弓关闭阀及下臂中气路、上臂或软管气路至受电弓滑板座下部。滑板的碳边缘设有一个通道，里面充有来自受电弓供气系统的空气。当受电弓的自动降弓功能处于开启状态（ADD

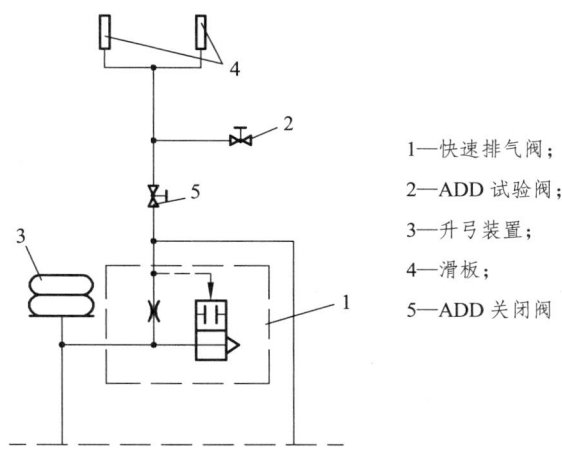

图 9-8 自动降弓装置（ADD）原理图

1—快速排气阀；
2—ADD 试验阀；
3—升弓装置；
4—滑板；
5—ADD 关闭阀

关闭阀打在"开"位）且受电弓升起时，若机车行驶过程中，滑板破裂或磨损到限，控制管路内的压缩空气经滑板的破损处排入大气，控制管路内的气压下降并控制快速排气阀打开，气囊式气缸内的压缩空气直接由快速排气阀排入大气，使受电弓快速下降，从而实现弓网故障时快速自动降弓的功能。

3. DSA-200 型单臂受电弓的主要技术参数

额定工作电压	25 kV
额定工作电流	1 000 A
设计速度	200 km/h
静态接触压力（不带阻尼器）	70 N ± 10 N
升弓驱动方式	气囊装置
动态自动降弓时间	1.2 s（离开网线 150 mm）
从 0～2 m 间升弓时间	小于 5.4 s
从 2～0 m 间降弓时间	小于 4 s
最低工作高度（包括绝缘子）	888 mm
最高工作高度（包括绝缘子）	2 800 mm
最大升弓高度（包括绝缘子）	3 081 mm
折叠高度（包括绝缘子）	588 mm
集电头总长度	1 950 mm
集电头宽度	580 mm
滑板总长度	1 576 mm
碳滑板	1 250 mm
输入空气压力	0.4～1 MPa
接触压力为 70 N 时空气压力	0.36～0.38 MPa

4. DSA-200 型单臂受电弓的维护

1）注意事项

以下工作必须要由专业技术人员和乘务员承担。在任何情况下，必须采取必要的安全和防护措施。

（1）在车顶工作时，必须切断接触网线供电电源。

（2）受电弓升弓时，应确保压缩空气供应无意外故障发生。因为一旦压缩空气供应发生故障，受电弓就会下降，可能造成受电弓臂底下人员的人身伤害。

（3）维修时，需用约 0.9 m 长的木棒支撑在底架和上交叉管间。

2）DSA-200 型单臂受电弓的基本调试

受电弓的基本调试包括静态接触压力和升降弓时间的调整。

调试必须由两个人进行（一个人在车内或司机室内，另一个在车顶）。调试前，受电弓应进行至少 2~3 次的升弓和降弓。使用测量范围 0~100 N 的弹簧秤进行测试。

（1）调整静态接触压力（见图 9-9）。

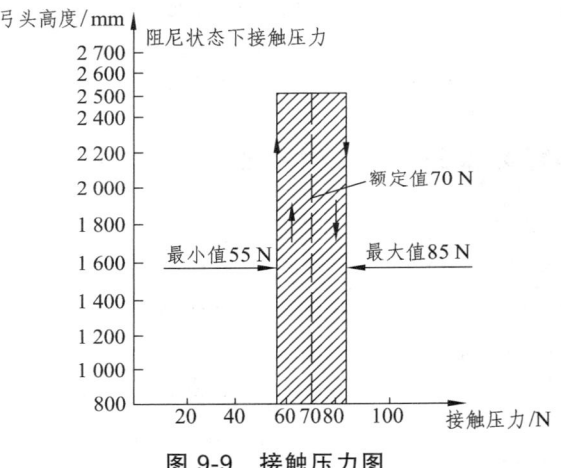

图 9-9 接触压力图

需按下列步骤进行：

① 在车内使电空阀得电，升起受电弓；

② 把弹簧秤和受电弓的上交叉管相连，如果需要的话，在上交叉管上套上绳子。

③ 调整精密调压阀使受电弓慢慢上升，在高出车顶 1.6 m 处用弹簧秤均匀阻止受电弓的上升。弹簧秤显示为 70 N 时调节好精密调压阀。

④ 拧紧精密调压阀手轮的防松螺母，固定调整的最终压力。精确调整接触压力的方法是：先通过弹簧秤使受电弓以 0.05 m/s 的速度匀速朝下运动，然后再使受电弓以相同速度匀速向上运动（上升和下降运动均是在大约 1.6 m 的高度上进行，并且每次向上或向下移动的距离为 0.5 m）。从弹簧秤上读出所测得的力，相加并平均，最终结果即平均接触压力，其值为 70 N。

注意：在图 9-9 中，向下运动时，力的最大值不超过 80±5 N，向上运动时，力的最小值不低于 60±5 N，在同一升弓高度，两个值之差都不应超过 20 N。由于滑板的磨损（重量减轻），接触压力最大可以增加 10 N，这时不必再调整压力，因为一旦安装上新的滑板时又恢复到以前接触压力值，精密调压阀上的压力表的示值能用于粗略检查，而不能用于调整校正目的。

（2）调整升弓和降弓时间。

静态接触压力调好后，通过节流阀 2 和节流阀 5 调整受电弓从降弓位到工作位置（即从降弓位升高到约 2 m）的升弓和降弓时间。

升、降弓时间是指静态接触压力及气囊压缩空气均为正常时，滑板自落弓位上升至 2 000 mm 高度（自绝缘子下平面）或自 2 000 mm 高度（自绝缘子下平面）降至落弓位所需时间。升弓时从弓头动作开始计时，升至 2 000 mm 停止计时；降弓时从弓头动作开始计时，降至落弓位停止计时。

调整升、降弓时间应满足以下要求：

① 升弓时间不大于 5.4 s；

② 降弓时间不大于 4 s；

③ 升弓时不许受电弓有任何回跳；降弓时受电弓必须有缓冲，上交叉管落于两个橡胶减振器上，允许降弓时，在降弓位调跳。

④ 如果实际操作值与规定值有偏差，那么首先应按图 9-7 所示重新调试节流阀 2 和节流阀 5。

3）自动降弓装置的试验

受电弓自动降弓装置基本调试：受电弓的 ADD 控制阀不应经常试验，在更换滑板时，检验 ADD 性能，即将受电弓升起 0.6 m，打开试验阀，受电弓应迅速降下（必须注意安全）。

工作时，ADD 控制阀必须调节到以下基本位置：

① ADD 关闭阀在"ON"（打开）位；

② ADD 试验阀在"OPERATION"（运转）位。

如果关闭阀在"OFF"（关）位，将切断试验阀功能和通往滑板的气路。

4）橡胶减振器安装位置的检测

在落弓位置，受电弓放在三个橡胶减振器上。

三个橡胶减振器承载着受电弓上、下臂和弓头，且在落弓时，有弓装配来防护弓头。

由于在车顶和受电弓底架之间存在水平差异，受电弓安装到机车上后，必须通过目测看底架上橡胶减振器是否水平。如果不平，应该通过重新调整橡胶减振器的高度来消除底架水平误差。另外，在落弓状态时，弓装配与弓头之间的间隙要为 8~12 mm，可以通过调整弓装配来实现。

要确保上臂组装的上交叉管由两个橡胶减振器均匀支撑。

支撑下臂的橡胶减振器位置应稍低于落弓位置。

三、TSG3-630/25 型单臂受电弓

1. TSG3-630/25 型单臂受电弓的基本结构及主要部件作用

SS_8 型电力机车采用 TSG3-630/25 型单臂受电弓。该弓属于弹簧式的，由底架部分、铰

链机构、弓头部分、传动机构和控制机构等组成，其外形如图9-10所示，其基本结构如图9-11所示，现分述如下。

图 9-10　TSG3-630/25 型单臂受电弓外形

1）底架部分

底架部分是整个受电弓的基座部分。底架由纵梁2和横梁12组成，用型材组焊成"T"字形。作为受电弓的基础，通过三个绝缘子固定在机车顶盖上，因此整个受电弓具有耐受一定电压的电气性能。为了使受电弓不发生变形而影响其性能，要求刚性底架有一定的机械强度。

纵梁2上组焊有推杆支座3，此外，底架上还装有两组升弓弹簧8，一套铰链机构和一副阻尼器14等部件。升弓弹簧由外圈和内圈两组弹簧套装而成，其一端与纵梁相连，另一端与下臂杆的底部相连。阻尼器用于有效地吸收机车高速运行时产生的冲击和振动，保证滑板与接触导线良好的接触，其一端与下臂杆铰链，另一端与推杆支座铰链。

2）铰链机构

铰链机构是用来实现弓头升降运动的机构。

它包括下臂杆5、上部框架15、推杆16、平衡杆18、中间铰链座17等。这些部件由无缝钢管组焊而成，通过铰链座铰链，各铰链处都装有滚动轴承，并采用金属软编织线进行短接，防止电流对轴承的电蚀。

上部框架15的一端与弓头弹簧盒10的上铰链用螺栓连接，另一端借助于压板用螺栓装在中间铰链座17上。

上部框架上还装有平衡杆18，其功能是保证弓头滑板面在受电弓整个工作高度范围内，始终保持水平状态。

下臂杆5用无缝钢管组焊成"T"字形构件，在转轴13一端有两组升弓弹簧8，与升弓弹簧连接的挂绳7紧贴着弧形调整板6，这样受电弓在工作高度范围内，尽管升弓弹簧拉力有变化，但所产生的升弓转矩，足以维持弓头的接触压力基本不变。阻尼器14一端与下臂杆5铰链，另一端与推杆支座3铰链，当机车高速运行时，弓头滑板与接触导线跟随性更好。

调节螺栓4的伸出量，便可改变弧形调整板6上的倾角，也就改变了压力特性的摆动趋向。

3）弓头部分

弓头部分由滑板框架、羊角、滑板、弹簧盒、固体润滑剂等组成，如图9-11（c）所示。

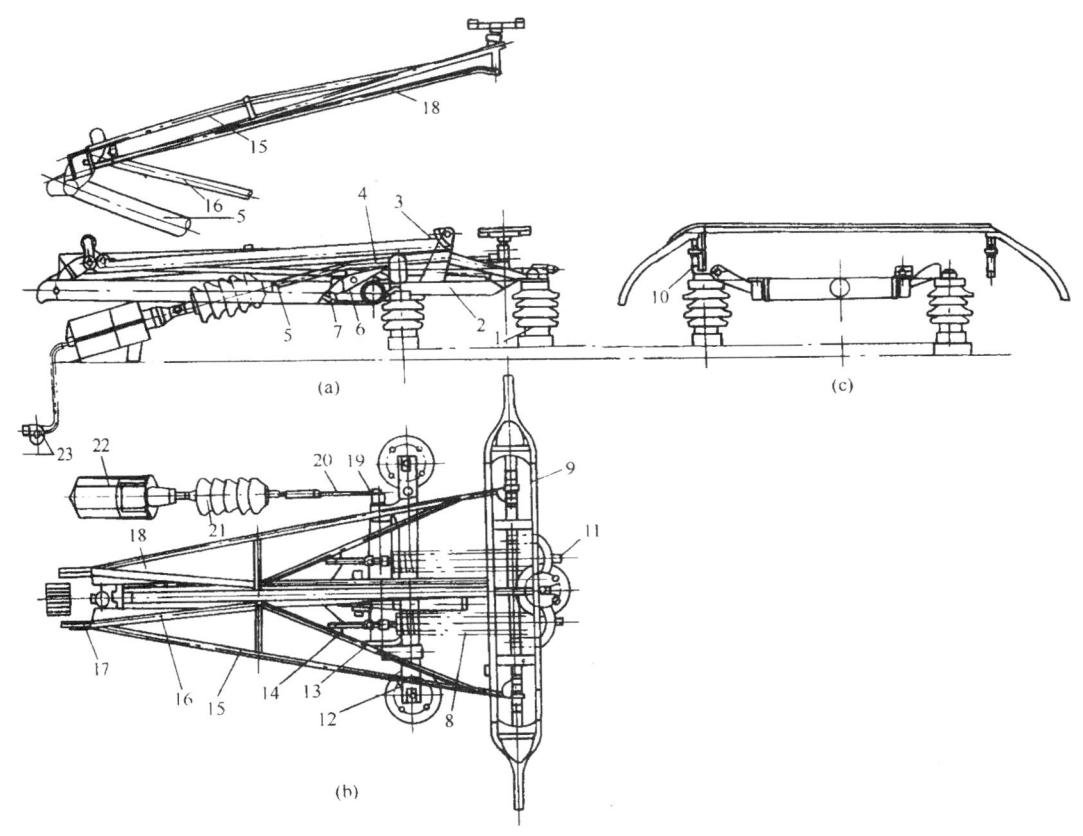

图9-11 TSG3-630/25型单臂受电弓结构简图

1—绝缘子；2—纵梁；3—推杆支座；4—调整螺栓；5—下臂杆；6—弧形调整板；7—挂绳；8—升弓弹簧；9—弓头；10—弹簧盒；11—升弓弹簧调整杆；12—横梁；13—转轴；14—阻尼器；15—上部框架；16—推杆；17—中间铰链座；18—平衡杆；19—转臂；20—U形连杆；21—连杆绝缘子；22—传动气缸；23—缓冲阀

滑板框架用钢板压制后镀锌而成，羊角为铸铝件。羊角与滑板框架组装，连接成整个弓头外形。在滑板框架上装有两排粉末冶金滑板和两排固体润滑剂。

滑板是直接与接触导线接触受流的部件，它是受电弓故障率较高的部件之一，最常见的故障是磨耗到限和拉槽。目前采用的滑板有碳滑板、钢滑板、铝包碳滑板、粉末冶金滑板等。其中，碳滑板较软，滑板自身磨耗较大，需经常更换，适用于铜接触导线；钢滑板较硬，对接触网磨耗较大，适用于钢铝接触导线；粉末冶金滑板的主要成分是铁、铜和润滑油，它有较好的自润滑性和一定的机械强度，电阻率也较小，与接触网导线接触受流性能良好，既能同时适用于铜接触导线和钢铝接触导线，又有助于减少因滑板损坏而造成的刮弓事故，是目前较为理想的滑板。SS_8 型电力机车上采用的 TSG3-630/25 型单臂受电弓使用的就是粉末冶金滑板，其初始厚度为 10 mm，磨损至 3 mm 后必须更换。

弹簧盒使弓头与铰链机构进行弹性连接，保证机车运行时弓头能随着接触网导线高度和弛度的变化而作前后点头、上下动作，以便改善受流质量。

4）传动机构

传动机构用来传递力矩，实现对受电弓的升、降运动的控制，它与受电弓为电绝缘。

传动机构由传动气缸 22、连杆绝缘子 21、U 形连杆 20、转臂 19 等组成。连杆绝缘子连接在传动气缸与 U 形连杆之间，U 形连杆与转臂连接，转臂再与下臂杆转轴连接在一起。

传动气缸是受电弓的动力装置，进气时升弓，排气时降弓，其缸体与水平面呈 15° 仰角，安装在机车顶盖上，如图 9-11 所示。

5）控制机构

控制机构实现对受电弓升、降弓运动的控制。

TSG3-630/25 型受电弓的控制机构由缓冲阀和升弓电空阀组成，安装在机车内部，以便在机车内部调整升、降弓时间。

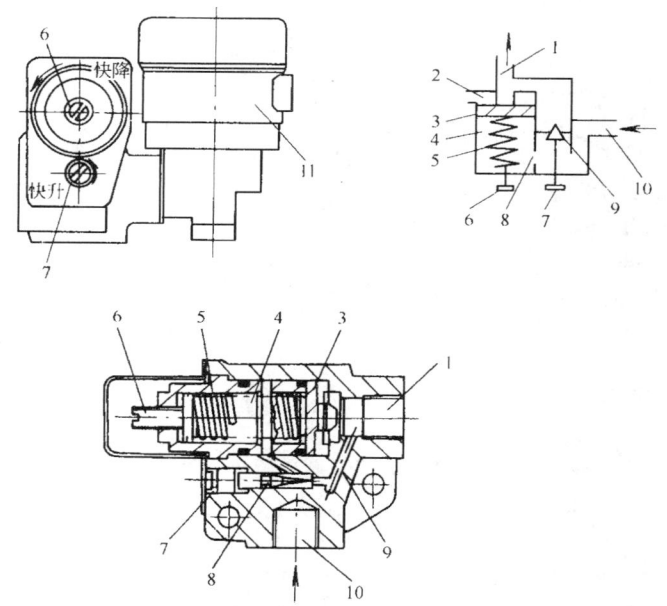

图 9-12 缓冲阀结构示意图

1—缓冲阀排气口；2—快排阀快排口；3—快排阀活塞；4—气室；5—快排阀反力弹簧；6—快排阀调节螺钉；7—节流阀调节螺钉；8、9—暗道；10—进气口；11—电空阀

缓冲阀实际上是一个流量控制阀，它通过改变通流管路的截面大小来调节气流量，满足受电弓升、降弓过程先快后慢的动作要求，减小对接触网和车顶的冲击和振动，避免降弓时的拉弧现象。它由快排阀和节流阀两部分组成，如图 9-12 所示，主要包括气室 4、快排阀活塞 3、快排阀反力弹簧 5、快排阀调节螺钉 6、节流阀调节螺钉 7、暗道 8 和 9 等部件。缓冲阀的进气

口 10 与升弓电空阀下方的进气口相连,压缩空气经缓冲阀阀体内的小孔,通过不同截面的暗道,分别送入节流阀和快排阀。缓冲阀的排气口 1 与受电弓传动气缸的进风口相连。

图 9-13 分别表示了受电弓升弓、快速降弓、缓慢降弓的动作原理。

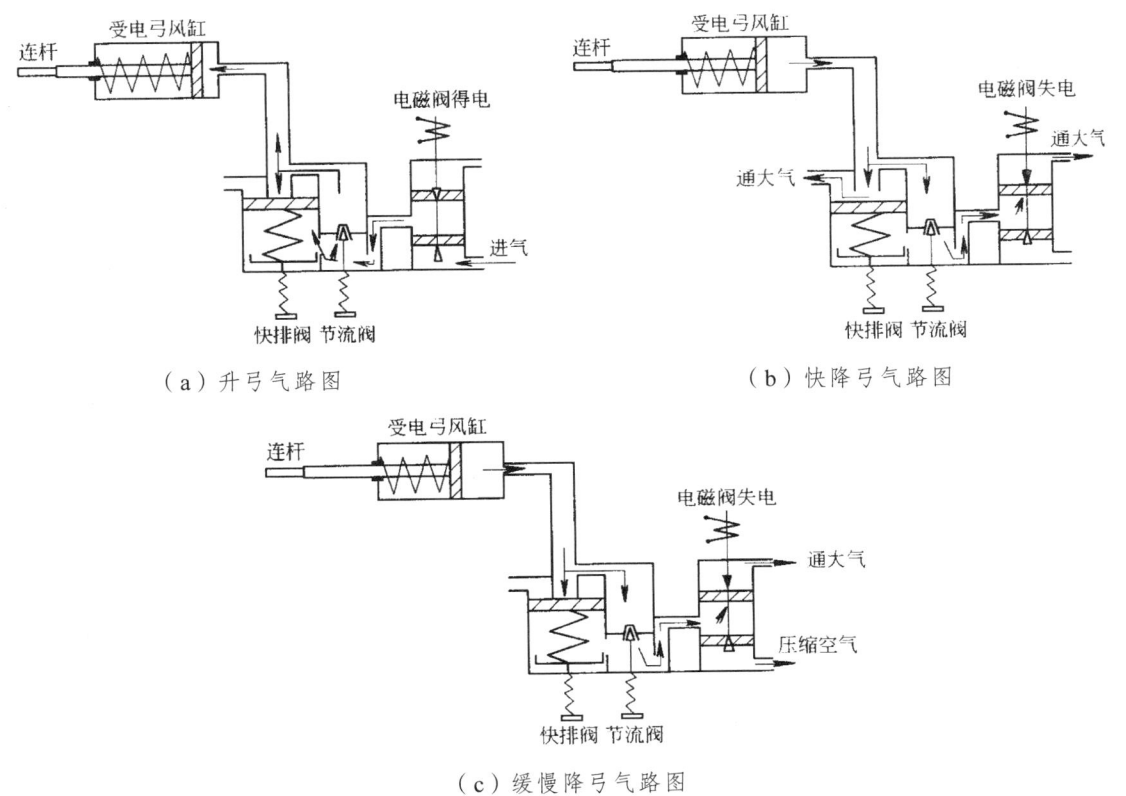

图 9-13 缓冲阀动作原理示意图

升弓过程是压缩空气压缩降弓弹簧的过程,节流阀口的大小,直接控制着压缩空气进入传动气缸的快慢。当节流阀口调好后,升弓初始,降弓弹簧的压力最小,克服该力所需要的气压较小,节流阀口的进出气压差最大,此时传动气缸中活塞的移动较快,升弓迅速;随着弓头的逐渐上升,降弓弹簧的压力逐渐增大,克服该力所需要的气压也逐渐增大,因此,节流阀口的气压差逐渐减小,进入气缸的气流逐渐减慢,升弓的速度也逐渐减慢。这就实现了受电弓升弓时先快后慢的动作要求,减小了对接触网的冲击和振动。

降弓时,电空阀失电,传动气缸内的压缩空气经节流阀、电空阀排向大气。降弓初始,传动气缸内气压较大,作用于快排阀上方的力大于快排阀下方弹簧所产生的力,快排阀阀口打开,传动气缸内的压缩空气通过快排阀阀口大量排向大气,使受电弓弓头迅速脱离接触网。随着传动气缸内气压的逐渐下降,在快排阀内弹簧作用下,快排阀阀口关闭,气缸内的残余气体从节流阀口徐徐排出,受电弓下降的速度减慢。这就保证了弓头迅速脱离接触网避免了拉弧现象,后变成缓慢下降,不会对受电弓底架和车顶产生有害冲击。

缓冲阀的阀体上有两个成锥形的调节螺钉,如图 9-12 所示,上面的是降弓时间调节螺钉,下面的是升弓时间调节螺钉。顺时针旋转升弓时间调节螺钉时,节流阀阀口进风量减小,升弓时间延长；反之，则升弓时间缩短。同理，可以调整降弓时间。

2. TSG3-630/25 型单臂受电弓的动作原理

升弓时，司机按下受电弓按键开关，升弓电空阀得电，气路打开，压缩空气经缓冲阀的节流阀进入传动气缸，推动活塞克服降弓弹簧的作用力，带动连杆绝缘子和 U 形连杆右（外）移，解除了对下臂杆的约束力，升弓弹簧拉动下臂杆和推杆顺时针转动，推杆推动铰链座和上部框架逆时针旋转，带动受电弓弓头升起。

降弓时，司机恢复受电弓按键开关，受电弓电空阀失电，供风口通大气，传动气缸内的压缩空气经快排阀、电空阀排向大气，在降弓弹簧的作用下，活塞带动 U 形连杆左（内）移，当 U 形连杆与下臂杆转轴接触后，迫使转轴向下移动，强制下臂杆做逆时针转动，最终使弓头下降到落弓位。

3. TSG3-630/25 型单臂受电弓的主要技术参数

额定工作电压 ·· 25 kV
额定工作电流 ·· 630 A
最大运行速度 ·· 170 km/h
静态接触压力 ·· （90 ± 10）N
工作高度 ·· 500 ~ 2 250 mm
最大升弓高度 ·· 2 600 mm
折叠高度 ·· 228 mm
弓头总长度 ··· 2 085 mm
滑板长度 ·· 1 250 mm
传动气缸工作气压 ·· 520 ~ 1 000 kPa
从 0 ~ 1 800 mm 间升弓时间 ······························· 6 ~ 8 s
从 1 800 ~ 0 mm 间降弓时间 ······························· 5 ~ 7 s
降弓位保持力 ·· 80 N

4. TSG3-630/25 型单臂受电弓的静特性

在静止状态下，受电弓滑板在工作高度范围内对接触网导线的压力，称为受电弓的静态接触压力。该值的大小直接影响受电弓受流的质量。静态接触压力偏小，则接触电阻增大，功率损耗增加，机车运行时易产生离线和电弧，从而导致接触导线和滑板的电磨损增加；压力偏大，则机械磨损增加，甚至造成滑板局部拉槽，进而造成接触导线弹跳拉弧，以致刮弓。因此，要求受电弓在其工作高度范围内有一个较为合适的、基本不变的接触压力，这个接触压力由受电弓机械结构和各部分参数决定。适当的静态接触压力可以使受电弓与接触网导线正常接触，减少离线，克服风和高速气流及轮轨传来的机械振动的影响，保证良好的受流特性。

受电弓的静态接触压力与工作高度之间的关系称为受电弓的静特性，它可以用受电弓的静态特性曲线来表示，如图 9-14 所示。

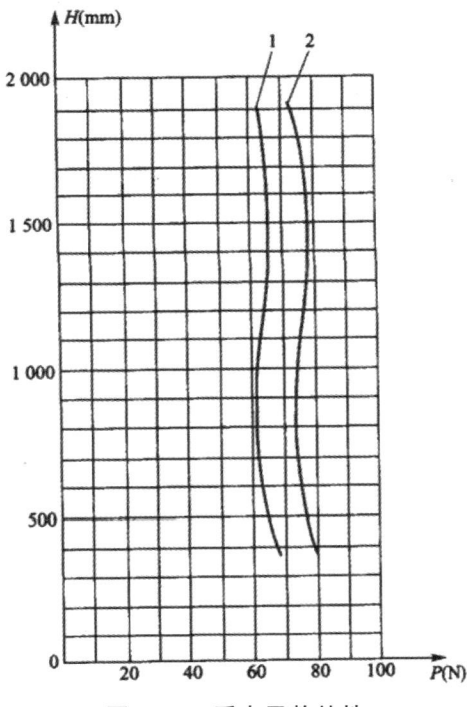

图 9-14 受电弓静特性

1—升弓特性；2—降弓特性

由图 9-14 可以看出以下两点：

（1）在工作高度范围内，受电弓的静态接触压力变化不大。这是因为产生接触压力的升弓弹簧在升弓高度变化时变形不大和弧形调整板的作用所致。

（2）受电弓上升过程与下降过程的静态特性曲线不重合。其原因是受电弓活动关节存在着摩擦力。由于该摩擦力始终与运动方向相反，因此，在升、降弓过程的静态特性曲线之间的接触压力差约为 2 倍的摩擦力。当接触网导线向下倾斜而要求弓头滑板跟随下降时，该摩擦力使接触压力增加；同理，当接触网导线向上倾斜而要求弓头滑板跟随上升时，该摩擦力使接触压力减小。所以，为了减小摩擦力，在受电弓的各铰接部分均装有滚动轴承。

5. TG3-630/25 型单臂受电弓的维护与调整

1）维 护

使用前，应检查所有的紧固件状态是否良好；软编织导线是否完整，有断股严重的应及时更换；绝缘子不允许有裂痕，并应保持其干净清洁；弓头滑板应保持平整，连接平滑，对已磨耗到限的滑板和润滑剂应及时更换。

2）调 整

调试必须由两个人来进行（一人在司机室，一人在车顶部）。在进行调试工作之前，受电弓应进行两三次升弓和降弓操作。使用专用的受电弓试验台或测量范围在 0~100 N 的弹簧秤进行测试。

(1) 静态接触压力的调整。

一般调整时，在受电弓弓头上加挂一 90 N 的重物，正常情况下，弓头在任意工作高度上应能停留。若弓头在工作高度的上限段不能停留，则应调整升弓弹簧调节螺钉，即改变升弓弹簧的变形量，加大或减小升弓力；然后检查弓头在工作高度的下限段，若弓头在工作高度的下限段不能停留，则调整螺栓，改变弧形调整板的倾角，也就是通过改变升弓弹簧组的工作高度之间的变形量来使其满足要求。

这只是粗略进行调整，精细地对静态接触压力的调整必须采用专用的实验台进行。

(2) 升、降弓时间的调整。

升、降弓时间是指在额定工作气压下，以落弓位滑板的顶部为参考点，受电弓由 0 mm 升到 1 800 mm 或由 1 800 mm 降到 0 mm 所需要的时间。

一般先调升弓时间，调整节流阀调节螺钉，通过改变节流阀口大小就可初步调整升弓时间。然后再调整快排阀调节螺钉，通过调节快排阀弹簧的压缩量，改变快排的时间长短，从而调整降弓时间。这种调试过程要反复进行多次，相互兼顾，以便满足受电弓的升、降弓时间和先快后慢的动作要求。

(3) 弓头的调整。

受电弓弓头的调整包括弓头平衡的调整和弹簧盒的调整。检查弓头在工作范围内任一高度的前后摆动量，若不为水平对称，则应调整平衡杆，通过改变平衡杆的长度，保持弓头滑板面的水平。弓头弹簧盒内装有弹簧盒杆和弓头弹簧。弹簧盒杆应上下活动自如，无阻滞现象，否则应对弓头进行详细的检查，找出影响盒杆运动的原因。因为弓头受到来自接触网上硬点的冲击，常伴随有弓头的变形，所以此项调整较为复杂。若为盒杆内弹簧的原因，则应更换弹簧。

第二节　空气主断路器

一、概　述

大家在日常生活用电中知道，家庭电路由电源、用电器及中间环节组成，中间环节通常有导线、开关和自动开关等，自动开关是家庭用电的总开关和总保护。

我们可以把电力机车与牵引供电系统的关系形象地比喻为一个电路，那么电力机车的电源的接通与切断也需要由一个专门的电器来实现。机车上实现此功能的专用电器称为主断路器。主断路器要求能够分段高电压、大电流，动作速度快。

SS_4 型电力机车主断路器连接在受电弓与主变压器原边绕组之间，安装在机车车顶中部，它是电力机车电源的总开关和机车的总保护电器。当主断路器闭合时，机车通过受电弓从接触网导线上获得电源，投入工作；当机车主电路和辅助电路发生短路、过载、接地等故障时，故障信号通过相关控制电路使主断路器自动开断，切断机车总电源，防止故障范围扩大。

主断路器属于高压断路器的一种，按其灭弧介质可分为油断路器、空气断路器、六氟化硫断路器和真空断路器等。目前，SS_{4G} 型电力机车上采用的是 TDZ1A-10/25 型空气断路器，其型号含义为：T—铁路机车；D—断路器；Z—主；1A—设计序号；10—额定电流（kA）；25—额定电压（kV）。

与其他类型的断路器相比，空气断路器具有下列优点：

（1）压缩空气具有可压缩性，对灭弧室各零部件所产生的机械应力较小；
（2）开断能力大，燃弧时间短，动作快；
（3）防爆，使用安全可靠；
（4）适用于温度变化较大的工作环境。

它的不足之处主要是：
（1）操作时噪声较大；
（2）分断能力受电压恢复速度的影响较大；
（3）在气压和分断能力一定的情况下，在分断小电感电流时，常因灭弧能力过大而产生截流过电压；
（4）结构复杂，制造工艺要求较高。

二、TDZ1A-10/25 型空气断路器的基本结构及主要部件的作用

TDZ1A-10/25 型空气断路器的外形如图 9-15 所示，其结构如图 9-16 所示。它以安装在机车车顶盖上铸铝制成的底板为界，分上、下两大部分。露在车顶上的为高压部分，主要有灭弧室 1、非线性电阻瓷瓶 2、支持瓷瓶 20、隔离开关 6 和转动瓷瓶 7 等部件。装在底板下部的为低压部分，主要有储风缸 21、主阀 18、延时阀 15、传动风缸 22、启动阀 12、辅助开关 23 等部件。

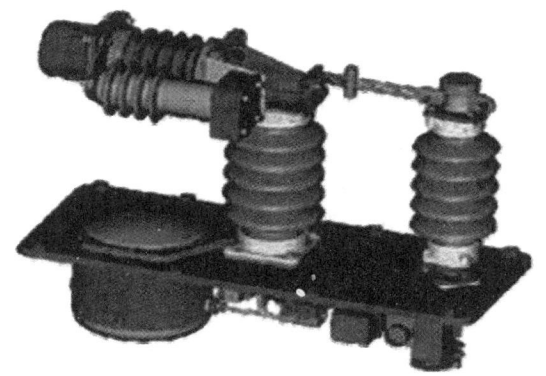

图 9-15　TDZ1A-10/25 型空气断路器外形

1. 高压部分

1）灭弧室

灭弧室的结构如图 9-17 所示，它是主断路器安装主触头、熄灭电弧的重要部件。其主体为空心瓷瓶 11，瓷瓶一端装风道接头 15，通过支持瓷瓶的中心空腔与主阀的气路相连；另一端装法兰盘 7，由此将高压电引入主断路器。

主触头装于灭弧瓷瓶内，静触头 13 的头部为球状，端部镶着耐电弧的钼块，以提高耐弧性能。它固定在风道接头 15 上，通过套筒 16 与隔离开关的静触头 17 相连。动触头 12 呈管状，其一端为工作端，工作端的管内壁做成弧形，成一"喷口"，以利于与静主触头球面有良好接触及产生良好的吹弧作用；另一端与一圆环形弹簧座 6 相贴，弹簧座接有张力较大的触头弹簧 5。弹簧座后顺次接有触头弹簧 5、缓冲垫 4、挡圈 3、网罩 1 和外罩 2。

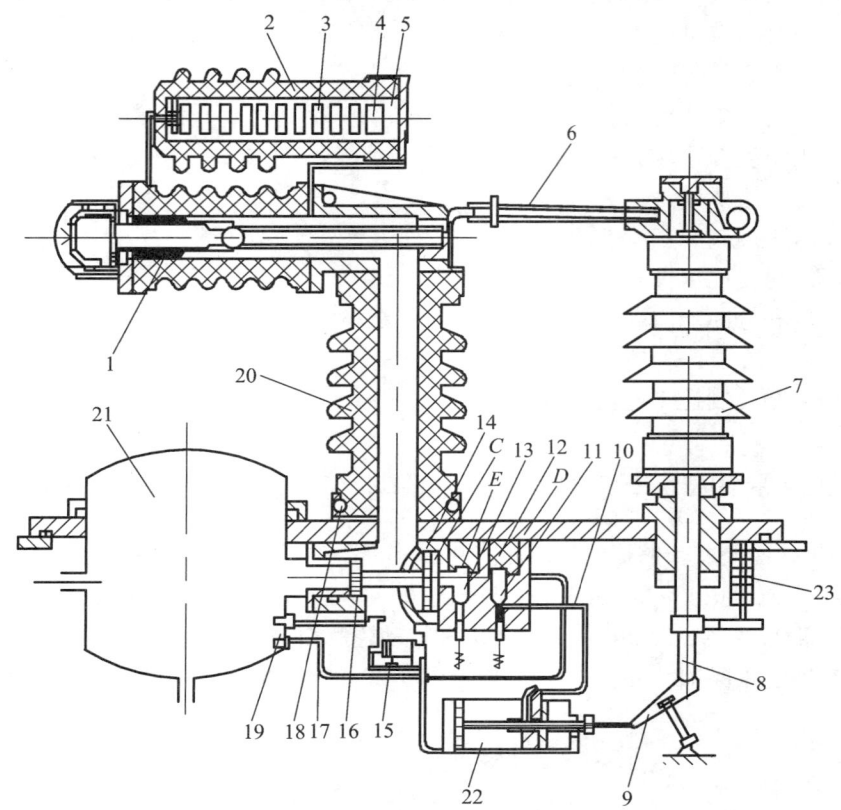

图 9-16 TDZ1A-10/25 型空气断路器

1—灭弧室；2—非线性电阻瓷瓶；3—非线性电阻；4—干燥剂；5—弹簧；6—隔离开关；7—转动瓷瓶；
8—控制轴；9—传动杠杆；10—气管；11—合闸阀杆；12—启动阀；13—分闸阀杆；
14—主阀活塞；15—延时阀；16—阀门；17—气管；18—主阀；19—塞门；
20—支持瓷瓶；21—储风缸；22—传动风缸；23—辅助开关

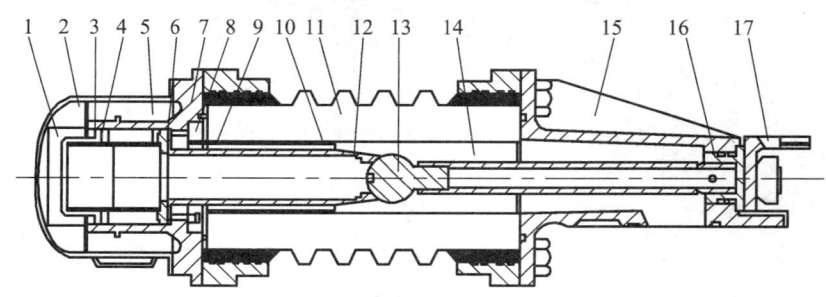

图 9-17 灭弧室

1—网罩；2—外罩；3—挡圈；4—缓冲垫；5—触头弹簧；6—弹簧座；7—法兰盘；8—固定圈；
9—导电管；10—弹簧；11—灭弧室瓷瓶；12—动触头；13—静触头；14—静触头杆；
15—风道接头；16—套筒；17—隔离开关静触头

动主触头的外面装有与它既有相对滑动也有良好电接触的导电管 9。导电管由铜管铣成多瓣形，通过弹簧 10 弹性地套装在动主触头上，其尾端固定在法兰盘 7 上。因此，从法兰盘引入的高压电源通过导电管传至动主触头。

触头弹簧 5 的张力较大，它一方面使动、静主触头间具有一定的接触压力，另一方面使动、静主触头开断后能自行恢复闭合状态。缓冲垫 4 用来缓和动主触头开断时触头弹簧 5 对挡圈 3 的撞击。网罩 1 在动主触头开断过程中起消音作用。外罩 2 用于防止外界脏物沾污主触头，其下部有排气孔。

当主断路器处于闭合状态时，主动触头在触头弹簧 5 的作用下与静触头闭合。当分闸阀得电时，压缩空气进入灭弧室，推动动主触头克服触头弹簧 5 的压力向左移动，动、静触头间产生的电弧进入主动触头"喷口"，拉长、冷却，进而强迫熄灭。废气通过网罩由外罩下方排气孔排入大气。主断路器分闸完成，压缩空气停止进入灭弧室，动主触头在触头弹簧 5 的作用下与静主触头重新闭合。

2) 非线性电阻

非线性电阻的结构如图 9-16 所示。在非线性电阻瓷瓶内，装了 10 个串联的非线性电阻片 3 和干燥剂 4 等主要部件，并联在动、静主触头两端，用以防止主断路器分闸时的过电压。非线性电阻片采用碳化硅和结合剂烧结而成，其电阻值随外加电压的升高而下降，置于空心绝缘子腔中。内部还装有干燥剂，用以防潮。为了保证非线性电阻片之间及与外部连接之间的接触压力，减小接触电阻，在其一端装设了弹簧 5。

主断路器分闸时，动、静主触头间产生电弧，在熄弧过程中，触头间的电压将急剧增加。当电压增加到一定值时，非线性电阻值迅速下降，主触头上的电流迅速转移到非线性电阻上，既可限制过电压，减小电压恢复速度，又有利于主触头上电弧的熄灭，减少触头电磨损。随着非线性电阻两端电压的降低，其阻值又迅速增大，以减小残余电流，保证隔离开关几乎在无电流下断开，提高断路器的分断可靠性。

3) 隔离开关

隔离开关结构如图 9-18 所示。它由静触头（见图 9-17 中的 17）、动触指 7、弹簧装置 6、隔离开关闸刀 1（动触杆）、法兰盘 2（下转动座）、铜滚珠 4、连接件 5（上转动座）及弹簧装置 3 等组成。

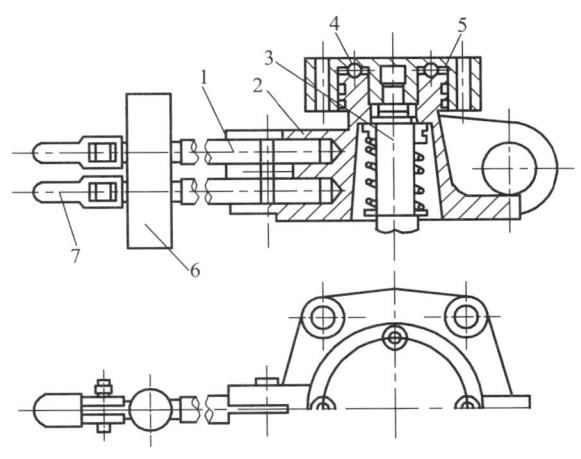

图 9-18 隔离开关

1—隔离开关闸刀；2—法兰盘；3—弹簧装置；4—铜滚珠；5—连接件；6—弹簧装置；7—触指

隔离开关静触头固定在弯接头上，它与灭弧室内的静主触头相连。其接触面有沟槽，以便与动触指良好的接触。动触杆紧固在下转动座上。动触指套装在动触杆上,并用螺钉紧固,便于在动触指磨耗到限时拆下更换,或反过面来继续使用。弹簧装置 6 设在动触杆上,用来保证动触指能夹紧隔离开关静触头,并保持一定的接触压力。下转动座、转动瓷瓶与操纵轴用螺钉固为一体。上转动座通过铜滚珠、轴承及弹簧固定在下转动座上。上、下转动座之间的铜滚珠用来减小摩擦,同时又用作上、下转动座之间的电连接。在主断路器动作过程中,连接件 5 不转动,它与变压器原边绕组相连接。

隔离开关自身不带灭弧装置,不具有分断大电流的能力,它与主触头协调动作,完成主断路器的分、合闸动作。主断路器分闸时的动作顺序是:灭弧室主触头先分断电路并在灭弧室内熄灭主动、静触头之间的电弧,隔离开关稍后延时打开隔离闸刀,之后灭弧室主触头重新闭合。此时,隔离开关保持在打开位置,从而保持主断路器处于分闸状态。即主断路器分闸时,隔离开关比主触头延时动作,待主触头断开并熄弧后再无电断开,主断路器合闸时,主触头不再动作,仅需操纵隔离开关闸刀闭合即可。

2. 低压部分

1) 启动阀

启动阀由左边的分闸阀和右边的合闸阀两部分组成,呈对称分布,如图 9-19 所示。两阀有各自的阀杆 3、弹簧 5 和密封垫 4,由各自的电磁铁控制,共用阀体 2、密封垫 1 和盖板 6。D、E、F 三个空腔分别与储风缸、主阀 C 腔、传动风缸相通。

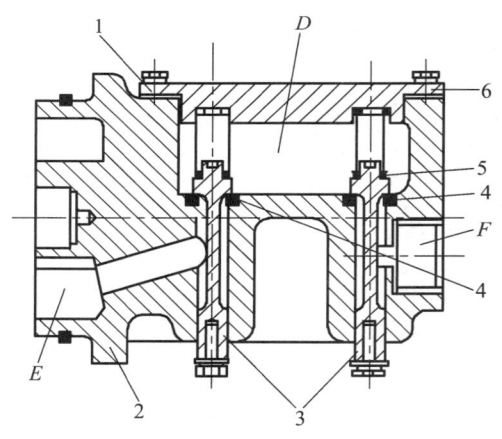

图 9-19 启动阀

1—密封垫;2—阀体;3—阀杆;4—密封垫;5—弹簧;6—盖板

当分、合闸线圈失电时,D 腔充满了来自储风缸(由塞门 19 通入)的压缩空气,分闸阀和合闸阀在弹簧 5 和 D 腔压缩空气的共同作用下处于关闭状态。

当合闸电磁铁线圈得电时,合闸电磁铁撞块撞击合闸阀阀杆,使阀杆克服弹簧 5 的作用向上移动,阀门打开,D 腔内的压缩空气由阀门经 F 腔进入传动气缸,带动主断路器闭合。F 腔内有直径为 2 mm 的排气孔,进入 D 腔的压缩空气管径为 8 mm,所以,F 腔仍能保持相当高的气压使传动气缸装置动作。

当分闸电磁铁线圈得电时,分闸电磁铁撞块撞击分闸阀阀杆,使阀杆克服弹簧 5 的作用向上移动，阀门打开，D 腔内的压缩空气由阀门经 E 腔送往主阀的 C 腔，主阀动作，带动主断路器分闸。

2）主　阀

主阀采用气动差动式结构，如图 9-20 所示。它由阀体 1、活塞 2、阀杆 3、阀盘 5、弹簧 6 等部件组成。主阀共有 5 条气路：A 腔与储风缸相连，B 腔经支持瓷瓶通向灭弧室，C 腔与启动阀的 E 腔相连，下方与延时阀进气孔相通，另有一条小气路将储风缸内少量的压缩空气由通风塞门（见图 9-16 中的 19）经主阀送入支持瓷瓶和灭弧室，保证灭弧室内始终有一个对外的正压力，防止外界潮湿空气进入灭弧室。

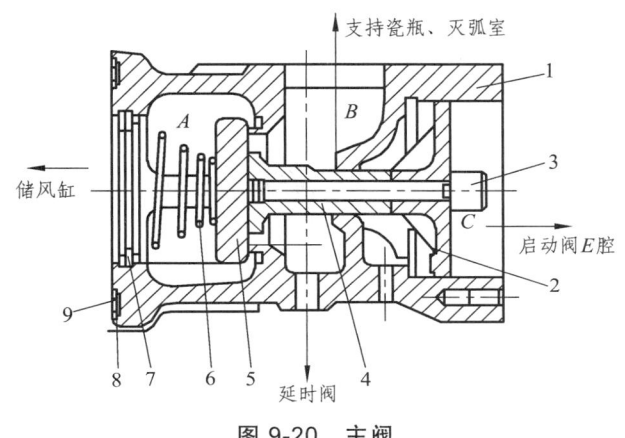

图 9-20　主阀

1—阀体；2—活塞；3—阀杆；4—滑块；5—阀盘；6—弹簧；
7—垫圈；8—挡圈；9—密封圈

当分闸电磁铁线圈失电时，在 A 腔压缩空气和弹簧 6 的共同作用下，主阀处于关闭状态。

当分闸电磁铁线圈得电时，分闸阀动作，启动阀 D 腔内的压缩空气由阀门经 E 腔送往主阀的 C 腔，虽然主阀阀盘 5 和活塞 2 两端都受到压缩空气的作用，但活塞 2 的直径大于阀盘 5 的直径，使阀杆 3 带动阀盘 5 和活塞 2 左移，主阀打开，储风缸内大量的压缩空气向上经主阀、支持瓷瓶进入灭弧室，带动主触头动作；向下送入延时阀的进气孔。

3）延时阀

延时阀的作用是使传动风缸较灭弧室滞后一定时间得到储风缸的压缩空气，确保隔离开关比主触头延时动作，无电弧开断。

延时阀的结构如图 9-21 所示。它由阀座 1、膜片 3、阀杆 4、阀体 5、阀门 6、弹簧 7、阀盖 8、调节螺钉 9 等部件组成。调节螺钉 9 用于调整进入膜片 3 下部空腔的气路大小，改变延时时间。

当延时阀进气孔无压缩空气送入时，延时阀阀门 6 在弹簧 7 的作用下处于关闭状态。

当主阀打开时，压缩空气经延时阀进气孔、阀盖 8 上的进气管路、阀体 5 上的通道、调节螺钉 9 与阀座 1 之间的间隙，进入膜片 3 下部的空腔。因为管路截面小，膜片 3 的面积大于阀门 6 的面积，膜片下部的气压经过一定时间延时达到一定压力后，足以克服弹簧 7 的作用，推动阀杆 4 向上移动，阀门 6 打开，大量的压缩空气进入传动气缸的进气孔。

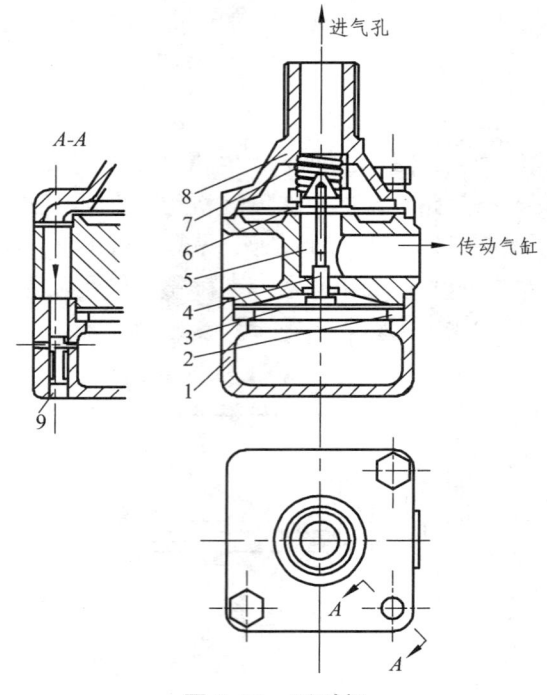

图 9-21 延时阀

1—阀座；2—密封环；3—膜片；4—阀杆；5—阀体；6—阀门；
7—弹簧；8—阀盖；9—调节螺钉

4）传动气缸

传动气缸以隔板 5 为界，分为左边的工作腔和右边的缓冲腔两大部分，如图 9-22 所示。活塞杆 3 上装有工作活塞 2、缓冲活塞 7 和套筒 1、8，连杆销 9 与图 9-16 中的传动杠杆 9、控制轴 8 相连。

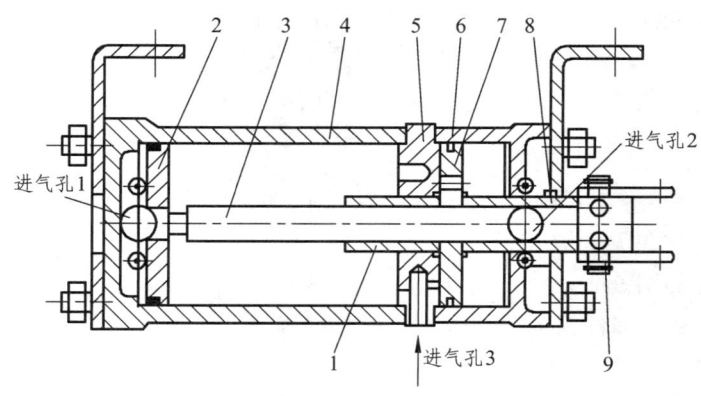

图 9-22 传动气缸

1、8—套筒；2—工作活塞；3—活塞杆；4—工作气缸体；5—隔板；
6—缓冲气缸体；7—缓冲活塞；9—连杆销

由于隔离开关和转动瓷瓶均具有一定的质量。在隔离开关动作过程中，要使其瞬间制停到位，必然会产生很大的惯性冲击，容易发生控制轴、隔离开关刀杆或转动瓷瓶断裂。为此，在传动风缸的隔板 5 上设有一排气孔，隔板 5 和缓冲气缸体 6 上各设有一个逆止阀。

在分闸过程中，经主阀、延时阀的压缩空气一路从传动风缸进气孔 1 进入工作活塞左侧，推动工作活塞右移，带动控制轴使转动瓷瓶转动，隔离开关分闸。与此同时，另一路压缩空气从传动风缸进气孔 2 进入缓冲活塞右侧，当工作活塞向右运动碰到套筒 1 时，迫使套筒 1、缓冲活塞 7 也随之右移，而缓冲活塞右侧的压缩空气将阻碍它们的运动，这就保证了主断路器在分闸过程中先快后慢的动作要求，起到了缓冲的作用。

在合闸过程中，启动阀 D 腔的压缩空气经 F 腔、传动风缸进气孔 3，分别进入工作活塞的右侧和缓冲活塞的左侧。一方面，工作活塞左移，带动隔离开关合闸；另一方面，当工作活塞左移，带动连杆销 9 碰到套筒 8 时，会迫使缓冲活塞左移，同理，缓冲活塞左侧的压缩空气将阻碍工作活塞、套筒和缓冲活塞的运动，保证主断路器在合闸过程中也具有先快后慢的特点。

5）辅助开关

辅助开关由万能转换开关承担，其引出线通过插销或插座同机车有关电路相连。

辅助开关的作用如下：一是接受机车整备控制电路的电信号，控制分、合闸电磁铁的动作；二是作分、合闸之间的电气联锁，即分闸完成后切断分闸线圈电路，接通合闸线圈电路，为下一步合闸动作做好准备，保证下一步只能是合闸动作而非分闸动作，反之亦然；三是与信号控制电路相连，显示主断路器所处的状态，分闸状态时信号灯亮，合闸状态时信号灯灭。

三、TD21A-10/25 型空气断路器的动作原理

1. 准备工作

储风缸充满足够的压缩空气；启动阀的 D 腔充满压缩空气；另有少量的压缩空气经通风塞门、主阀、支持瓷瓶进入灭弧室，使灭弧室内保持一定的正压力，防止外部潮湿空气的侵入。

2. 分闸过程

司机按下主断路器分闸按键开关，分闸线圈得电，分闸阀阀杆上移，启动阀 D 腔的压缩空气经启动阀 E 腔进入主阀的 C 腔，主阀左移，储风缸内大量的压缩空气经支持瓷瓶进入灭弧室，推动主动触头左移，电弧被吹入空心的动触头，冷却、拉长、进而熄灭。进入延时阀的压缩空气经一定时间延时后，推动延时阀阀门上移，压缩空气进入传动风缸工作活塞的左侧，推动工作活塞右移，驱动传动杠杆带动控制轴、转动瓷瓶转动，隔离开关分闸。

与控制轴同步动作的辅助开关同时完成如下三项工作：一是切断分闸线圈电路，分闸线圈失电，分闸阀关闭，D 腔的压缩空气不再进入 E 腔和 C 腔，主阀关闭，压缩空气停止进入灭弧室，主触头在反力弹簧的作用下重新闭合，分闸过程完成；二是接通信号控制电路，使主断路器信号灯亮，显示主断路器处于断开状态；三是接通合闸线圈电路，为下一次合闸做好准备。

3. 合闸过程

司机按下主断路器合闸按键开关，合闸线圈得电，合闸阀阀杆上移，启动阀 D 腔的压缩

空气经启动阀 F 腔进入传动风缸工作活塞的右侧，推动工作活塞左移，驱动传动杠杆带动控制轴、转动瓷瓶转动，隔离开关合闸。

同理，与控制轴同步动作的辅助开关：一是切断合闸线圈电路，合闸线圈失电，合闸阀关闭，压缩空气停止进入传动风缸，合闸过程完成；二是切断信号控制电路，使主断路器信号灯灭，显示主断路器处于闭合状态；三是接通分闸线圈电路，为下一次分闸做好准备。

四、TDZIA-10/25 型空气断路器的主要技术参数

额定电压 ·· 25 kV
额定电流 ·· 400 A
额定频率 ·· 50 Hz
额定分断电流 ·· 10 kA
额定分断容量 ·· 250 MV·A
额定工作气压 ··· 700～900 kPa
固有分闸时间 ·· ≤30 ms
延时时间 ·· 35～55 ms
合闸时间 ··· ≤0.1 s
额定控制电压 ·· DC 110 V
总质量 ·· 150 kg

五、空气断路器的使用与维护

为了使主断路器处于良好的工作状态，必须加强维护管理，主要应做到：

1．保持气路洁净

压缩空气潮湿或不洁，管道不干净，可能造成以下后果：

（1）在电弧作用下分解成氢、氧等混合气体，破坏主触头分断后断口间的绝缘，使熄弧困难或电弧重燃，严重时会造成灭弧室炸裂。

（2）使支持瓷瓶和灭弧室内腔绝缘强度降低，造成沿面放电。

（3）管道中的漆皮、锈渣等异物可能堵塞气口，使主断路器动作失灵，发生卡位现象。

（4）异物若进入灭弧室，可能会造成主触头接触不良，使非线性电阻长期通电而烧损，严重时会造成非线性电阻瓷瓶炸裂。

因此，在主断路器储风缸的进气管上装有油水分离器，下部有放水阀，使用维护时应定期排水，保持气路洁净。

2．定期更换橡胶件

主断路器是一种结构复杂的气动电器，各部件对密封性能要求较高，为保证良好的密封性能，应定期更换橡胶件。

3. 定期检查各主要部件，保持各部件良好的技术状态

（1）灭弧室：定期检测主触头超程和动触头复原弹簧的状态。动、静触头由于分、合频繁，会因相互摩擦而磨损，从而造成超程减小，接触压力减小。当超程减小到一定程度时，要更换动、静触头。动触头复原弹簧变形超过一定限度时，必须及时更换。

（2）非线性电阻：保持非线性电阻瓷瓶内腔清洁，密封良好。定期更换非线性电阻瓷瓶中的干燥剂，检测非线性电阻片的阻值。阻值变化超过一定限度时，必须及时更换。

（3）主阀：定期检查活塞与阀体间的配合尺寸，尺寸不符合要求应及时更换。

（4）传动气缸：适当调节好传动气缸的缓冲，保证隔离开关动作良好。定期检查活塞与缸体之间的配合精度，通过修整或更换零部件，保证其良好的动作性能。

（5）通风塞门：必须定期更换塞门中的填料，检测塞门的通风量，将其调整至允许范围之内。

第三节 真空断路器

真空断路器以真空作为绝缘介质和灭弧介质，利用真空耐压强度高和介质强度恢复速度快的特点进行灭弧。与空气断路器相比，真空断路器具有结构简单、工作可靠、分断容量大、动作速度快、绝缘强度高、整机检修工作量小等诸多优点，因而在电力工业中得到了广泛应用。

空气断路器在电力机车上已得到了普遍的应用，而由于电力机车的特殊使用环境和一些恶劣工作条件所限，真空断路器直到20世纪80年代才开始运用到电力机车上。近年来，随着科学技术的进步，真空断路器在电力机车上的应用越来越多。

一、概　述

下面以 BVAC N99 交流真空主断路器为例进行一定的介绍。

BVAC N99 交流真空主断路器用于开断、接通电力机车 25 kV 主电路，同时用于电力机车的过载、短路和接地保护。BVAC N99 交流真空主断路器是利用压缩空气进行操作并利用真空进行灭弧的高压电器。

BVAC N99 交流真空断路器具有如下特点：

（1）绝缘性高；
（2）采用真空灭弧，环境稳定性好；
（3）结构简单；
（4）开断容量大；
（5）机械寿命长；
（6）维护保养简单；
（7）与空气断路器有互换性。

二、BVAC N99 交流真空断路器的结构及主要部件的作用

BVAC N99 交流真空主断路器的外形如图 9-23 所示，结构如图 9-24 所示，分为高压、中间绝缘和控制三部分。

图 9-23　BVAC N99 交流真空主断路器外形

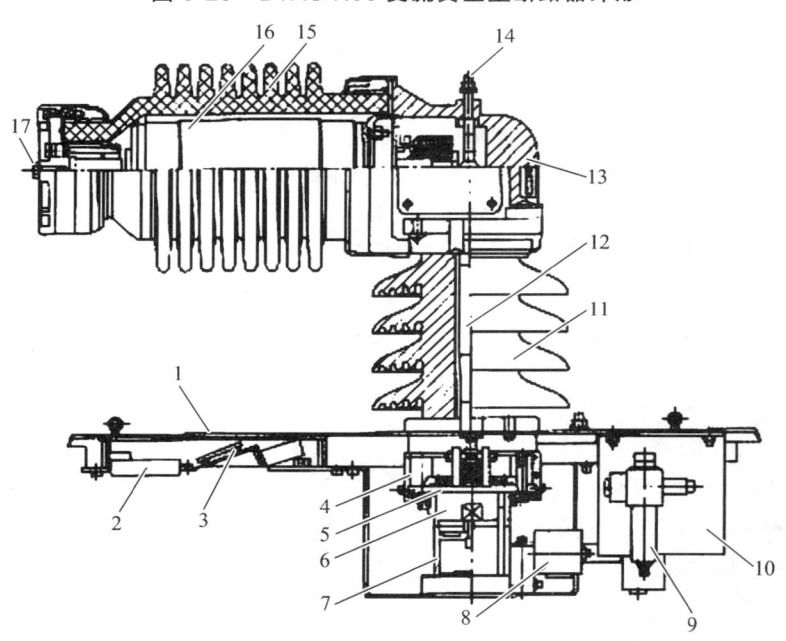

图 9-24　BVAC N99 交流真空主断路器
1—底板；2—插座连接器；3—110 V 控制单元；4—辅助触头；5—肘节机构；6—保持线圈；7—压力风缸；8—电磁阀；9—调压阀；10—储风缸；11—垂直绝缘子；12—绝缘操纵杆；13—传动头组装；14—高压连接端（HV1）；15—水平绝缘子；16—真空开关管组装；17—高压连接端（HV2）

1. 高压部分

高压部分结构如图 9-25 所示，包括水平绝缘子、真空包组装和传动轴头组装等。由图可以看出，真空包组装安装于水平绝缘子内部，构成机车顶上的高压回路。真空包通过密封与大气隔离，真空包的结构如图 9-26 所示，包括动触头、静触头和瓷质外罩等。金属波纹管的

设置既可保持密封，又可使动触头在一定范围内移动，保证动、静触头在一定的真空度下断开。真空度是真空包最重要的参数之一，和真空包的开断能力成一定关系。

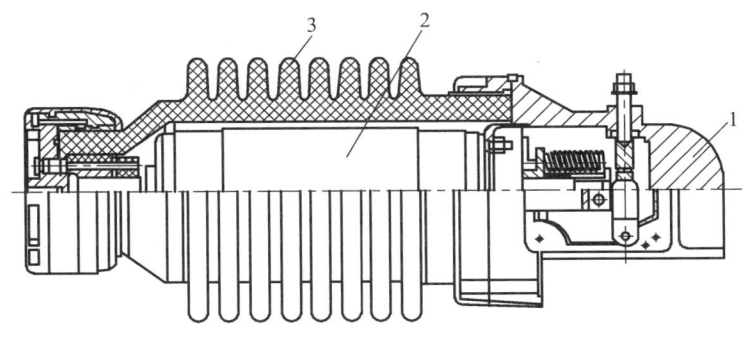

图 9-25　高压部分

1—传动轴头组装；2—真空包组装；3—水平绝缘子

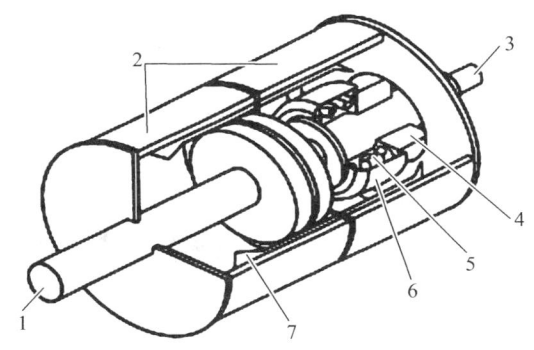

图 9-26　真空包结构示意图

1—静触头；2—瓷质外罩；3—动触头；4—导套；5—金属波纹管；
6—波纹管罩；7—金属罩

真空包的分、合闸操作体现了整个主断路器的分合闸状况，具体表现为对动触头的操作，通过右端传动轴头组装导向来自气动部分产生的机械动力来完成，这样就可以保证它的轴向运动。

2. 中间绝缘部分

中间绝缘部分包括如图 9-24 所示垂直绝缘子 11 和底板 1 以及安装于车顶与断路器之间的 O 形密封圈。

垂直绝缘子安装在底板上，用以提供 30 kV 的绝缘要求，同时绝缘操纵杆通过垂直绝缘子的轴向中心孔，连接电空机械装置和真空包的动触头。底板安装于车顶，O 形密封圈用以保证断路器与车顶之间的密封。

3. 控制部分

控制部分包括如图 9-24 所示的储风缸 10、调压阀 9、压力开关、电磁阀 8、压力气缸 7、保持线圈 6、肘节机构 5、110V 控制单元 3 等操纵控制部件。

BVAC N99 交流真空主断路器采用电空控制。该控制通过空气管路，在动触头快速合闸过程中提供必需的压力。储风缸 10 是实现断路器气动控制的气压源，其要求能够满足在机车对断路器不供气的状态下，其残存压缩空气至少能使断路器完成一次动作；调压阀 9 安装在断路器进气口与储风缸之间，通过对其气压值进行整定，用以保证进入储风缸内的气压值，同时，调压阀上安装有一空气过滤阀，以保证进入储风缸气体的清洁与干燥；压力开关（图中未表示出来）安装于储风缸上与调压阀相对一侧，其与储风缸内气体相连，用以监控断路器合闸的最小气压值，当储风缸内气压低于其整定值时，就会自动断开，并通过低压控制线路将信息反馈给 110 V 控制单元，以使断路器拒绝进行操作；电磁阀 8 控制储风缸内的气流的通断。压力气缸 7 把空气压力转化为机械作用力；保持线圈 6 安装于气缸上部，通过对气缸活塞的吸合，实现对断路器合闸状态的保持；肘节机构 5 用以实现真空断路器分闸时的快速脱扣，保证断路器快速地分断；110V 控制单元 3 安装在真空断路器底板下部，通过其对断路器的动作进行整体控制。

三、BVAC N99 交流真空断路器的动作原理

BVAC N99 交流真空主断路器操作包括分闸与合闸操作，如图 9-27 所示。

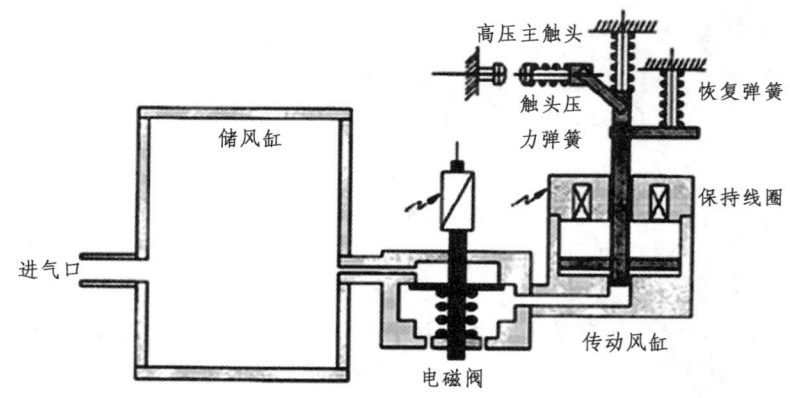

图 9-27 BVAC N99 交流真空主断路器分合闸示意简图

1. 合闸操作

只有满足如下条件，断路器才能闭合：
（1）主断路器必须是断开的；
（2）必须有充足的气压。
具体合闸过程如下：
（1）按"开/关"键；
（2）电磁阀得电，气路打开；
（3）压缩空气由储风缸通过电磁阀流入压力气缸，推动活塞向上运动；
（4）动主触头随着活塞的移动而运动；
（5）恢复弹簧压缩；

(6)主触头闭合;
(7)触头压力弹簧压缩;
(8)活塞到达行程末端;
(9)保持线圈在保持位置得电;
(10)电磁阀失电;
(11)压力气缸内的空气排出。

2. 分闸操作

分闸过程如下:
(1)保持线圈失电;
(2)活塞在弹簧力作用下(恢复弹簧、肘节机构等)移动;
(3)主触头打开,真空开关管灭弧;
(4)行程结束,活塞缓冲。

四、BVAC N99 型交流真空主断路器的主要技术参数

额定电压	30 kV
额定电流	750 A
额定频率	50 ~ 60 Hz
额定分断容量	600 MV·A
额定分断电流	20 kA
固有分闸时间	25 ~ 60 ms
合闸时间	≤60 ms
额定工作气压	450 ~ 1 000 kPa
额定控制电压	DC 110 V
机械寿命	250 000 h

五、真空断路器的维护使用

为了使断路器处于良好的工作状态,应加强日常的维护管理。

1. 保持气路洁净

为了保证气路元件的正常动作,应对设备管路中容易积水的器件(如调压阀、储风缸等)定期排水。在排放断路器气路系统后,必须检查连接断路器的主要管路的气密性,包括连接的密封件、塞门密封件和软管。

2. 保持断路器外部清洁

用软制品或布定期将断路器外部清洗干净。绝缘子的外部可以用硅树脂油脂进行清理。禁止使用任何含氟酸盐或氯酸盐成分或钠硅酸盐产品清洗部件。

第四节 避雷器

一、概述

避雷器是一种限制过电压的保护装置,通常由火花间隙和非线性电阻组成,它与被保护物并联,当出现的过电压危及被保护物时,避雷器放电,使高压冲击电流泄入大地,尔后,它仍能恢复原工作状态,截止伴随而来的正常工频电流,使电路与大地绝缘。过电压越高,火花间隙击穿越快,从而限制了加于被保护物上的过电压。

SS_{4G} 型电力机车采用 Y10W-42/105TD 型氧化锌避雷器(又称无间隙金属氧化物避雷器)。

避雷器安装于机车顶部,是专用的过电压防护装置,主要用于机车一次侧高压电气设备的绝缘,使之免受大气过电压和操作过压的损害。

二、避雷器的基本结构及特点

Y10W-42/105TD 型氧化锌避雷器结构如图 9-28 所示,它主要由盖板组装、避雷器芯体、瓷套及底板等组成。具有如下特点:

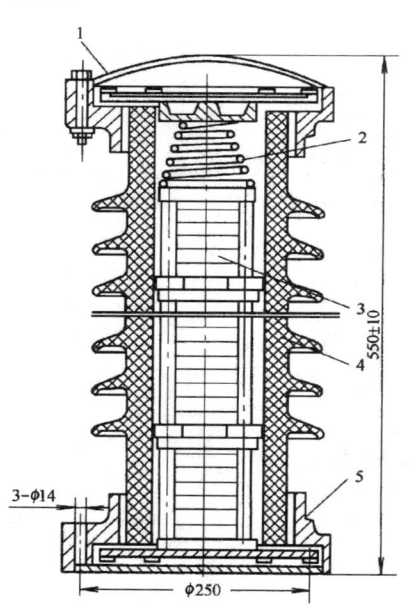

图 9-28 Y10W-42/105TD 型氧化锌避雷器结构简图
1—盖板组装(包括密封件等);2—弹簧体;3—芯体(包括 ZnO 等);4—瓷套;5—底板组装

(1)氧化锌避雷器是理想的全天候避雷器。不存在放电电压随气候变化而变化的问题。

(2)防污性能好,适用范围广。因为设计了防污型瓷套,保证了足够的爬电距离,故污秽不影响间隙电压,所以,在重污秽地区也适用。

(3)防振性能好。对芯体采取了防振及加固措施,减少了各部件之间的相对位移,使芯体牢固地固定在瓷套内,适应了机车运行中振动频繁的要求。

（4）防爆性能好。使用了压力释放阀装置，在法兰侧面开一缺口，使气体定向释放。

（5）非线性系数好，保护性能优越，不但能抑制雷电过电压，而且对操作过电压也有良好的抑制作用。

（6）无续流，不存在灭弧问题，使地面变电站因机车引起的不明跳闸故障大为减少。

（7）体积小，质量轻，通流容量大，抗老化能力强，运行寿命长。

三、氧化锌避雷器的工作原理

氧化锌避雷器的主要元件是氧化锌阀片，它以氧化锌为主要成分，并附以多种精选过的、能产生非线性特性的金属氧化物添加剂，用高温烧结而成。

该避雷器优异的伏-安特性可使氧化锌阀片在正常工作电压下呈高电阻，使流过阀片的电流非常小，且大部分为电容电流，这样小的电流不会烧坏氧化锌阀片，可视为绝缘体，从而实现无间隙。当系统出现超过某一电压动作值的电压时，阀片呈低电阻，使流过阀片的电流急剧增加，此时，电流的增加抑制了电压的上升，使避雷器的残压被限制在允许值之下，并将冲击电流迅速泄入大地，从而保护了与其并联的电力机车电气设备的绝缘。电压恢复到正常工作范围时，电流又非常小，避雷器又呈绝缘状态。因此，该避雷器不存在工频续流，也不影响系统的正常工作。无间隙、无续流正是其先进性的体现。

避雷器的安装应自下而上进行，在安装过程中，首先安装连接过渡板，要确保气体释放方向朝向机外侧未安装电气设备的空旷区。高压端用软连接带与车顶母线连接，地线接在接地连接片上。避雷器退出运行时，其拆卸方向与安装方向逆向进行。

四、Y10W-42/105TD 型氧化锌避雷器的主要技术参数

参数	值
额定电压	42 kV
标称放电电流	10 kA
系统标称电压	27.5 kV
系统最大持续运行电压	30 kV
直流参考电压（1 mA 下）	≥58 kV
工频参考电压（阻性 1 mA 下）	≥56 kV
持续运行电流（阻性）	≤300 μA
残压（10 kA，8/20 μs）	≤105 kV
总高	(550 ± 10) mm
质量	42 kg

五、氧化锌避雷器的维护与保养

（1）在使用氧化锌避雷器的过程中，要始终保持瓷套表面干燥、光洁、无裂纹。每次回库定修时，需用干净软布擦拭瓷套，清除污垢。如果瓷套表面污物无法清除干净，则用集流环屏蔽。

（2）每次回库定修时需检查喷口，不允许有开裂或缺口。

（3）每次回库定修时需检查导线和编织线，导线需连接紧固，编织线折损面积不得超过原截面的 10%。

（4）运行过程中，原有刷漆部分每隔 1~2 年补漆一次。

第五节 高压连接器

一、概 述

高压连接器的主要功能是在两节机车进行连挂时，自动连接两节机车车顶的 25 kV 高压电路。它安装在每节车尾部的车顶上，依靠机车连挂车钩的力量，与车钩同时对接，分离时也随机车的车钩脱开而自动分离。SS_{4G} 型电力机车采用的是 TLG1-400/25 型高压连接器。

二、高压连接器的基本结构

单台 TLG1-400/25 型高压连接器的外形如图 9-29 所示，它主要由机械传动机构和电气连接机构两部分组成。

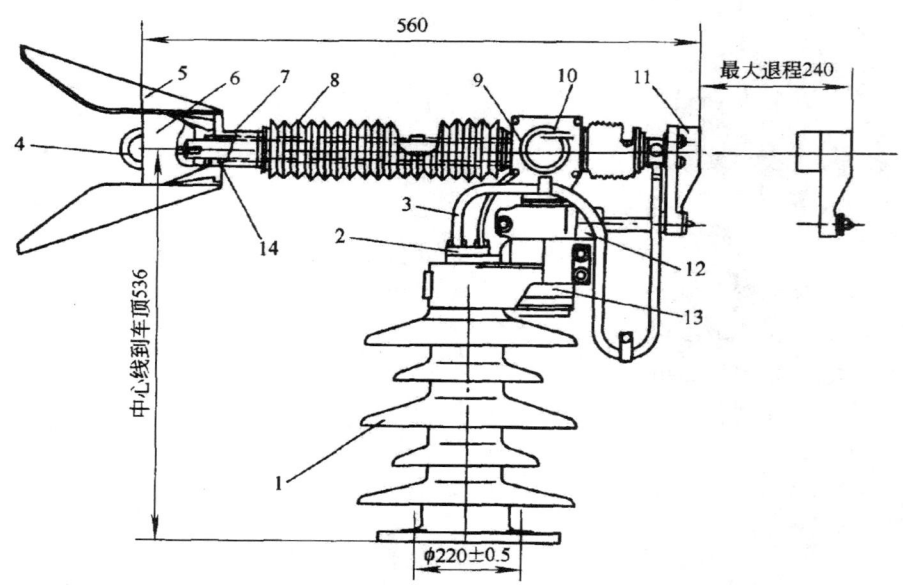

图 9-29 TLG1-400/25 型高压连接器外形图

1—支持绝缘子；2—导电极；3—软连接线；4—半环；5—导向羊角件；6—喇叭形头部；7—导电杆；
8—橡胶波纹管；9—挡板；10—十字轴支承；11—止动器；12—球面止挡；
13—支承缸体；14—伸张弹簧

三、高压连接器的动作原理

在两节车需要连挂重联运行时，依靠两节车车钩挂接时的牵引力，使两个连接器慢慢靠近，在羊角的导向作用下，使各自的导电半圆环（静触头）准确地插入对方的叉形件（动触头）中，接通两节车一次侧高压电路。同时叉形件上的拉力弹簧紧紧地把半环扣住，由于两台连接器的相对位移由张力弹簧、复位弹簧来吸收调整，因而能保持叉形件与半圆环的接触压力恒定不变，从而能够保证较好的电气性能。

当两节车分离时，依靠两节车分离时的牵引力可自动分离，并断开两节车的一次侧高压电路，拉簧复原。

从图 9-29 上可以看出，高压连接器接合状态下的电流路径为：从一节车的高压回路到导电极 2，经软连接线 3，到导电杆 7，然后通过喇叭形头部内的软连线、半环、叉形件，到另一台连接器的叉形件、半环、导电杆母线等，再到另一节车的车顶母线。

四、高压连接器的主要技术参数

TLG1-400/25 型高压连接器的主要参数如下：

参数	值
额定电压	25 kV
额定电流	400 A
接触电阻阻值（连接状态）	≤650 MΩ
导电杆中心线至车顶高	586 mm
导电杆上下摆动角	≤8°30′
导电杆左右摆动角	≤34°
导电杆最大回程	≤240 mm
导电杆最小回程（$\alpha=34°$ 时）	≤210 mm

五、高压连接器的使用维护注意事项

TLG1-400/25 型高压连接器用于 25 kV 的高压回路，为了使其保持良好的工作状态，必须注意以下几点：

（1）保证在无电状态下进行连接或分离操作。在进行连接操作前，注意观察喇叭形头部是否清洁，头部盖板内的叉形件是否有弹回的情况，如果已经弹回，则需要用钩形工具将其拉开成开启状态，然后才能进行连接操作。

（2）经常观察绝缘子表面是否清洁干燥，有无裂纹或损伤，应及时清扫或更换。

（3）经常检查橡胶波纹管，如有破损要及时更换，以免雨水、灰尘进入喇叭形头部和十字轴支承体内，造成零件锈蚀，影响动作性能。

（4）定期对各转动部分进行润滑处理，使之能上下左右按规定摆动并复位。当单节连接器的喇叭形头部不能保持水平时，可以由十字支承件上的调整螺钉进行调整，顺时针方向调高，逆时针方向调低。

第六节 转换开关

一、概述

由前面电机课程的学习我们知道，改变电机转向可以实现机车运行方向的转换，对直流电机而言，改变励磁电流方向即可实现电机的正、反转。牵引电机作电动机运行时，将电能转化为机械能，电动机驱动轮对产生牵引力牵引车运行，即牵引工况；牵引电机作发电机运行时，将机车机械能转化为电能，产生制动力，对机车实施制动，即为制动工况。机车牵引电机励磁电流方向的改变和工况转换由转换开关来实现。

SS_4型电力机车采用的是 TKH4-840/1000 型转换开关，每台转换开关控制两台牵引电机；每台转换开关由换向鼓和牵引制动鼓两大部分组成；每个转鼓各有两个工作位置，即"向前"位和"向后"位，"牵引"位和"制动"位。因为这两个转换开关均具有两个工作位置，所以又称该开关为两位置转换开关。

转换开关的作用有两个：换向鼓用于改变机车运行方向，所以又称反向鼓；牵引制动鼓用于实现机车牵引工况与电阻制动工况之间的转换。

二、TKH4-840/1000 型转换开关的结构及主要部件作用

TKH4 型转换开关安装于机车高压电器柜的下部，由骨架、转鼓、触指杆、传动气缸、联锁触头等组成，外形结构如图 9-30 所示。

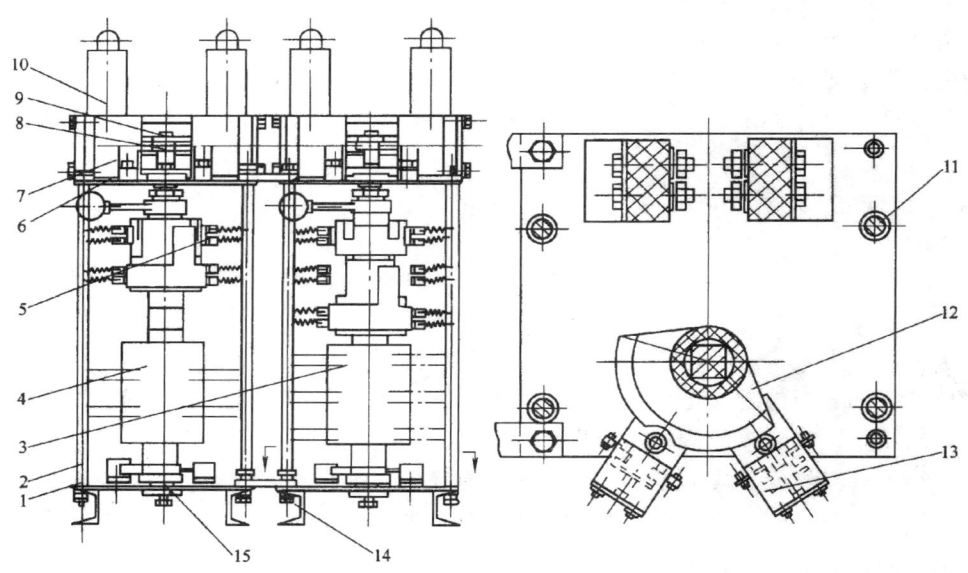

图 9-30 TKH4 型转换开关外形结构图

1—底板；2—支柱；3—牵引制动鼓；4—反向鼓；5—触指杆；6—面板；7—传动气缸；8—拨叉；
9—销；10—电空阀；11—环氧玻璃布管；12—凸轮；13—联锁触头；
14—槽钢；15—尼龙轴套

1. 骨架

骨架由底板 1、面板 6、支柱 2 及套在支柱上的环氧玻璃布管 11 等组成。底板和面板上都焊有角钢，用来安装触指杆（静触头组）5，尼龙轴套 15 用来安装反向鼓及牵引制动鼓。反向鼓及牵引制动鼓用连接板组合在一起。

2. 转鼓

转鼓又称作转换开关的动触头组，分为反向鼓和牵引制动鼓，它们的结构形式基本相同，仅组装在转轴上触片的安装排列位置及绝缘垫圈长度不同，如图 9-31 所示。它由转轴、绝缘垫圈、触片、手柄、凸轮等组成。转轴 1 由方钢制成，在其下端有一挡圈，通过定位销固定在转轴上。动触片、绝缘垫圈、凸轮与转轴的动作同步。

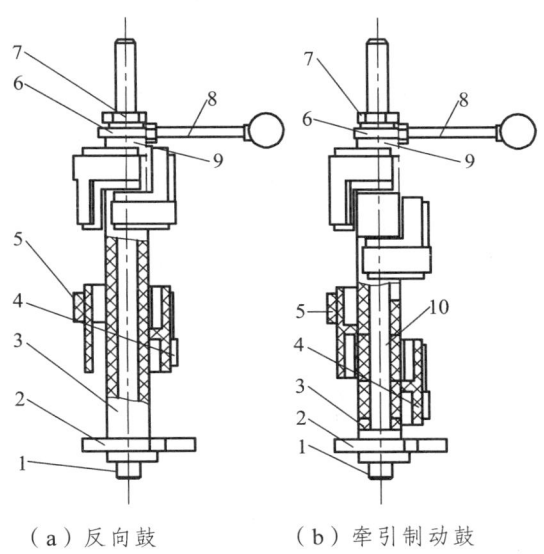

（a）反向鼓　　　（b）牵引制动鼓

图 9-31　反向鼓和牵引制动鼓外形图

1—转轴；2—凸轮；3、9—长短不同的绝缘垫圈；4、5—触片（动触头）；6—手柄座；
7—压紧螺母；8—手柄；10—转动鼓绝缘

触片（动触头）4、5 形状基本相似，仅有左右之分，它由"T"形铜片做成弧形，用沉头螺钉安装在与转轴固定的转鼓上，如图 9-32 所示。

动触片间间隔套装有长短不同的绝缘垫圈。绝缘垫圈的长度由额定电压等级所决定，其作用是使触片（动触头）之间保持有一定的绝缘距离，使开关工作安全可靠。

凸轮 2 属于联锁触头的一部分，用于控制联锁触头的开闭。

正常情况下，由传动装置控制反向鼓和牵引制动鼓转轴的动作；当传动装置发生故障、手动检查转换开关、调整触头之间的触头压力和接触线时，可手动操作手柄 8，使反向鼓或牵引制动鼓的转轴转动。

3. 触指杆（静触头组）

触指杆即转换开关的静触头组，由一块环氧玻璃布板和若干组触指杆装配而成，如图 9-33 所示。

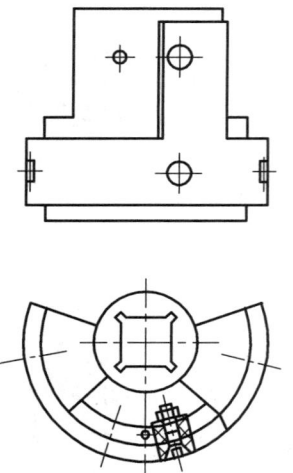

图 9-32 触片(动触头)组装

1—胶木座;2—触片

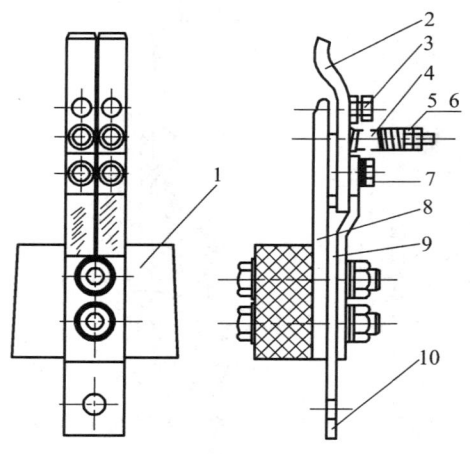

图 9-33 触指杆

1—环氧玻璃布板;2—触指;3—调整螺栓;4—弹簧;5、6—螺杆、螺母;
7—螺栓;8—触指座;9—软连接;10—接线板

触指杆(静触头组)有左右之分,安装于骨架的面板和底板的角钢上。每组静触头由两个触指并联工作,其上装有触指弹簧 4,借以获得一定的触头超程和终压力,保证与动触片间有良好的电接触。螺母 6 用于调节转换开关的静触指与转鼓上动触片之间的接触压力,压力调整好后,用双螺母锁紧,使压力保持不变。调整螺栓 3 用来调节触指 2 的超程。接线板 10 用于对外与主电路相连接。

4. 传动装置

两位置转换开关采用双活塞气缸传动装置传动,它由电空阀、传动气缸、转轴、转鼓等组成。传动气缸结构如图 9-34 所示。

两位置转换开关传动原理用图 9-30 说明。由 TFK1B 型电空阀控制的压缩空气推动气缸内活塞左右移动，通过在活塞杆上开有的槽和孔，使销 9 插入活塞杆孔内，装于转轴上端的拨叉 8 卡住销 9，这样气缸中活塞杆的左右运动就转变为转轴、转鼓的转动，并带动动触片动作，使反向鼓得到"向前"和"向后"，牵引制动鼓得到"牵引"和"制动"两个工作位置。在开关完成转换工作的同时，装于转轴上的凸轮及装于底板上的联锁触头 13 也进行着转换，开断和闭合控制电路中相应的联锁触点，使转换开关不会自动转换为非工作状态。

双活塞气缸传动装置转轴的转角大小决定于传动气缸的活塞行程。这一系统必须进行气缸的气密性能试验，试验合格后才能安装到转换开关上去。

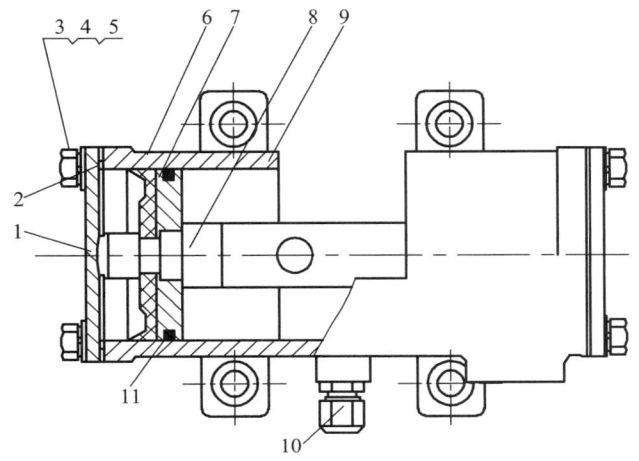

图 9-34 传动气缸

1—气缸盖；2—密封垫；3、4、5—螺栓、螺母及垫圈；6—皮碗；7—活塞；
8—活塞杆；9—气缸体；10—管接头；11—毛毡

5. 联锁触头

联锁触头用于控制有关联锁电路，安装在转换开关的底板上（见图 9-30 右图）。TKH4A-840/1000 型转换开关采用 TKY1 型盒式联锁触头，如图 9-35 所示。它为单件滚轮推杆双断点

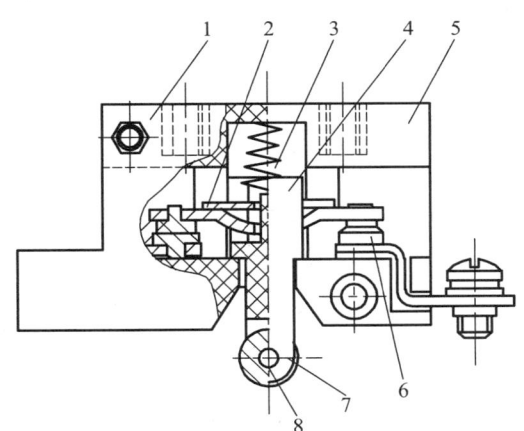

图 9-35 联锁触头结构示意图

1—盖板；2—动触桥；3—反力弹簧；4—推杆；5—触头座；6—静触头；7—滚轮；8—轴

桥式结构，由有机玻璃外壳、推杆4、滚轮7、反力弹簧3及封闭在外壳内的桥式触头组成，具有联锁灵活、防污性好、接触可靠等优点。通过透明的有机玻璃外壳，可以方便地观察触头的开闭情况。

联锁触头的开闭由凸轮控制。当凸轮的凸出部分推动滚轮时，推杆压缩反力弹簧，使触桥与静触头断开；反之，触头闭合。

三、转换开关的动作原理

转换开关借助电空阀控制压缩空气，带动转轴、动触片动作，利用动触片在不同的位置与静触指构成不同电路，改变机车主电路。

1. 换向原理

机车的正反向运行是通过改变牵引电动机励磁绕组中电流的方向来达到的，如图9-36所示。在向前位时，图（b）中的静触指1与2、3与4分别在动触片A、B上，即1与2、3与4分别沿触片A、B的垂直方向接通，图（a）中的常闭触头闭合，此时，牵引电动机电枢绕组与励磁绕组电流同向，机车向前运行。转轴带动触片转动到向后位时，图（b）中的静触指2与4、1与3分别在动触片A、B上，即2与4、1与3分别沿动触片A、B的水平方向接通，图（a）中的常开触头闭合，常闭触头断开，这就在牵引电动机电枢绕组电流方向不变的情况下改变了牵引电动机励磁绕组中的电流方向，机车向后运行。

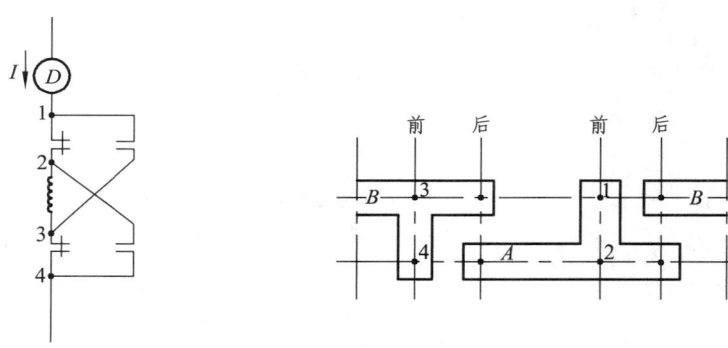

（a）牵引电动机接线原理图　　　　（b）动主触片展开图

图9-36　换向原理示意图

1、2、3、4—静主触头；A、B—动主触片

2. 牵引制动转换原理

机车牵引制动工况转换是通过改变电机励磁绕组接线方式来实现的，如图9-37所示，其原理和换向原理相同。牵引工况时，图（b）中的静触指1与6、5与4分别在动触片C、D上，即1与6、5与4分别沿动触片垂直方向接通，图（a）中的电枢绕组与励磁绕组串联，牵引电机作串励电动机运行。转轴带动动触片转动到制动位时，图（b）6与7、8与4分别在动触片C、D上，即6与7、8与4分别沿动触片水平方向接通，图（a）中牵引电机电枢绕组与制动电阻串联，励磁绕组与其他牵引电机励磁绕组串联，构成独立的励磁回路，牵引

电机作他励发电机运行，机车由牵引工况转换为电阻制动工况。

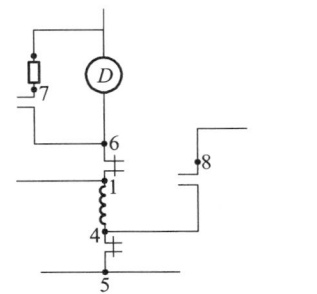
（a）牵引电动机接线原理图

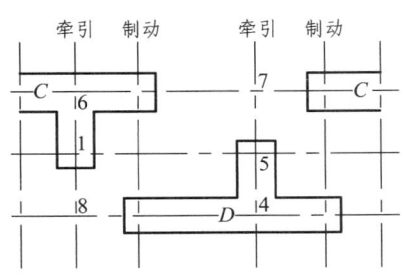
（b）动主触片展开图。

图 9-37　牵引制动转换原理示意图

1、4、5、6、7、8—静主触头；C、D—动主触片

四、TKH4 型转换开关的主要技术参数

额定电压··DC 1 000 V
额定电流··DC 840 A
主触指单个终压力···39 ~ 49 N
主触指接触线长度···≥14 mm
主触指超程··2 ~ 3 mm
联锁触头额定电压···DC 110 V
联锁触头额定电流···DC 10 A
传动气缸额定风压···490 kPa
传动气缸工作风压···375 ~ 650 kPa
气缸活塞行程··（44±1）mm

五、操作与维护注意事项

TKH4 接在主电路中，自身不带灭弧装置，所以只能在机车无电状态下转换，否则会造成转换开关的严重烧损、牵引电机环火，严重时还会烧损牵引电动机，擦伤机车轮缘。

因此，换向操作时，应先将调速手柄拉回零位，待机车停稳后，再操作换向手柄，进行"前""后"转换；牵引制动转换时，应先将调速手柄拉回零位，其次操作换向手柄进行"牵引""制动"转换，然后再操作调速手柄进行速度的调节。

转换开关维护注意事项如下：

（1）在转换开关组装试验完成后，转鼓上必须涂适量工业凡士林，以保护触片不受氧化和腐蚀。

（2）转换开关若起了电弧痕，可以用细砂纸将触片和触指打磨平后继续使用。

（3）定期检查触片的压力，压力不足时可调节触指杆上的螺母，以保证转换开关的导流能力。

（4）气缸在定修时，清洗完后应换上新的润滑脂。

第七节 电空接触器

一、接触器的基本知识

1. 接触器的用途和基本特点

接触器在工业控制中应用非常广泛。在电力机车上用于频繁地接通或切断正常工作情况的主电路、辅助电路。与其他开关电器相比，它的特点是：

（1）动作频繁，每小时开闭次数可达 150～1 500 次。
（2）能通、断较大电流。一般情况只开断正常额定电流，而不能开断短路或故障电流。
（3）可以实现一定距离的控制。

2. 接触器的组成

接触器一般均由以下几部分组成：
（1）触头装置，包括主触头和联锁触头两部分。

主触头接通和分断的是主电路，额定电流比较大，通常为数安到数百安，甚至可能高达数千安。

联锁触头（又称辅助触头）通常由 2 对以上常开联锁触头和 2 对以上常闭联锁触头组成。常开联锁触头指的是接触器的吸引线圈失电时处于断开状态的触头；与此相反，常闭联锁触头指的是接触器吸引线圈失电时处于闭合状态的触头。联锁触头用于控制其他电器、信号或电气联锁等，它接通和分断的是控制电路，额定电流只有 5～10 A。

联锁触头与主触头是联动的，在接触顺序上要求主触头闭合前常开联锁触头应提前闭合，常闭联锁触头应滞后分断；主触头分断时常开联锁触头应同时或提前分断，常闭联锁触头应同时或稍滞后闭合。

（2）驱动装置，包括驱使触头闭合的装置和开断触头的弹簧机构以及缓冲装置。驱动装置用来可靠地驱使触头按规定要求动作。

（3）灭弧装置，主要用于熄灭触头开断电路时产生的电弧，减少电弧对触头的破坏作用，保证触头可靠地工作。

（4）支架和固定装置，属于非工作部分，用于合理的安装和布置电器各部件。

3. 接触器的分类

接触器的用途很广，种类繁多，一般有以下几种分类方法：

（1）按传动方式分，主要有电磁接触器和电空接触器。电磁接触器采用电磁传动装置，电空接触器采用电空传动装置。电磁接触器一般应用于机车的辅助电路中，电空接触器应用于主电路中。

（2）按通断电流的种类分，有交流接触器和直流接触器。这里指的是主触头通、断电流的种类，它与传动方式无关，如主触头通、断的是交流电，则不管它是采用的是直流电磁机构传动、交流电磁机构传动还是电空传动，都称交流接触器。

（3）按主触头所处的介质分，有空气式接触器、真空式接触器和油浸式接触器。空气式接触器的主触头敞在大气中，采用的是一般的、常用的灭弧装置。而真空式接触器的主触头却密封在真空装置中，它利用的是真空灭弧原理，具有很高的切换能力。

（4）按接触器主触头数目分，有单极接触器和多极接触器。

4. 接触器的基本参数

额定电压和额定电流是接触器的主要参数，除此之外，还有下列5种：

（1）切换能力，又称开闭能力、通断能力，是指接触器的主触头在规定条件下能可靠地接通和分断的电流值。在此电流值下接通和分断负载时，不应发生熔焊、飞弧和过分磨损等现象。保证接触器能在较恶劣的环境下可靠地工作。

（2）动作值和释放值，指接触器的动作电压（或电流、气压等）和释放电压（或电流、气压等）。例如，电磁式接触器的动作电压应不低于80%倍线圈额定电压。

（3）操作频率，指接触器在每小时内允许操作的次数。接触器的操作频率越高，每小时开闭的次数就越多，触头及灭弧室的工作任务也就越重，因此，是一个重要的技术指标。目前，常用的接触器操作频率有每小时150次、300次、600次和1 200次等几种规格。

（4）机械寿命和电气寿命。机械寿命指的是接触器在无负载操作下无零部件损坏的极限动作次数。电气寿命指的是接触器在规定的操作条件下（带负载操作），且无零部件损坏的极限动作次数。目前，接触器的机械寿命一般可达数百万次以至一千万次以上，而电气寿命则按不同的使用类别和不同的机械寿命级别有一定的百分比，一般为机械寿命的5%~20%。

（5）动作时间、释放时间。动作时间（又称闭合时间）是指从电磁铁吸引线圈通电瞬时起到衔铁完全吸合所需要的时间；释放时间（又称开断时间）是指从电磁铁吸引线圈断电瞬时起到衔铁完全打开所需要的时间。为了能准确可靠地控制有关电路，对接触器的动作时间也有一定的要求，如：直流接触器的闭合时间一般为0.04~0.11 s，开断时间为0.07~0.12 s，交流接触器的闭合时间一般为0.05~0.1 s，而开断时间为0.1~0.4 s。

二、电空接触器概述

在电力机车上，因为有现成的压缩空气源，同时，由于电空传动的电器具有体积小、质量轻、传动力大等优点，所以，在电力机车的主电路内，广泛采用电空式接触器。

图9-38为电空接触器的工作原理示意图。

电空接触器一般由触头装置、灭弧装置、传动装置组成。当电空阀线圈得电时，其控制的压缩空气进入传动气缸，推动活塞，压缩开断弹簧而向上运动，使动静触头闭合。当电空阀线圈失电时，其控制的压缩空气排向大气，在开断弹簧的作用下，推动活塞带动活塞杆和动触头下移，动静触头打开，同时灭弧。在主触头动作的同时，联锁触头也相应动作。

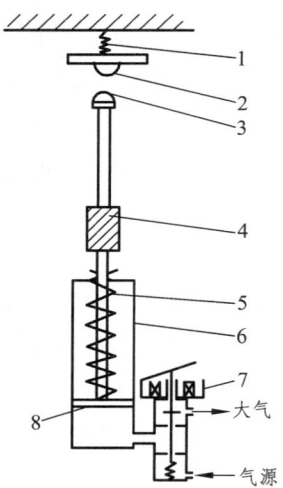

图 9-38 电空接触器工作原理示意图

1—缓冲弹簧；2—静主触头；3—动主触头；4—绝缘块及活塞杆；5—开断弹簧；
6—缸体；7—电空阀；8—活塞

三、TCK1-400/1500 型电空接触器

1. 型号及含义

T—铁路用；C—接触器；K—压缩空气控制；1—设计序号；400—主触头额定电流（A）；1 500—开断电压（V）。

2. 作 用

SS_4 型电力机上采用 TCK1-400/1500 型电空接触器，它安装在高压柜的上部，用于控制磁场削弱电阻。

3. 结 构

TCK1-400/1500 型电空接触器主要由触头装置和传动装置组成，如图 9-39 所示。由于磁场削弱电阻上的电压降很低，且又是电阻性负载，主触头在分合过程中不产生电弧，故不带灭弧装置。

1）触头装置

主触头为直动桥式双断点，触头表面呈 120°夹角，其材质为紫铜，其上焊有银片，且动静触头之间为面接触，有较好的导电性能。触头的分合属上下直动式，结构比较简单，维修也比较方便。

联锁触头采用通用件，为一行程开关。

2）传动装置

TCK1-400/1500 型电空接触器采用的是薄膜传动装置，它主要由气缸、活塞、皮碗和复原弹簧等组成，本身不带电空阀，由外接电空阀控制。

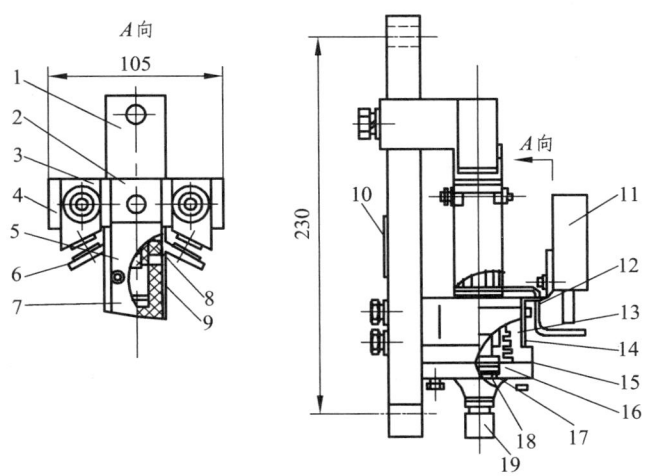

图 9-39　TCK1-400/1500 型电空接触器

1—支柱；2—静触头座；3—静主触头；4—连接片；5—绝缘块；6—动主触头；7—绝缘杆；8—动主触头桥；9—弹簧；10—铭牌；11—联锁触头；12—联锁板；13—气缸座；14—铜套；15—反力弹簧；16—活塞；17—皮碗；18—气缸盖；19—管接头

4．动作原理

当外接电空阀线圈得电时，压缩空气通过管接头进入传动气缸，鼓动皮碗推动活塞克服复原弹簧的反作用力，使活塞杆、绝缘杆上移，动静触头闭合，联锁触头相应动作。当电空阀失电时，气缸内的压缩空气通过管接头及电空阀排向大气，在复原弹簧作用下，使活塞杆、绝缘杆下移，带动主触头打开。

四、TCK7-600/1500 型电空接触器

1．型号及含义

TCK7-600/1500 型电空接触器型号的含义同 TCK1 型电空接触器。

2．作　用

在 SS_4 型电力机车上，安装在高压柜的上部，控制机车主电路的有关励磁电流回路和牵引电机回路。

3．结　构

TCK7-600/1500 型电空接触器的结构如图 9-40 所示，主要由触头装置、灭弧装置和传动装置等组成。

1）触头装置

TCK7-600/1500 型电空接触器的触头装置主要由主触头和联锁触头组成，主触头为 L 形，采用线接触形式。它以紫铜触头为基座，表面镶有银碳化钨粉末冶金触片，保证触头具有较

好的抗熔焊、耐电弧、耐机械磨损和电磨损性能，很好的导电、导热性能及较高的负载能力。该型接触器采用 TK1 型盒式桥式双断点联锁触头，材质为纯银，二常开二常闭。

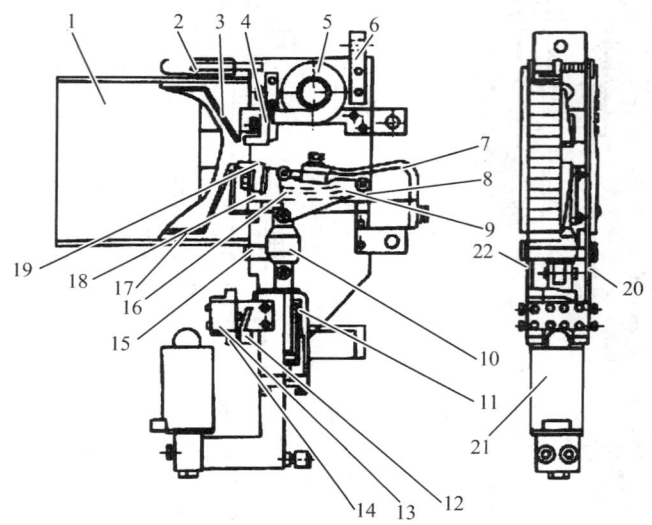

图 9-40　TCK7-600/1500 型电空接触器结构图

1—灭弧罩；2—挂钩；3—静触头弧角；4—静触头；5—磁吹线圈；6—安装杆；7—软连接；8—杠杆出线座；
9—杠杆支架；10—绝缘杆；11—传动气缸；12—联锁板；13—联锁触头；14—联锁支架；
15—灭弧室支板；16—动触头弹簧；17—动触头弧角；18—动触头座；19—动触头；
20—右侧板；21—电空阀；22—左侧板

2）灭弧装置

TCK7-600/1500 型电空接触器的灭弧装置主要由灭弧罩（短弧灭弧和长弧灭弧原理）、灭弧角（由 2 mm 厚黄铜板压制成）、磁吹线圈及磁吹铁芯等组成。

灭弧罩由 13 块 Π 形石棉水泥制成的灭弧板和 2 块同样材料制成的盖板叠装而成，通过下固定板和挂钩将灭弧罩与接触器本体联结在一起。在每块 Π 形灭弧板上，间隔装有 H 形和 U 形的分弧角。

3）传动装置

TCK7-600/1500 型电空接触器的传动装置由电空阀、传动气缸、绝缘杆等组成。电空阀采用电力机车上通用的 TFK1B-110 型闭式电空阀。传动气缸竖放，缸内有活塞及连杆等，绝缘杆保证动触头与传动气缸间的绝缘。

4. 动作原理

当电空阀线圈得电时，压缩空气经电空阀进入传动风缸，推动活塞克服反力弹簧的作用力带动绝缘杆上移，并通过杠杆支架带动动触头与静触头闭合；当电空阀失电时，传动风缸内的压缩空气经电空阀排向大气，使活塞在反力弹簧作用下复位，带动绝缘杆、杠杆支架及动触头下移，与静触头分离，切断电路；触头带电分断时产生的电弧，在磁吹线圈的作用下，沿分弧角进入灭弧罩，被分割、拉长、冷却进而熄灭；主触头动作的同时，活塞杆通过联锁支架带动联锁触头作相应的分合转换。

5. 参 数

各型电空接触器的主要技术参数见表 9-1。

表 9-1 电空接触器主要技术参数

型号		TCK1	TCK7/TCK7D	TCK7C	TCK7B
主触头对地电压（V）		1 500	1 500		1 500
主触头间额定电压（V）		20	1 500		35
主触头额定电流（A）		400	600		600
主触头	型式	桥式双断点	单断点		单断点
	开距（mm）	单边 5±0.5	大于 18		大于 18
	超程（mm）	2±1	4~6		4~6
	滚动距离（mm）	—	大于 8		大于 8
	滑动距离（mm）	—	0.5~1.5		0.5~1.5
	初压力（N）	47.088	58.84~83.36		58.84~83.36
	终压力（N）	61.803	156.91~196.13		156.91~196.13
联锁触头	数量	1 常开 1 常闭	2 常开 2 常闭	2 常开 4 常闭	2 常开 2 常闭
	额定电压（V）	110	110		110
	额定电流（A）	15	10		10
	终压力（N）	1-	3.138		3.138
额定工作气压（kPa）		490	490		490
气缸直径（mm）		45	45		45
活塞行程（mm）		29~30	22~24		22~24
额定控制电压（V）		直流 110	直流 110		直流 110

TCK7 的派生产品很多，与 TCK7 型电空接触器比较，TCK7B 没有灭弧装置，TCK7C 仅多了两对常闭联锁触头，TCK7D 取消了灭弧线圈中的铁芯。

第八节 真空接触器

真空接触器由于其灭弧原理的特点，比较适用于交流电路（若熄灭直流电弧，需采取适当的措施）。它与传统的空气交流接触器相比，具有耐压强度高、介质恢复速度快、接通及分段能力大、电气和机械寿命长等特点，可在重任务条件下供重要场合使用。下面以 EVS630/1-110DC 型真空接触器为例进行介绍。

一、型号及含义

EVS630/1-110DC 型真空接触器的型号含义如下：
EVC——真空接触器；
630——额定工作电流（A）；

1——极数；
110DC——控制电源的电压值及控制电源类型。

二、作　用

EVS630/1-110DC 型真空接触器在 SS_{4G} 型电力机车主电路中用来接通或断开功率因数补偿装置。

三、结　构

EVS630/1-110DC 型真空接触器的结构如图 9-41 所示，在真空接触器的基座上，磁驱动机构 7 和装在其旁的辅助开关组件 8 位于真空开关管 2 的上方。真空开关管的动触头经联轴节组件 9 和磁驱动机构 7 连接，并经软连接 5 和上连接板 6 连接。真空开关管的静触头支杆经连接卡圈 3 和下连接板 4 连接。

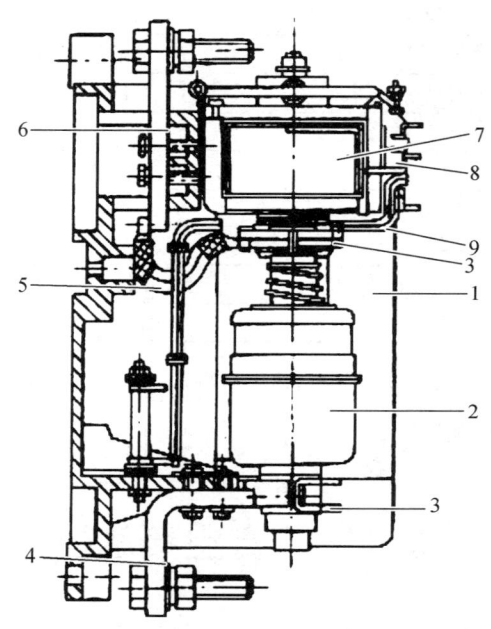

图 9-41　EVS630/1-110DC 型真空接触器剖视图
1—机座；2—真空开关管；3—连接卡圈；4—下连接板；5—软连接；6—上连接板；
7—磁驱动机构；8—辅助开关；9—联轴节

在断开状态下，真空开关管的两触头拉开 1.5 mm。由于在真空中断开，这么小的距离已能完全开断电路。触头被拉开的状态是由驱动系统中的压力弹簧实现的。

四、动作原理

真空接触器的电磁铁设计为带节能电阻的直流电磁铁。接通控制电源时，电磁铁对压力弹簧做功。释放动触头支杆，动触头支杆借助外部作用力使动静触头闭合。

五、特　点

真空接触器具有接通、分断能力大，电气和机械寿命长等特点，可在重任务条件下供重要场合使用。但也易出现电弧电流过零前熄灭，出现截流，故在电感电路中产生过电压。

六、参　数

EVS630/1-110DC 型真空接触器主回路技术参数如下：

额定工作电流 ··· 630 A
额定工作电压 ·· 1 140 V
额定工作频率 ··· 50 Hz
额定接通能力 ·· 6 300 A
额定分断能力 ·· 5 040 A
额定短时耐受电流 ··· 8 000 A
额定峰值耐受电流 ·· 13 600 A
机械寿命（次） ··· $\geqslant 5 \times 10^6$
电寿命 ··· 0.6×10^5
最大机械操作频率（次/h） ··· 3 000
辅助电路技术参数
额定工作电流 ·· DC 0.4 A
额定工作电压 ··· 直流 220 V

复习思考题

1. 对受电弓的基本要求是什么？
2. DSA200 型单臂受电弓由哪些部分组成，各部分的主要作用是什么？
3. 简述 DSA200 型单臂受电弓的动作原理。
4. DSA 型单臂受电弓升弓气源控制阀板由哪几部分组成？各部分有什么作用？
5. 简述 TSG3-630/25 型受电弓组成及各部分的作用。
6. 简述主断路器的作用及组成。
7. 说明主断路器分、合闸动作过程。
8. 简述 BVAC N99 型交流真空断路器的动作原理。
9. 说明避雷器的工作原理。
10. 高压连接器的主要作用是什么？
11. 简述转换开关的作用和主要组成。
12. 简述转换开关的换向原理
13. 接触器通常由哪四部分组成？
14. 简述 TCK1-400/1500 型电空接触器的动作原理。
15. 简述 TCK7-600/1500 真空接触器的特点及作用。

第十章 低压电器

第一节 电磁接触器

从前面章节的介绍可知,电-空接触器用压缩空气驱动触头动作的,具有行程长、传动力大的特点。在电力机车辅助电机的控制主要采用电磁接触器来控制,本节介绍两种类型的电磁接触器。

一、CJ20 系列三相交流接触器

1. 型号及含义

CJ20-100Z 及 CJ20-160Z 型电磁接触器的型号含义如下:
C—接触器;
J—交流;
20—设计序号;
100(160)—主触头额定电流(A);
Z—直流控制。

2. 作　用

CJ20 系列三相交流接触器在 SS_4 型(1~158 号)和 SS_6 型机车辅助电路中,用来接通和断开三相异步电动机或启动电阻(启动电容)等电路。

3. 结　构

CJ20 系列三相交流接触器的结构形式为直动式、立体布置、双断点、开启式,并采用压铸铝底座、增强耐弧塑料底板和高强度陶瓷灭弧罩组成三段式结构,使接触器结构紧凑,便于检修和更换线圈。主要由触头装置、传动装置和灭弧装置等组成,如图 10-1 所示。

触头装置:主触头中的动触桥为船形结构,因而具有较高的强度和较大的热容量。160 A 以下选用黄铜拉伸触桥。静触头选用型材并配以铁质引弧角,使之既具有形状的稳定型又便于电弧的外运动,其材料具有较好的抗熔焊性能和耐电磨损的性能。辅助触头安置在主触头两侧,采用无色透明聚碳酯做成封闭式结构,确保防尘,使接触可靠,160 A 及以下等级为 2 常开 2 常闭。

传动装置:采用具有双线的 U 形铁芯磁系统,衔铁为直动式,没有转轴,气隙置于静铁芯底部中间位置,因而释放可靠。磁系统的缓冲装置采用新型的耐高温吸振材料硅橡胶。还

选用了耐磨性能好的聚胺酯橡胶做停挡。

灭弧装置：采用高强度陶瓷纵缝灭弧罩。

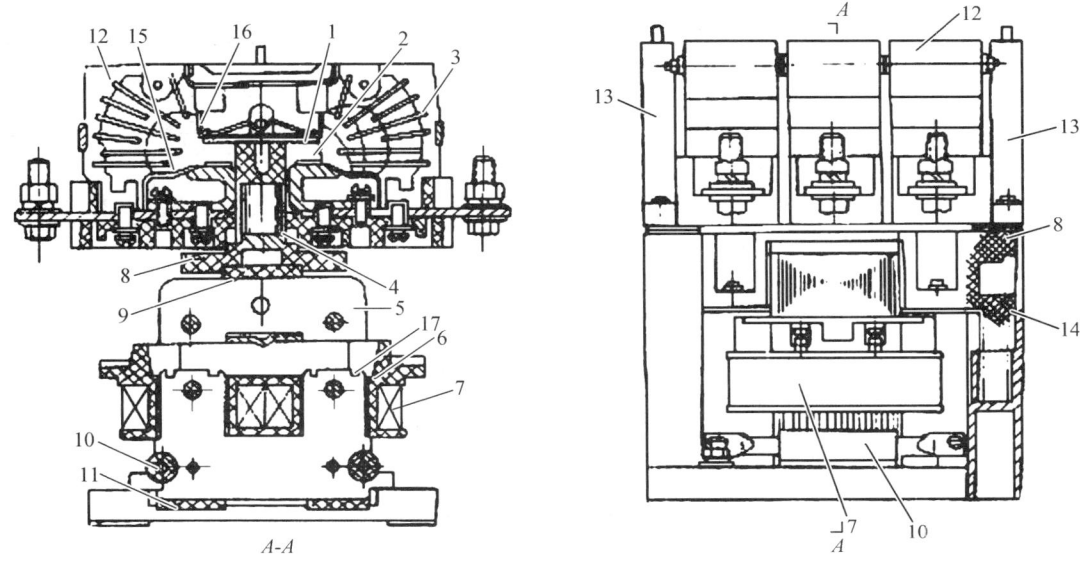

图 10-1　CJ20 型交流接触器结构简图

1—主动触头；2—主静触头；3—灭弧栅片；4—压缩弹簧；5—衔铁；6—静铁芯；7—线圈；8—绝缘支架；
9、11—缓冲件；10—缓冲硅橡胶管；12—灭弧室；13—联锁触头；
14—反力弹簧；15、16—弧角；17—分磁环

4. 动作原理

类似于电磁铁的工作原理，不再详述。

5. 参　数

CJ20 系列电磁铁接触器的主要技术参数见表 10-1。

表 10-1　CJ20 系列电磁接触器主要技术参数

型　号		CJ20-100	CJ20-160
额定工作电压（V）		380	380
额定工作电流（A）		100	160
主触头	开距（mm）	6	6.6
	超程（mm）	2.5±0.5	3±0.6
	初压力（N）	15.7±1.6	24.5±2.5
	终压力（N）	19.6±2	29.4±3
辅助触头	额定发热电流（A）	10	10
	额定工作电流（A）	0.55	0.55
	开距（mm）	4.5	4.5

续表

型　号			CJ20-100	CJ20-160
辅助触头	超程（mm）	常开	3±1	3±1
		常闭	3±0.5	3±0.5
	初压力（N）		1.13±0.12	1.13±0.12
	终压力（N）		2.06±0.21	2.06±0.21
控制线圈	线径（mm）		0.41	0.55
	匝数		1 500	1 000
	20 ℃阻值（Ω）		29.0	15.3

6. 特　点

其参数、特性出厂时已调好，一般可直接使用，不必调整。

二、6C系列交流接触器

1. 型号及含义

6C180型及6C110型交流接触器型号的含义为：6—序号；C—接触器；180、110—主触头额定电流（A）。

2. 作　用

6C系列交流接触器在SS_4型电力机车的辅助电路中，用于控制辅助电机等设备。

3. 结　构

6C180和6C110两种型号的交流接触器结构基本相同，其外形及结构如图10-2所示。

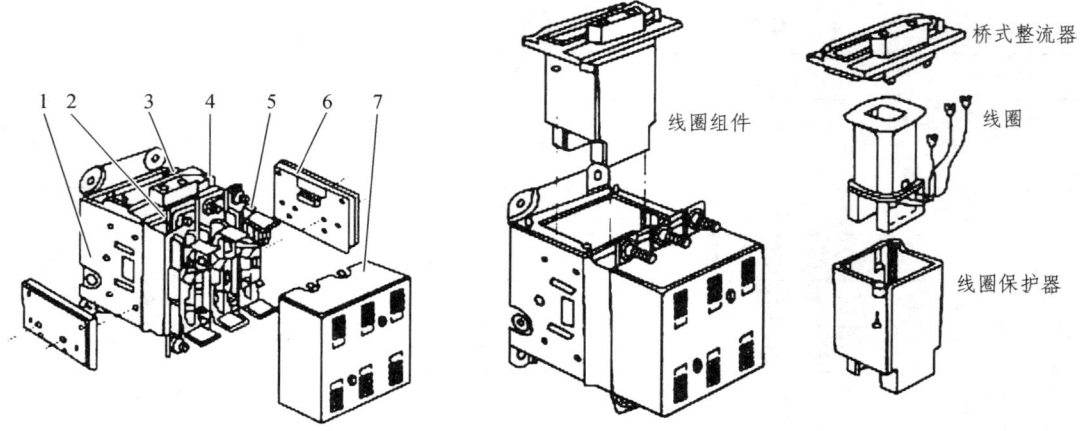

图10-2　6C系列三相接触器外形及线圈组件示意图

1—底座；2—静触头；3—桥式整流器；4—接线柱；5—动触头；6—辅助触头；7—灭弧罩

第十章 低压电器

触头装置：主触头采用常开直动式桥式双断点。

传动装置：磁系统为单 E 形直动式，具有较陡的吸力特性，控制线圈由启动线圈和保持线圈并联组成，并串加一个桥式整流器，使控制电源为交、直流两用，整流器输入、输出端都加有压敏电阻进行过电压保护。控制线圈通电后，启动线圈和保持线圈同时工作，在接触器快吸合时，启动线圈断开，只有保持线圈工作。启动线圈的分断由接触器自身一常闭联锁触头完成。

灭弧装置：灭弧罩采用高强度耐弧塑料制成，罩内设有割弧栅片。

6C180 型接触器的灭弧室与触头支持件之间设有机械联锁装置，当灭弧罩取下后，其联锁装置会将触头支持件销住，此时即使有人操作，触头系统也不会动作，能可靠保证维修人员的安全。在控制线圈引线边有一红色指示器，指示接触器的闭合或断开。

4. 动作原理

交流接触器的动作原理类似电磁铁的工作原理，不再介绍。

5. 特 点

6C180 型交流接触器具有操作频率高、主触头压力大、抗熔焊性好、耐电弧等优点，应用较多。

6C 系列接触器采用模块化设计，配件通用性大，便于维护及更换。

6. 参 数

6C 系列交流接触器的主要技术参数见表 10-2。

表 10-2　6C110、6C180 型交流接触器主要技术参数表

	型　号		6C110	6C180
主触头	额定绝缘电压（V）		1 000	1 000
	运行电流频限（Hz）		25～400	25～400
	运行电流	Jd（A）	160	260
		AC3（415F）(A)	110	180
	接通能力（均方根值）		1 100	1 800
	分断能力（≤440V）		1 300	1 800
辅助触头	型　号		6CA21R	
	约定发热电流 I_{th}（A）		15	
	额定绝缘电压（V）		660	
	运行电流（A）		16.5（DV24V），15（DC110V）	
控制线圈	型　号		6CC180/415	
	控制电源		交流或直流	
	额定电压（V）		110	

续表

控制线圈	电 阻	型 号	6C110	6C180
		闭合（Ω）	46	
		吸持（Ω）	1 240	
机械寿命（百万次）			10	10
电器寿命（百万次）			1.2	1.2
最大操作频率（次/h）			2 400	2 400

三、接触器的简单维护

接触器在使用时应经常或定期地检查其运行情况，并进行必要的合理维护，以延长其使用寿命，保证其安全可靠的运行。维护、检修时应首先断开电源，再按如下步骤进行：

（1）外观检查。

用压缩空气清除接触器各部件的灰尘，铁芯极面上的灰尘也可以用毛刷清除。若有油污，可先用棉布蘸少量酒精擦拭，然后再用干布擦净，并仔细观察接触器外观是否完整无损，注意拧紧所有紧固件。

（2）弧室维护。

取下灭弧罩，用毛刷清除罩内落物及金属颗粒，如发现有破裂或严重烧损及零部件（如灭弧栅片）变形、松脱或位置变化等现象而不易修复时，应及时更换新灭弧室。重新安装时，应装回原位，不能随意更换到另一极上，以免影响其灭弧效力。

（3）触头的维护。

定期检查触头的温升是否超过标准（主触头温升 75 ℃），银或银基粉末冶金制成的触头表面有烧毛发黑的现象是正常的，不会影响其实际工作能力，一般可不必清理。如果触头接触处有金属颗粒或毛刺，可以用细锉轻轻锉平，但不能用砂纸或砂布擦拭。对于具有铜触头的转动式接触器，若长时间没使用或连续工作 8 h 以上，在使用前应先闭合 1~2 次，以便除去触头的氧化膜。触头若有开焊、裂缝或磨损到原厚度 1/3 的情况，则应更换新触头。

（4）吸引线圈的维护。

观察线圈外表层有无过热变色，定期检查线圈温升是否超过所规定的值（一般规定，当环境温度为 40 ℃，A 级绝缘的线圈用温度计测得的表面温升不得超过 60 ℃），引线与导线是否有松动、开焊或将断的情况，线圈骨架有无碎裂、磨损或固定不正常现象。此外，还应注意缓冲件是否完整。

（5）铁芯的维护。

观察铁芯极端面有无变形、松开现象。可用棉纱蘸少量汽油擦拭极面上的污垢。注意交流电磁铁的分磁环有无断裂，中柱气隙是否保持在 0.1~0.3 mm（发现过小可略锉去一些）；直流电磁铁芯的非磁性垫片是否磨损或脱落，缓冲件是否完整，位置是否正确。

（6）接触器转轴的维护。

检查转轴转动是否灵活，在转轴与轴承处可注入少量润滑油，以保持转动灵活。

第二节　继电器

一、继电器的基本知识

继电器是根据某种输入信号接通或断开小电流的控制电路，以实现远距离自动控制和保护的自动电器。

继电器在电力机车上控制电路中，具有控制、保护或转换信号的作用。

继电器由测量结构和执行机构等组成。电磁继电器测量机构为电磁铁，用来接收输入信号；执行机构为触头，用来接通或断开被控制电路。

继电器按用途分类有控制继电器和保护继电器，控制继电器有中间继电器、时间继电器等，保护继电器有接地继电器、油流继电器等。

与接触器相比，继电器的触头容量小、没有灭弧装置，能反应多种信号等。

继电器和接触器的符号表示方法，在电路图中一般都有说明，同一电器的输入（如线圈）和输出（如接点）往往不画在一起，但代号是相同的，以表示控制和被控制的关系。不同车型的代号编制方法是不同的。另外国产车和进口车的常开、常闭接点的表示方法一般也相反。国产电力机车的电器接点表示方法为"上开下闭，左开右闭"。

二、电磁继电器

电磁继电器具有工作可靠、结构简单及易于制造等优点，所以在电力机车上被大量采用。

1. JZ15-44Z 型中间继电器

1）型号含义

JZ15-44Z 型中间继电器的型号含义为：J—继电器；Z—中间；15—设计序号；44—4 常开、4 常闭接点数；Z—直流控制。

2）作　用

该型继电器用在 SS_{4G} 型电力机车直流控制电路中，用来控制各种控制电器的电磁线圈，以使信号放大或用一个信号控制几个电器。

3）组　成

如图 10-3 所示，主要由传动装置和触头（接点）装置组成。

传动装置由直流螺管式电磁铁构成。衔铁上还有手动按钮，以供检查及故障操作之用。

触头装置包括 8 对桥式接点（联锁触头），可根据需要任意组合成 2 开 6 闭、4 开 4 闭、6 开 2 闭的方式。

4）主要技术参数

JZ15-44Z 型电磁继电器的参数见表 10-3。

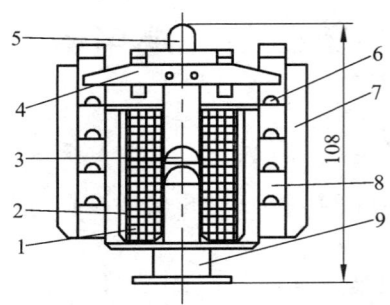

图 10-3　JZ15 继电器结构图

1—线圈；2—磁轭；3—铁芯；4—衔铁；5—按钮；6—触头组；7—防尘罩；8—反力弹簧；9—支座

表 10-3　电磁继电器主要技术参数

	型　号	JZ15-44Z	JT3 系列	JL14 系列		TJJ2 系列
触头	数量	4 常开、4 常闭	1 常开、1 常闭	2 常开		2 常开、1 常闭
	额定电压（V）	DC110	DC110	DC110		DC110
	额定电流（A）	10	10	5		5
	开距（mm）	<3	<3	<2.5		>4
	超程（mm）	<2	<1.5	<1.5		1.5
	初压力（N）	0.7	0.7			0.9
	终压力（N）	0.9	0.9	0.25		1.4
吸引线圈	额定电压（电流）	DC110 V	DC110 V	5 A	1 200 A	
	线径（mm）	φ0.16	φ0.18			φ0.29
	匝数	13 100	6 750	216	1	4 000
	阻值（Ω）	1 000	644	0.417	约为 0	120
	线径（mm）					0.12
	匝数					3 000
	阻值（Ω）					205
	整定值		12KT，21KT 为 1 s，11—20KT 为 3 s	10 A	2 800 A	1KE,2KE 为 18 V

2．JT3-21/5 型时间继电器

1）型号含义

JT3-21/5 型时间继电器的型号含义为：J—继电器；T—通用；3—设计序号；2、1—2 开 1 闭接点数目，5—表示动作值（s）（延时时间）。

2）作　用

该型继电器作为直流控制电路中的延时控制环节。有 3 个时间等级：1 s（0.3～0.9 s），3 s（0.8～3 s），5 s（2.5～5 s）。

3）组　成

如图10-4所示，该型继电器在磁轭上套装有阻尼铜套（或阻尼铝套）起延时作用。

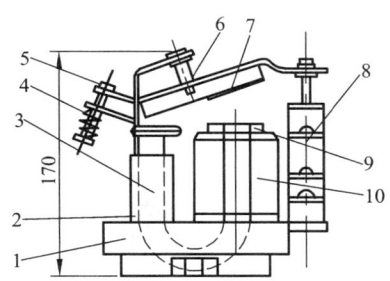

图10-4　JT3系列时间继电器结构简图

1—底座；2—阻尼套筒；3—铁芯；4—反力弹簧；5—反力调节螺母；6—衔铁；
7—非磁性垫片；8—触头组；9极靴；10—线圈

4）动作原理（延时原理）

当继电器的线圈通电时，在磁路中产生磁通。在线圈通电时，因为磁通的增长和衔铁的动作时间很短，所以联锁触头的动作几乎是瞬时的。当线圈断电时，电流将瞬时下降为零，相应于电流的主磁通亦迅速减小，但因其变化率很大，根据楞次定律，在阻尼铜套（或阻尼铝套）内部将产生感应电势，并流过感应电流，此电流产生与原主磁通相同方向的磁通以阻止主磁通下降，这样就使磁路中的主磁通缓慢地衰减，直到磁通衰减到不能吸住衔铁时，衔铁才释放，接点才相应地打开（或闭合），这样就得到了所需的延时。

延时时间的长短与阻尼铜套（或阻尼铝套）的电阻有关，电阻越小，延时越长。延时调整方法有两种，一种是更换不同厚度的非磁性垫片，另一种是改变反力弹簧的松紧程度，后者可以平滑连续调节，用于延时的细调。

5）主要参数

JT3型时间继电器的主要参数见表10-3。

3．TJJ2-18/20型接地继电器

1）型号含义

TJJ2-18/20型接地继电器的型号含义为：T—铁路；JJ—接地继电器；2—设计序号；18—动作住（18 V）；20—2开0闭接点数目。

2）作　用

该继电器用作直流主电路接地保护。

3）组　成

如图10-5所示，TJJ2系列继电器主要由传动装置、触头装置、指示装置和机械联锁等组成。

传动装置由拍合式电磁铁构成，带有吸引线圈。

触头装置有两对主触头和一对联锁触头，均为桥式双断点，主触头由衔铁控制，联锁触头由指示杆带动。

指示装置带有恢复线圈、螺管式电磁铁和指示杆。

机械联锁由钩子和扭簧组成。

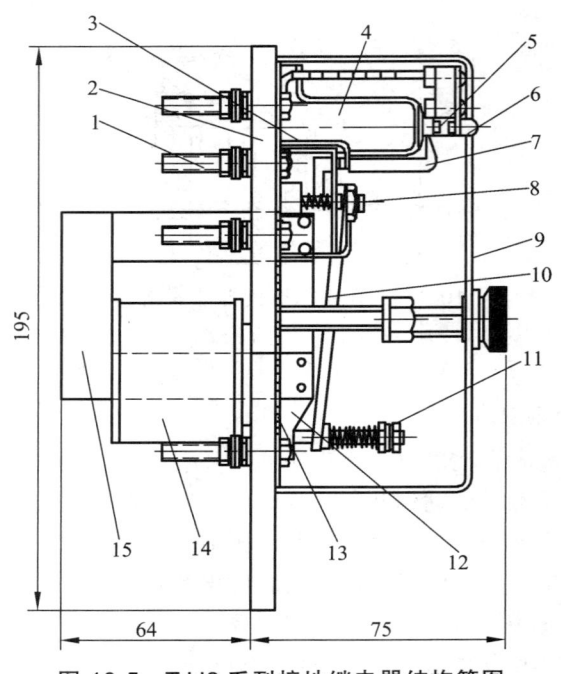

图 10-5　TJJ2 系列接地继电器结构简图

1—接线端子；2—底板；3—主触头；4—恢复线圈；5—联锁触头；6—指示器；7—钩子；
8—扭簧；9—外罩；10—衔铁；11—反力弹簧；12—支座；13—非磁性垫片；
14—吸引线圈；15—铁芯

4）工作原理

正常工作时，接地继电器的控制线圈无电流，衔铁处于释放位置，指示杆被钩子勾住，接地继电器的联锁触头处于常开位置。当机车主电路发生接地故障时，控制电磁铁吸合动作带动触头切换有关电路，使主断路器跳闸切断机车总电源，保护了主电路。与此同时，衔铁与钩子的尾部相接触，迫使钩子克服扭簧的作用力，而使其顺时针旋转，使得钩子不再钩住指示杆并在弹簧的作用下跳出罩外，显示机械信号，联锁触头也随之闭合，司机台上信号显示屏中显示主接地信号。

当故障消失时，衔铁在反力弹簧的作用下恢复复位，但指示杆发出的机械信号仍保持。如需继续投入运行，则按"主断路器合"按钮，使恢复线圈短时得电，将指示杆吸入罩内，指示杆重新被钩子勾住，联锁触头也随之断开，于是接地继电器发出的机械信号和电信号一起消失。

5）主要技术参数

TJJ2 系列继电器的主要技术参数见表 10-3。

4. JL14-20J 型过流继电器

1）型号含义

JL14-20J 型继电器的型号含义为：J—继电器；L—电流；14—设计序号；2—常开触头数；0—常闭触头数；J—交流控制。

2）作 用

JL14-20J 型号交流继电器是作为主电路原边过流保护和辅助电路过流保护之用。其中，主电路原边过流保护采用 JL14-20J/5 型交流继电器，辅助电路过流保护采用 JL14-20J/1200 型交流继电器。

3）组成及工作原理

（1）原边过流继电器。

原边过流继电器采用 JL14-20J/5 型交流电流继电器，它接在高压交流电流互感器的副边，作牵引变压器原边过电流保护。其额定电流为 5 A，动作电流整定值为 10 A（±10%）。

该型继电器的结构如图 10-6 所示。它的电磁系统是由呈角板形的磁轭、固定在磁轭上的圆形铁芯、套装在铁芯上的吸引线圈以及平板形衔铁所组成。衔铁可绕磁轭的棱角支点转动，形成拍合式动作。磁轭棱角的左下方装有反力弹簧，继电器失电时，衔铁可借助反力弹簧的反力而打开。电磁系统右侧安装有触头组，触头支架与衔铁支件相连，衔铁动作时，可带动触头支架做相应的动作，使联锁触头开闭。在铁芯端的衔铁上装有非磁性垫片，用以防止剩磁继续吸引衔铁而出现不释放现象。

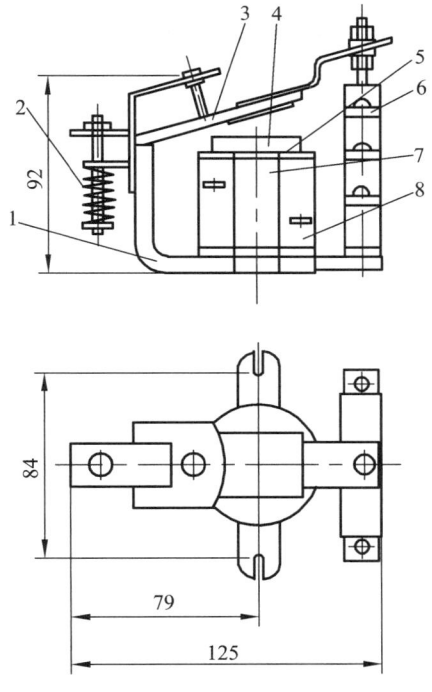

图 10-6 JL14 系列继电器结构简图

1—磁轭；2—反力弹簧；3—衔铁；4—非磁性垫片；5—极靴；6—触头组；7—铁芯；8—线圈

改变非磁性垫片的厚度,可以调节继电器的释放电流值;改变反力弹簧的压力,可以调节继电器动作电流的整定值。

(2)辅助过电流继电器。

辅助过电流继电器选用的是额定电流为 1 200 A 的 JL14-20J/1200 型交流电流继电器,它直接接在辅助电路中(即电磁系统的吸引线圈就是辅助电路的母线),作辅助电路过电流保护,其动作电流的整定值为 2 800 A(±10%)。

该型继电器与原边过电流继电器结构基本相同,如图 10-7 所示。根据励磁的需要,它的电磁系统由磁轭和分磁板组成矩形框架,吸引线圈就是穿过矩形方框的方形铜排,即母线,由它取代了铁芯骨架。分磁板的作用是将短路或过载电流产生的磁通分为相位不同的两部分,以保证铁芯对衔铁的合成吸力消除过零点,并保持在一定的范围内,从而减小了交流电磁铁处于闭合状态的振动和噪声。

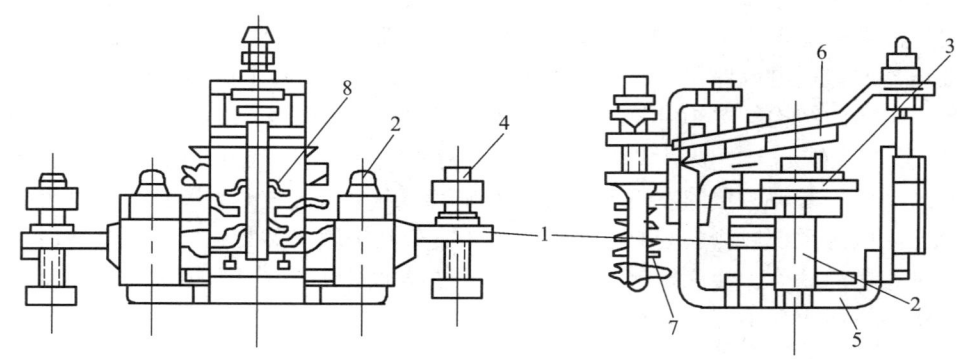

图 10-7 JL14-20J/1200 型交流电流继电器结构简图

1—母线;2—支架;3—分磁板;4—螺栓;5—磁轭;6—衔铁;7—反力弹簧;8—触头组

当辅助电路工作正常时,母线中通过的电流小于动作值,衔铁在反力弹簧的作用下处于打开状态。若辅助电路出现过载或短路故障,衔铁即在电磁吸力的作用下吸合,带动触头组中的联锁触头作相应的分合转换。

4)主要技术参数

JL14 系列继电器的主要技术参数见表 10-3。

三、机械式继电器

在 SS 系列电力机车上使用的机械式继电器有风道(风速)继电器、风压继电器、油流继电器。

1. 风道(风速)继电器

1)型 号

风道继电器包括 TJV1-7/10 型风速继电器和 TJY5(TJY5A)型风道继电器。下面以 TJY5-0.3/10 型为例介绍,其型号含义为:T—铁路机车用;J—继电器;Y—压力型;5、5A—设计序号;0.3—动作整定风压值(kPa);1—1 个常开触头;0—0 个常闭触头。

2）作 用

在 SS$_{4G}$ 型电力机车上，TJY5-0.3/10 型风道继电器安装在牵引电机、硅整流装置柜和制动电阻柜的通风系统风道中，用来反映通风系统的工作状态，保护发热设备。

3）组 成

TJY5-0.3/10 型风道继电器外形如图 10-8 所示，为圆丘形铸铝合金壳体，电器各部件封闭其内。可分为触头装置和传动装置。亦可分为测量环节、比较环节、执行环节。

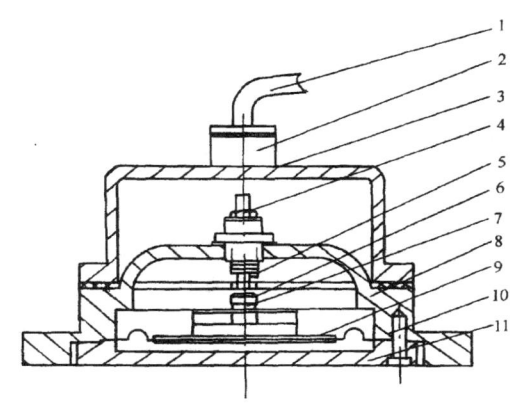

图 10-8　TJY5-0.3/10 型风道继电器

1—导线；2—出线座；3—盖；4—接线头；5—静触头；6—动触头；7—反力弹簧；
8—壳体；9—膜片；10—螺钉；11—护板

4）动作原理

当风机启动后，各风道内产生的静压值为 294（1±10%）Pa 以上时，膜片 9 动作，带动动触头 6 克服反力弹簧 7 的作用，使常开触头闭合，接通相应的控制电路正常工作；当通风系统发生故障，风道内无风压或风压低于 294 Pa 时，动触头在反力弹簧及膜片的作用下恢复到原位，常开触头打开，从而切断相应的控制电路。

5）参 数

TJY5-0.3/10 型风道继电器的主要技术参数如下：

触头额定电压 DC 110 V；　　　　　触头额定电流 DC 3 A；

触头数量 1 常开；　　　　　　　　风压整定值 294（1±10%）Pa。

2. 风压继电器

1）型 号

TJY3-1.5/11 型和 TJY3A-4.5/11 型风压继电器，型号含义为：J—继电器；Y—压力型；3（3A）—设计序号，1.5（4.5）—动作值（kPa），11—常开常闭联锁触头数。

2）作 用

TJY3-1.5/11 型风压继电器是作为电力机车电阻制动和空气制动间的安全联锁，在电阻制动时，空气制动不能太强，以免车轮被抱死。

TJY3A-4.5/11 型风压继电器是作为主断路器的欠气压保护，防止在低气压下分合主断路器。

3）组　成

两种型号的风压继电器结构基本相同，主要由传动装置和联锁触头组成（当然亦可分为测量、比较和执行三部分）。

4）动作原理

当气压达到动作值时，空气压力大于反力弹簧的反力，推动橡胶薄膜及活塞上行，通过传动件使接点动作。

3. 油流继电器

1）型　号

TJV2 型油流继电器，其型号含义为：T—铁路用；J—继电器；V—速度；2—序号。

2）作　用

TJV2 型继电器用来监视主变压器油循环冷却系统的工作状况，当油流停止或不正常时，给司机发出警告信号。

3）组　成

TJV2 型油流继电器由叶片、扭簧和接线柱组成，如图 10-9 所示。

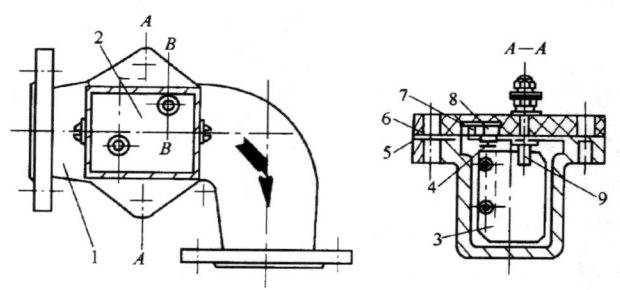

图 10-9　TJV2 型油流继电器

1—连管；2—外罩；3—叶片；4—扭簧；5—橡胶垫；6—底板；
7—球轴承；8—转轴；9、10—接线柱

4）动作原理

油流正常循环时，推动叶片，使其常闭联锁触头断开，司机台上油流信号不显示。

当油流停滞时，叶片在扭簧的作用下返回，其常闭联锁触头接通，司机台上油流信号显示，表示油流不正常。

该型油流继电器管体上标有油流方向箭头，分左、右两方向，不能装错。

四、继电器的简单维护

1. 继电器的常见故障及处理

1）触头故障

（1）由于触头的机械咬合（触头上形成的针状凸起与凹坑相互咬住）、熔焊或冷焊而产生无法断开的现象。

（2）由于接触电阻变大和不稳定使电路无法正常接通的现象。

（3）由于负载过大，或触头容量过小，或负载性质变化等引起触头无法分、合电路的故障。

（4）由于电压过高，或触头开距变小而出现触头间隙重新击穿的故障。

（5）由于电源频率过高，或触头间隙过大而产生无法准确开断电路的故障。

（6）由于不满足环境条件要求而造成触头工作的失误。

（7）由于没有采用熄弧线路或措施，或参数选用不当而造成触头磨损，或产生不必要的干扰。

2）线圈故障

（1）由于环境温度的变化（超过技术条件规定值）导致线圈温升而引起线圈绝缘的损坏；由于潮湿而引起绝缘水平的严重降低；由于腐蚀而引起内部断线或匝间短路。

（2）由于线圈电压超过110%额定电压而导致线圈损坏。

（3）在使用维修时，可能由于工具的碰伤而使线圈绝缘损坏，或引起线折断。

（4）由于线圈电压接错，如额定电压为110 V的线圈接到220 V的电源电压上，或将交流电压线圈接到同样等级的直流电压上而使线圈立即烧坏。

（5）交流线圈可能是由于线圈电压超过110%额定电压，或操作频率过高，或当电压低于85%额定电压时因衔铁吸合不上而烧坏。

（6）当交流线圈接上电压时，可能由于传动机构不灵或卡死等原因，使衔铁不能闭合而使线圈烧坏。

3）磁路故障

（1）棱角和转轴的磨损，导致衔铁转动不灵或卡死的故障。

（2）在有些直流继电器中，由于机械磨损，或非磁性垫片损坏，使衔铁闭合后的最小气隙变小，剩磁过大，导致衔铁不能释放的故障。

（3）交流继电器铁芯上分磁环断裂，衔铁或铁芯极面生锈或侵入杂质时，将引起衔铁振动，产生噪声。

（4）交流继电器E形铁芯中，由于两侧铁芯的磨损而使中柱的气隙消失时，将产生衔铁粘住不放的故障。

如各种零件产生变形或松动，机械损坏，镀层裂开或剥落，各带电部分与外壳间的绝缘不够，反作用力弹簧因疲劳而失去弹性，各种整定值调整不当，产品已达额定寿命等。

继电器产生故障的原因很多，除了要求生产厂确保产品的质量以外，正确使用和认真维修也是减少故障、保证可靠工作的重要环节。

2. 继电器的维修

（1）继电器活动部分的动作应灵活、可靠，外罩及壳体应无损坏或缺少零件等情况。

（2）继电器线圈引出端子及外部连接线必须牢固、可靠，电磁继电器吸引线圈的阻值必须符合有关的技术规定。

（3）有指示件的继电器应检查指示件的自锁和释放作用，保证其正确、可靠。

（4）绝缘状态良好，磨耗件及易损件（包括胶木件、外罩、分磁环、非磁性垫片等）有缺损时应更新，各连接部分的紧固状态应良好。

（5）测量继电器触头厚度、开距、超程及终压力等技术参数，必须符合有关规程和工作文件的要求。

（6）调整继电器动作参数的整定值并加漆封固定。有特殊要求时，还应测量继电器的返回系数。

在电力机车中修时，最主要的任务之一就是必须对全部继电器重新整定、校检。继电器整定值的调试应由专职人员在专用的试验台上进行。电磁式继电器可借调整反力弹簧、初始气隙及非磁性垫片等措施来调整动作值。一般地，调整初始气隙可改变其动作值，调整非磁性垫片可改变其释放值，而调整反力弹簧则动作值和释放值都可改变。应当注意的是，各继电器整定完毕应铅封或漆封，以防错动而影响整定值。

必要时，某些继电器在检修后还应做振动试验，测试触头压力及接触电阻。

第三节　传感器

一、传感器概述

1. 传感器定义

传感器是借助检测元件接收一种形式的信息，并按一定规律将它转换成另一种信息的装置。目前所用的传感器大多把其他形式的量转化为电信号，因此，传感器也可以定义为把外界的输入信号转换成电信号的装置。传感器种类很多，有位移传感器、速度传感器、压力传感器和光电传感器、电阻式传感器、电势型传感器、半导体传感器等。

2. 磁平衡式霍尔电传感器

磁平衡式霍尔电传感器是采用霍尔器件并引进瑞士 LEM 公司的技术制成的。

1）霍尔器件的工作原理

载流导体在磁场作用下，两端会产生电位差 U_h，即霍尔电势，如图 10-10 所示。

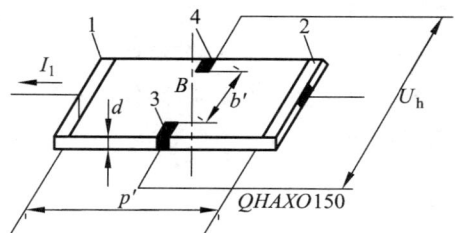

图 10-10　霍尔器件的工作原理图

利用霍尔电势的产生原理，现代科技已用半导体材料专门制成霍尔元件或称霍尔芯片，用于检测磁通。一般的霍尔芯片均有 4 根引线，其中 2 根引线为外加电压，提供电流，另 2

根引线为输出的霍尔电势 U_h。当外加电压恒定，电流 I_1 恒定时，输出的霍尔电势 U_h 与磁场有良好的线性关系。

2）LEM 传感器的工作原理

LEM 传感器是利用上述霍尔器件的工作原理，特别是输出霍尔电势与磁场的线性关系，并运用磁平衡技术制成的，其工作原理如图 10-11 所示。

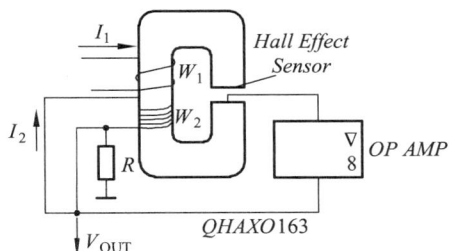

图 10-11 LEM 传感器的工作原理图

3）传感器的特点

基于上述原理，磁平衡式霍尔传感器有着如下特点：

（1）可以测量任意波形的电流和电压，直流、交流脉动波形。因工作在零磁通状态，已不受磁饱和的影响，可以真实地反应各种原边电流的波形。

（2）原、副边电路隔离。

（3）精度高，对任意波形可做到优于 1% 的精度。

（4）线性度好，一般可做到优于 0.1%。

（5）过载能力强，当原边电流过载（即达到饱和）时，可自动保护。

机车电流通常为脉流，除直流分量外，有脉动交流成分。磁平衡式霍尔传感器的采用，大大提高了电力机车的控制水平，使机车能实现各种先进的控制方式。

3. 机车传感器的应用情况

SS_{4G} 型电力机车上使用的电流、电压、速度、压力传感器如表 10-4 所示。

表 10-4 传感器在 SS_{4G} 型电力机车上的使用情况

序号	电路代号	名 称	型 号	规 格	数量
1	111SC 121SC 131SC 141SC	检测电枢电流用电流传感器	TQG4A	1 500 A/10 V	4
2	199SC	检测励磁电流用电流传感器	TQG4A	1 500 A/10 V	1
3	112SV 122SV 132SV 142SV	检测电机电压用电压传感器	TQG3A	1 500 V/10 V	4
4	136SV 137SV 146SV 147SV	PFC 用电压传感器	TQG3A	2 000 A/80 mA	4
5	431BV 432BV 433BV 434BV	速度传感器	CHS-GD-3		4
6	201BP	辅助风缸压力传感器	CZY1		1
7	202BP	制动风缸压力传感器	CZY1	300 A/5 A	1

二、电流传感器

电流传感器是通过霍尔发生器测磁来实现对各种电流的测量。它们串接在牵引电动机电枢回路或励磁电路中,将相应电流反馈信号输入到电子控制柜的相应信号插件。

1. 使用注意事项

电流传感器接线如图 10-12 所示。当被测电流为直流且方向与传感器上箭头标示方向一致时,则测量输出电流的方向是由 M 到 0,M 端为正;否则,M 端为负。

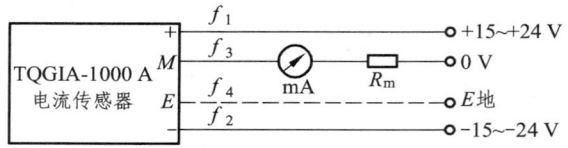

图 10-12　TQG4A-1000A 型电流传感器接线图

使用电流传感器时必须先接通电源,然后再加上被测电流。当测量结束时,必须先断开被测电流,然后再断开电源,否则将因剩磁而影响测量精度。

2. 主要技术参数

TQG4A-1000A 型电流传感器的主要技术参数如下:

额定测量电流 ·· 1 000 A
过载能力 ·· 1 500 A-3 min/h
额定输出比例 ·· 200 mA/1 000 A
最大输出比例 ·· 360 mA/1 800 A
准确度 ·· ± 1% I_n
电源 ·· ± 15 V ~ ± 24 V
工作环境温度 ·· − 25 ~ + 70 ℃
二次测电阻 ·· 40 Ω
一次侧电路和二次侧输出电路之间耐压 ·· 6 kV/50 Hz/1 min
电流消耗 ·· 60 mA + 被测电流
外形尺寸 ·· 230 mm × 132 mm × 153.5 mm
质量 ·· 3 kg

3. 故障判断

电流传感器的故障,可以用检查无输入电压时偏移电流(失调电流)的方式进行判别。当原边无电流输入、副边加 ± 24 V 电源、失调电流小于 0.4 mA 时,一般可以认为电流传感器正常。

三、电压传感器

电压传感器安装在高压电器柜内,跨接在牵引电动机的两端,将牵引电动机端电压反馈信号输入到电子控制柜。TQG3A、TSV1 型电压传感器原理基本一样。

1. 使用注意事项

电压传感器接线如图 10-13 所示。

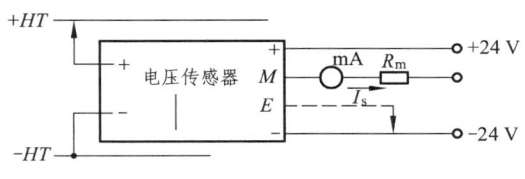

图 10-13　电压传感器接线

图中,+HT、-HT 端子接被测电压,+HT 接高电位,-HT 接低电位,测量电流方向如图 10-13 中 I_s 箭头所示。若被测电压为交流电时,I_s 方向跟随输入端电压方向改变而改变。

"+"、"-"端子接 ±24 V 电源,"M"端子经外接毫安表(也可不接)及测量电阻 R_m 接到 ±24 电源的中点(0 V)。

"E"端子为内部屏蔽端子,一般接机车地线或电源"-"端,也可空着不接。

使用电压传感器时必须先接通电源,然后再加上被测电压,当测量结束时,必须先断开被测电压,然后再断开电源,否则将因剩磁而影响测量精度。

2. 主要技术参数

额定测量电压 ··· 2 000 V
输入电阻 ··· 500 kΩ
二次侧输出测量电流 ··· 80 mA/2 000 V
二次侧线圈内阻 ··· 30 Ω
准确度 ··· ±1%U_e
无输入电压时偏移电流 ··· ≤ ±0.5 mA
工作环境温度 ··· -25 ~ +70 °C
耐压:
　一次侧电路和二次侧输出电路及屏蔽间 ··································· 6 kV/50 Hz/1 min
　二次侧输出电路和屏蔽间 ··································· 1 kV/50 Hz/1 min
电源 ··· ±24(1±10%)V
电流消耗 ··· (35±5)mA + 输出测量电流
外形尺寸 ··· 196 mm × 134 mm × 105 mm
质量 ··· 2 kg

3. 故障判断

电压传感器的故障,通常用检查无输入电压时偏移电流(失调电流)的方式进行判断。在原边无输入被测电压时,副边加 ±24 V,通过"M"点串接测量电阻 R_m 和毫安表(如电压传感器接线示意图所示），当测量到偏移电流不大于 0.5 mA，且 + HT 和 – HT 的值在 500 kΩ 左右时，一般可认为电压传感器正常。

四、速度传感器

SS_{4G} 型电力机车采用 FD 型速度传感器与 SD 型速度表配套使用，指示机车运行速度、行走里程和时间。

FD 型速度传感器采用 FD 型永磁单相测速电机，此传感器装在机车轴箱上，通过机车轮轴轴头，驱动测速电机旋转，产生单相交流电压，经速度表内的速度控制板中的整流电路整流、滤波后，变成平滑直流电压，送入广角度直流毫安表。利用电机转速与电压的线性关系，在广角度电表上显示机车运行速度、轮径磨耗。其误差可通过调节速度显示电路的电位器来消除，其外形如图 10-14 所示。

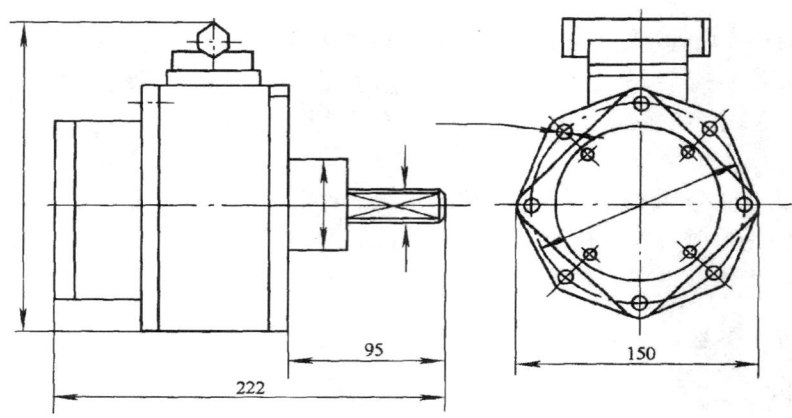

图 10-14　FD 型速度传感器外形图

1. 测速原理

FD 型永磁单相测速电机是一只单相 16 极永磁测速电机。它通过拨动轴、传动簧使机车轮轴与电机轴软性连接，电机的转子由磁钢与一对极爪组成 16 个极，充磁方便，定子线圈有 3 挡抽头选择电机输出电压值，磁路中有可调的磁分路装置，电机的输出电压可通过线圈抽头和磁分路来调节，所以，电机电压线性好、精度高、具有互换性。当机车的轮轴驱动电机旋转时，就会产生与电机转速呈线性关系的单相交流电压，供电测量仪表进行速度、转速、显示与机车控制用。

2. 里程显示原理

FD 型电机上部装有由二级蜗轮、蜗杆减速、偏心轮装置和微动开关组成的里程减速机构。当机车轮轴走行 1 km 时，经蜗轮、蜗杆减速，偏心轮转动，顶动微动开关一次，里程开关信号进入 SD 型速度表内的里程计数器，累计机车走行公里。减速机构中，蜗轮的齿数根据机车轮径的大小决定，偏心轮装置保证机车无论前进、后退均能输出里程开关信号。

3. 主要技术参数

测量范围 ··· 0～1 000 r/min
电压允许误差 ·· AC（32±0.2）V（800 r/min）
电机的线性允许误差 ··· ±0.3 V
电机旋转方向 ·· 任意
工作方式 ··· 连续
结构形式 ··· 封闭自冷
里程接点 ··· 每公里开关通断一次（根据轮径订货）
工作条件：
  环境温度 ·· −20～+50 ℃
  相对湿度 ·· 不大于85%（+25 ℃）
电机寿命 ··· 5 000 h
质量 ··· 6 kg

4. 使用、维护与检验

① 速度表与 FD 型速度传感器需编号对应使用，传感器铭牌上的轮径数应与速度表铭牌上的轮径数相符，电表指针应调到机械零位，FD 型速度传感器的电机传动轴转动必须灵活。

② 速度表与机车控制电路的连线必须牢固，不得有断线、短路现象。FD 型速度传感器的电机安装在机车轴箱上，传动轴通过传动机构与机车轮轴联结，其安装必须牢固可靠；电机接线盒内接线不得有断线、短路等现象。

③ 测速发电机使用半年后，应检查各传动零件和电机零件的工作状况，如有磨损应予更换。更换后，组装时应清洗零件和重新润滑。电机电压的测定在速度表试验台上进行，采用阻抗不小于 10 MΩ、精度不低于 0.5 级的数字交流电压表测定。电压不符合技术要求时必须进行调整。调整完毕应用锁片自锁，防止调节螺钉松动。

④ 速度表与传感器每使用 3 个月应在速度表校验台上进行一次速度和转速、速度取样点校验。速度表表头与传感器的校验工作在专用校验台上进行。校验时根据机车的实测轮径进行计算。

第四节 司机控制器

一、概 述

司机控制器是司机用来操纵机车运行的主令电器，它通过控制电力机车控制电路中的电器，间接控制主电路的电气设备，使司机能安全、方便地操纵机车。

为便于双端操作，在机车的 I、II 端司机室各装有一台结构完全相同的主司机控制器和一台结构完全相同的辅助司机控制器，又名调车控制器。

SS$_{4G}$ 型电力机车采用的是 TKS14A（T—铁路机车用；K—控制器；S—司机；14—设计系列号；A—设计序号）型主司机控制器和 TKS15A 型调车控制器。

二、TKS14A 型司机控制器

1. 结构及主要部件作用

主司机控制器和调车控制器从结构来看都属于凸轮控制器，其凸轮是由凸轮架和凸轮块拼装而成，因而每一个凸轮的凸凹形状可根据控制需要而改变。

TKS14A 型司机控制器由上层、中上层、中下层和下层 4 部分构成，各层之间由钢板隔开，并由 6 方支柱支撑：左右两侧装有主轴 11 和转换轴 12，主轴用于调节机车的速度，换向轴用于控制机车的运行状态及方向，如图 10-15 所示。

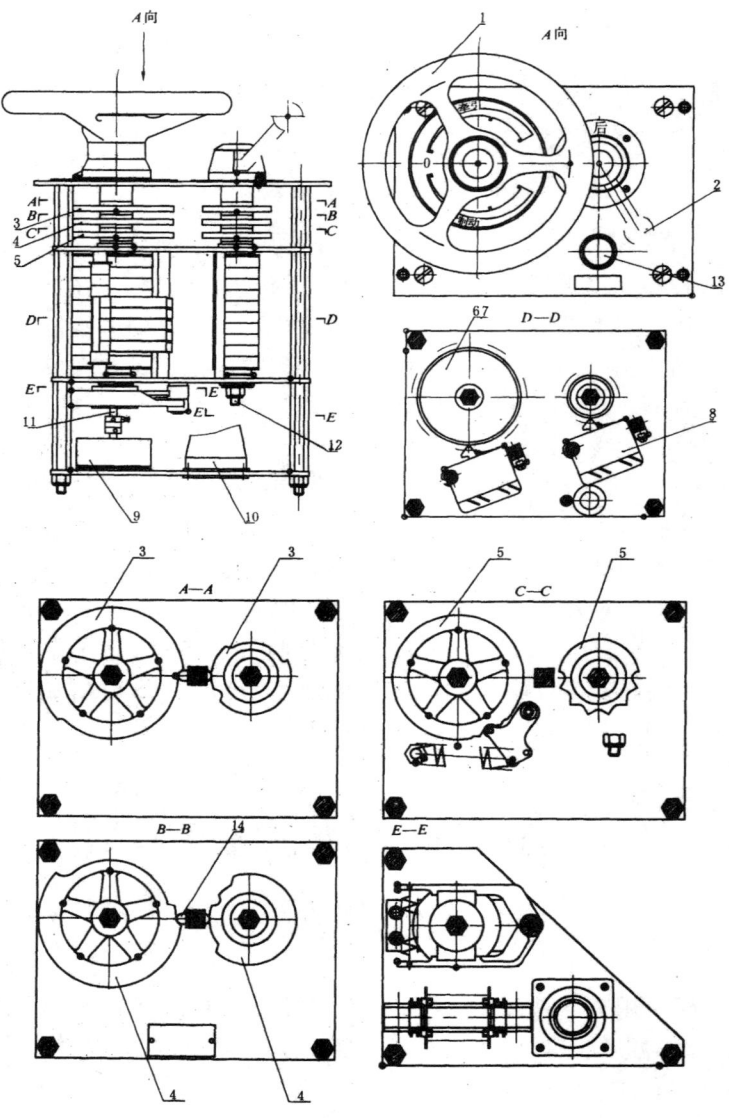

图 10-15　TKS14A 型主司机控制器

1—手轮；2—手柄；3、4—凸轮；5—定位凸轮；6—凸轮架；7—凸轮块；8—辅助触头盒；
9—电位器；10—插座；11—主轴；12—转换轴；13—锁柱

该控制器的上层为主司机控制器的面板，如图 10-15 的 A 向图，其上有手轮 1、手柄 2；中上层主要为机械联锁装置，包括作为联锁用的凸轮组 3（B-B 剖面）、凸轮组 4（A-A 剖面）、定位用的凸轮组 5（C-C 剖面）及锁柱 13；中下层包括作为控制用以实现电逻辑要求的凸轮架 6 和安装在其上的凸轮块 7，以及辅助触头盒 8（见图 10-15 的 D-D 剖面）；下层主要有电位器 9 及接线插座 10。

电位器 9 固定在主轴上，它为塑料导电膜电位器。辅助触头盒 8 由两根挡棍固定，其接触元件为双断点桥式常闭型结构，具有自润滑功能。

换向轴共有"后""0""制""前""Ⅰ""Ⅱ""Ⅲ"7 个位置，这 7 个位置由机械联锁装置中的定位凸轮来定位。

2. 控制原理

1）机械联锁关系

司机借助手轮 1 及手柄 2 实现对司机控制器的操作。手轮 1 固定在面板上，手柄为可取式（钥匙式），利用面板上限位器的缺口，保证只有当转换轴处于"0"位时才能将手柄插入或取出。手柄同时又是调车控制器（TKS15A 型）的手柄。同样，利用调车控制器面板上限位器的缺口，保证只有当调车控制器的主轴处于"取"位时，手柄才能插入或取出。这样，整台机车的主司机控制器和调车控制器共用一个活动手柄，从而保证了机车在运行中，司机只能操作一台司机控制器，其余 3 台均被锁在"0"位或"取"位，不致引起电路指令发生混乱。

为了防止司机可能产生的误操作，确保机车设备及机车运行安全，司机控制器的手轮与手柄之间设有机械联锁装置，它们之间的联锁要求如下：

（1）手柄在"0"位时，手轮被锁在"0"位不能动作；
（2）手柄在"前"或"后"位时，手轮可在"牵引"区域转动；
（3）手柄在"制"位时，手轮可在"制动"区域转动；
（4）手轮在"0"位时，手柄可在"0""前""后""制"各位间任意转动；
（5）手轮在"牵引"区域时，手柄被锁在"前"位或"后"位；
（6）手轮在"制动"区域时，手柄被锁在"制"位；
（7）手轮在"Ⅰ""Ⅱ""Ⅲ"位时，手轮不能回零。

上述机械联锁要求是由机械联锁装置来实现的。机械联锁装置主要由凸轮 3、4 及锁柱构成（见图 10-15 中 B-B、A-A 视图）。

2）触头闭合表要求的实现

电逻辑即闭合表的要求是由主轴、转换轴、辅助触头盒及电连接来实现的。

图 10-15 的 D-D 视图中的凸轮架上装有凸轮块。当转动手轮时，主轴、凸轮架随之转动，当凸轮块的位置转动到辅助触头盒（见图 10-16）的杠杆位置时，杠杆受到凸轮块的挤压而将与其连动的动触头顶开，此时，与该辅助触头盒相连的控制线失电；当主轴转动到辅助触头盒杠杆处的凸轮架上无凸轮块时，由于辅助触头盒恢复弹簧的作用，辅助触头盒的触点闭合，这样，与该辅助触头盒相连的控制线得电。利用此原理，可根据电路原理图上司机控制器各控制线得、失电情况，在主轴、转换轴的凸轮架上布置相应的凸轮块以满足要求。

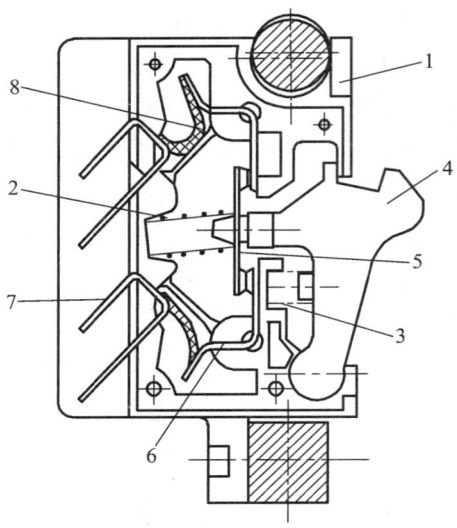

图 10-16 辅助触头盒

1—触头盒体和盖；2—触头弹簧；3—恢复弹簧；4—杠杆；5—动触头；
6—静触头；7—接线片；8—软连接

3）电位器的调节

手轮调速主要是通过调节电位器输出电阻的大小来实现的。

该型司机控制器采用的是塑料导电膜，其电阻分配如图 10-17 所示。图中，135°区域为有效电气角度，30°区域的出线端子为"3"端，60°区域的出线端为"1"端，135°区域为"2"端。在 135°区域内有一个固定电阻与一个均匀分布的同样大小的可调电阻。电气原理图如图 10-18 所示。

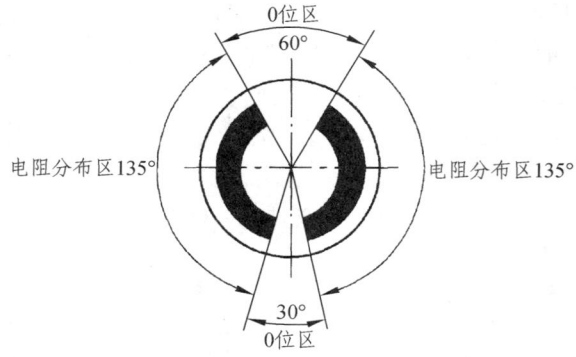

图 10-17 电位器电阻分布示意图

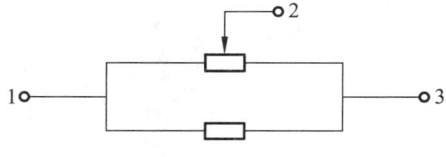

图 10-18 电位器原理图

图 10-17 中的电阻代表的是"牵引"区域或"制动"区域的单边电阻，两边的结构以"0"

位为中心对称。电位器安装到主轴上时，应保证其 30°"0"位区与司机控制器面板上标牌所标明的"牵引""制动"之间的"0"位区一致。调节步骤如下：

（1）电位器"3"端接地，"1"端加 15 V 直流电压，然后测量"1""2"端电压。

（2）调整电位器轴，使"1""2"端电压在手轮处于"牵引""0"位和"制动""18"位时，均不超过 0.1 V。

（3）拧紧紧定螺钉，并涂上红油漆防止松动。

3. 主要技术参数

额定电压	DC 110 V
额定电流	5 A
触头开距	两断点之和≥4 mm
触头超程	0.5~1 mm
触头终压力	2×1.0 N
手柄操作力	≤50 N

三、TKS15A 型调车控制器

TKS15A 型调车控制器在结构及原理上与 TKS14A 型司机控制器基本相似。所不同的是，TKS15A 型调车控制器只有一根轴，手柄共有"取""向后""取""向前"4 个位置。

"取"位即为调车控制器的机械"0"位。手柄只能从"取"位插入或取出。它的电位器同 TKS14A 型司机控制器。但其限位器限制了手柄在"向前"或"向后"转动的最大范围为 75°，加上分压电阻的作用，限制了司机操作控制器最大只能到 4 级。

四、司机控制器的使用与维护

司机控制器使用与维护应注意以下内容：

（1）司机控制器的铭牌及标识符号应齐整、清晰、正确。

（2）司机控制器各部件应清扫干净，绝缘性能良好，对外连接插座正确，零部件齐全完整。

（3）各紧固件齐全，紧固状态良好。

（4）手轮在各个挡位之间转动灵活，无机械卡阻，相邻两挡位之间不应出现停滞现象。

（5）手柄在各个挡位之间转动灵活，无机械卡阻，相邻两挡位之间不应出现停滞现象。且手柄在"-"位时，应顺利卸下。

（6）司机控制器手轮、手柄之间的连锁关系应正确无误。

（7）司机控制器的各个转动部位加注 6 号汽油机油（GB 485—72），在机械连锁处加润滑脂。

（8）司机控制器的绝缘应符合以下要求：

① 相互绝缘的带电部分之间及对地的绝缘电阻不小于 10 MΩ。

② 检修后应进行绝缘介电强度试验。电位器回路带电部分对地施以 50 Hz、500 V 正弦

交流电 1 min，应无击穿、闪络现象。其余带电部分对地及相互间施以 50 Hz、1 100 V 正弦交流电 1 min，应无击穿、闪络现象。

③ 注意司机控制器耐压试验应单独进行，整车耐压试验时应将司机控制器插头拔下，避免电位器损坏。

（9）司机控制器触头检修应符合以下要求：

① 司机控制器日常检修时，应注意检查触头内部及滚轮架（包括滚轮滚动）的动作是否灵活可靠。否则，应在触头滚轮滚芯及滚轮架轴芯部分加少许稀 6 号汽油机油（GB 485—72），以增加触头动作的灵活性。

② 如确有严重烧损和动作不灵活者，应更换触头。更换时，注意触头型号和触头滚轮的安装方向。

③ 应定期检测触头的接触电阻，采用低电阻测试仪测量，测量电流不小于 1 A。触头的接触电阻应小于 500 mΩ。如果接触电阻较大，应清除表面氧化膜，减小接触电阻。

第五节　万能转换开关及扳键开关

一、万能转换开关

SS 系列电力机车采用 LW5 系列万能转换开关作为故障隔离、电气联锁、电源控制之用。

该系列转换开关是一种组合式凸轮转换开关，适用于交、直流电压 500 V 以下的电路。它的型号意义为：LW5—15 系列；L—主令电器；W—万能转换开关；5—设计序号；15—额定发热电流。

LW5 系列万能转换开关由接触系统、定位和限位机构、凸轮、转轴、手柄、面板等主要部件组成，用长螺栓组装成开关整体。

每一挡（层）接触系统有一个独立的接触元件，每个接触元件有一个胶木接线座，内装两对桥式双断点触头。通过凸轮的操作可以带动触头支架动作，进而控制触头的开闭，如图 10-19 所示。每挡的两对触头可以分别控制两条独立的电路。尼龙操作凸轮的Ⅲ形脚部可根

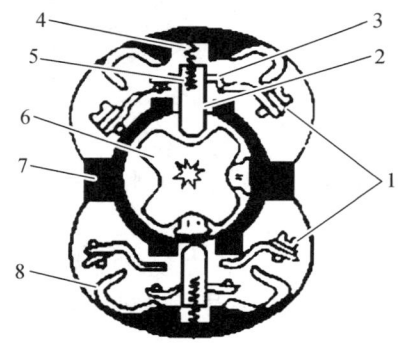

图 10-19　LW5 系列接触系统结构简图

1—静触头；2—动触头杆；3—动触桥；4—反力弹簧；5—超程弹簧；
6—凸轮；7—底座；8—限弧罩

据电路控制的需要切除，以做成不同形式的凸轮而构成相应的开关接线图。弧室口安装了透明、耐弧、可拆的尼龙限弧罩，除防尘作用外，它还可以提高触头的接触可靠性，限制电弧扩散范围。由于采用了双断点触头，故分断能力较强；若将触头接成四断点形式，分断能力还可提高。

开关的定位特性是由操作机构（或称定位机构）来决定的，如图10-20（a）所示。开关的方形转轴从手柄一直贯穿到操作机构及接触系统，起传动作用。棘轮保证了每45°位置的定位作用，依靠辐射状安装的滚子来卡住棘轮。因为是滚动摩擦，故操作轻便、定位可靠、机械寿命长。开关的操作手柄在两向极限位置的限位采用限制凸轮和限位片来实现，图10-20（b）所示的是两向极限为90°位置的限制。

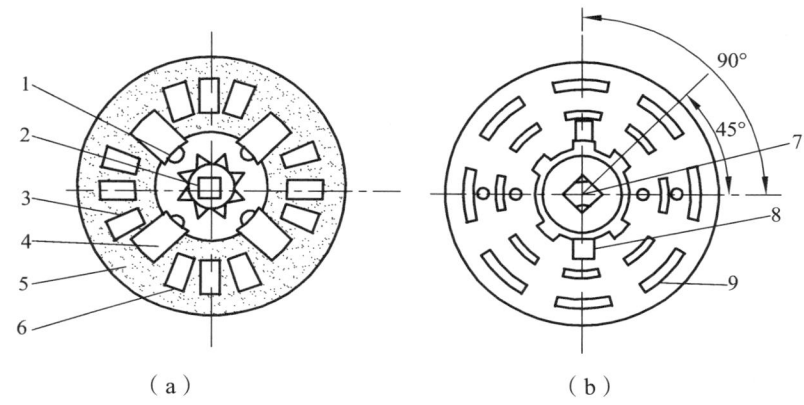

图 10-20　LW5 系列操作机构简图

1—转轴；2—棘轮；3—滚子；4—滑块；5—反力弹簧；6—底座；
7—限制凸轮；8—限制片；9—端盖

LW5 系列转换开关的零件广泛采用热塑性塑料，产品结构为积木式组合，通用性强，维修方便，外表美观。

LW5 系列万能转换开关主要技术参数如下：

额定电压··500 V
额定电流··15 A
操作频率··120 次/h
电寿命···20 万次
机械寿命··100 万次

二、扳键开关

随着电力机车制造业的发展，机车采用标准化司机室的制作，在机车每端司机室的操纵台上安装有两组扳键开关组，分别是扳键开关组 1（位于主司机的前方）和扳键开关组 2（位于主司机的右前方）。

1. 扳键开关组 1

扳键开关组 1 由 12 个单体扳键开关组成，包括启动类和照明类两大类开关（参见图

10-21），其中启动类由 7 种开关组成，分别是：主断、受电弓、劈相机、压缩机、通风机、制动风机和备用压缩机开关；照明类由 5 种开关组成，分别是：前照灯、辅照灯、标志灯、仪表灯和司机室灯开关。另外还有一个司机钥匙开关，该开关是司机选择操纵端的依据，同时为启动类控制线路提供电源的总开关。司机钥匙与启动类开关还具有机械联锁的功能，能将开关组中的启动类开关的操作手柄锁住，这样，在没有操纵权时，这些开关就不能任意地进行开关动作，能有效地防止因误操作带来的安全隐患。

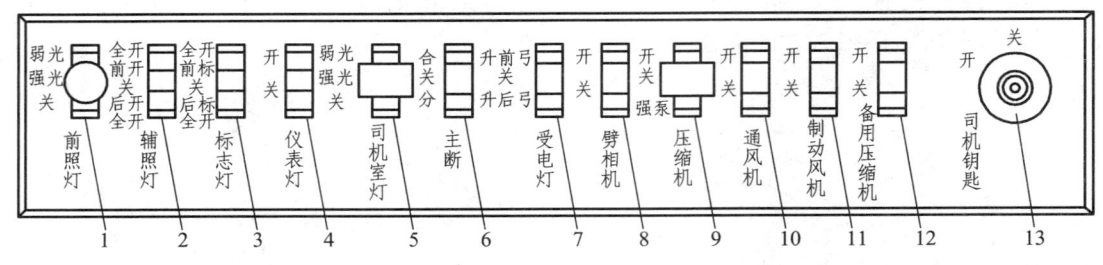

图 10-21　扳键开关组 1

1—前照灯开关；2—辅照灯开关；3—标志灯开关；4—仪表灯开关；5—司机室灯开关；6—主断开关；7—受电弓开关；8—劈相机开关；9—压缩机开关；10—通风机开关；11—制动风机开关；12—备用压缩机开关；13—司机钥匙开关

各开关的位数根据需要设置有两位置（如仪表灯、劈相机、通风机、制动风机和备用压缩机开关）、三位置（前照灯、司机室灯、主断、受电弓和压缩机）和五位置（辅照灯、标志灯）三种。开关的形式有自复式（主断和压缩机的强泵位开关）和自锁式（其余各开关）。

2. 扳键开关组 2

扳键开关组 2 由 3 个照明类单体扳键开关组成（参见图 10-22），分别是：各室灯开关、走廊灯开关和备用开关。该三种开关均为两位置的，且均为自锁式的。

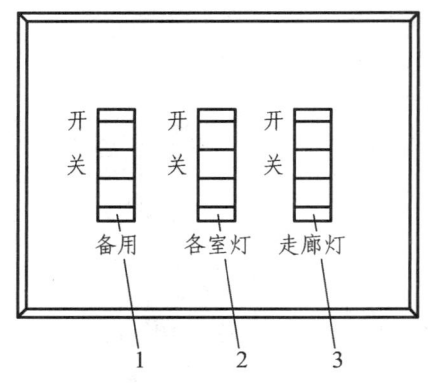

图 10-22　扳键开关组 2

1—备用开关；2—各室灯开关；3—走廊灯开关

3. 单体扳键开关

组成扳键开关组的各单体扳键开关的结构如图 10-23 所示，其位数设置有三种，分别是两位、三位和五位。其中两位置的在扳键开关组 1 中有仪表灯、劈相机、通风机、制动风机和备用压缩机开关，在扳键开关组 2 中有备用、各室灯和走廊灯开关；三位置的在扳键开关组 1 中有前照灯、司机室灯、主断、受电弓和压缩机开关；五位置的在扳键开关组 1 中有辅照灯、标志灯开关。

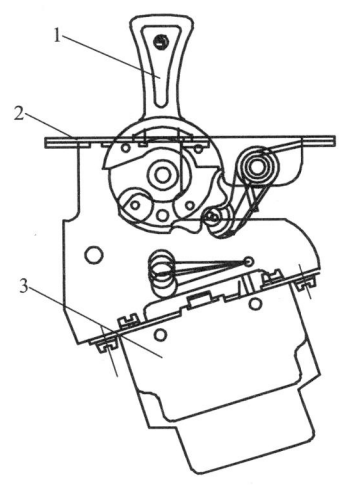

图 10-23 单体扳键开关构成

1—手柄；2—安装骨架；3—微动开关

各单体扳键开关的形式分为自复式和自锁式两种，其中自复式的有主断开关和压缩机的强泵位开关；扳键开关组 1 中其余单体开关及扳键开关组 2 中的均为自锁式的。

单体扳键开关分别由手柄、安装骨架和微动开关组成。其中手柄共有四种，分别是 T 形手柄、球手柄、直手柄和标准手柄。其中前照灯开关的手柄为球手柄；司机室灯和压缩机开关的手柄为 T 形手柄；标志灯、辅照灯和仪表灯开关的手柄为直手柄；其余的开关手柄为标准手柄。

第六节　自动开关

一、概　述

自动开关又称自动空气断路器，是一种结构较为复杂、动作性能较为完善的配电保护电器。它能自动切断短路、严重过载、电压过低等故障电路，有效地保护接在它后面的电气设备；同时亦可用它来手动非频繁地接通和分断正常电路。

与其他开关电器相比较，自动开关具有以下特点：

（1）能开断较大的短路电流，分断能力较强；

（2）具有对电路过载、短路的双重保护功能；

（3）允许操作频率低；

（4）动作值可调，动作后一般不需要更换零部件。

二、自动开关的基本结构

自动开关由触头系统、灭弧系统（主要有纵窄缝灭弧装置和去离子栅灭弧装置两种）、传动机构、自由脱扣机构、脱扣器组成。

自动开关通常采用电磁脱扣器和热脱扣器。

电磁脱扣器分为过电流脱扣器和欠电压脱扣器，它们实际上是一个小型电磁机构。

热脱扣器是由热元件和双金属片等组成。电流通过热元件产生电阻损耗而发热，其温度升高，加热双金属片。由于两种金属片膨胀系数不同，迫使双金属片向着膨胀系数较小的一侧弯曲，产生的作用力作用于脱扣杆的钩子上使之脱扣，自动开关断开，即可保护电气设备不因过载而损坏。

三、自动开关的工作原理

自动开关的主触头靠操作机构（手动或电动）合闸，自由脱扣机构是一套连杆机构，当主触头闭合以后，将主触头锁在合闸位置，其工作原理如图10-24所示。在正常工作情况下，自由脱扣机构的锁钩3扣住触头杆，使主触头4保持在合闸位置。1为过电流脱扣器，其线圈与被保护电路串联，在正常电流下，脱扣器的弹簧力使衔铁释放；当过载或短路时，强大的电磁吸力使衔铁吸合，带动衔铁另一端的顶杆向上运动，顶开自由脱扣机构中的锁钩3，在开断弹簧5的作用下，主触头4迅速开断，将故障电路分断。失压脱扣器动作原理相同。

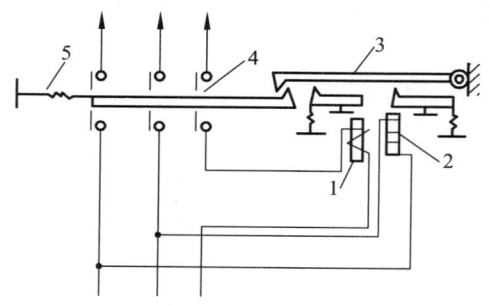

图 10-24　自动开关工作原理图

1—过电流脱扣器；2—失压脱扣器；3—自由脱扣机构的锁钩；4—主触头；5—开断弹簧

四、自动开关在机车上的应用

在电力机车上，为便于维修和检查故障，自动开关用于手动非频繁地切换正常电路，同时，也可对辅助电路和控制电路进行过载、短路保护。SS$_{4G}$型电力机车使用的自动开关见表10-5。

表 10-5　SS$_{4G}$型电力机车使用的自动开关一览表

序号	电路代号	型号	脱扣器额定电流	保护对象	数量	电路
1	229QA	TH-5SB	AC 220 V，10 A	电炉	1	辅助电路
2	230QA	TH-5SB	AC 220 V，20 A	空调	1	辅助电路

续表

序号	电路代号	型号	脱扣器额定电流	保护对象	数量	电路
3	231QA	TH-5SB	AC 220 V，20 A	备用	1	辅助电路
4	232QA	TH-5SB	AC 380 V，10 A	窗加热	1	辅助电路
5	233QA	TH-5SB	AC 380 V，20 A	取暖	1	辅助电路
6	623QA	TH-5SB	AC 380 V，30 A	备用	1	辅助电路
7	600QA	TH-5SB	AC 380 V，50 A	交流电源	1	辅助电路
8	601QA	TH-5SB	DC 110 V，50 A	蓄电池	1	控制电路
9	602QA	TH-5SB	DC 110 V，10 A	受电弓	1	控制电路
10	603QA	TH-5SB	DC 110 V，10 A	主断路器	1	控制电路
11	604QA	TH-5SB	DC 110 V，10 A	控制器	1	控制电路
12	605QA	TH-5SB	DC 110 V，20 A	辅机控制	1	控制电路
13	606QA	TH-5SB	DC 110 V，20 A	前照灯	1	控制电路
14	607QA	TH-5SB	DC 110 V，10 A	副前照灯	1	控制电路
15	608QA	TH-5SB	DC 110 V，10 A	车内照明	1	控制电路
16	609QA	TH-5SB	DC 110 V，10 A	电子控制	1	控制电路
17	610QA	TH-5SB	DC 110 V，10 A	电扇	1	控制电路
18	611QA	TH-5SB	DC 110 V，10 A	自动信号	1	控制电路
19	612QA	TH-5SB	DC 110 V，10 A	自动停车	1	控制电路
20	613QA	TH-5SB	DC 110 V，10 A	无线电台	1	控制电路
21	614QA	TH-5SB	DC 110 V，10 A	逆变电源	1	控制电路
22	615QA	TH-5SB	DC 110 V，10 A	电空制动	1	控制电路
23	616QA	TH-5SB	DC 110 V，6 A	接地保护	1	控制电路
24	617QA	TH-5SB	DC 110 V，50 A	重联	1	控制电路
25	102QA	TH-5SB	125 V，10 A	高压互感器	1	主电路
26	215QA	TO-225BA	AC 380 V，200 A	劈相机	1	辅助电路
27	217QA	TO-100BA	AC 380 V，75 A	压缩机电动机	1	辅助电路
28	219QA	TO-100BA	AC 380 V，75 A	牵引通风机电动机	1	辅助电路
29	220QA	TO-100BA	AC 380 V，75 A	牵引通风机电动机	1	辅助电路
30	223QA	TO-100BA	AC 380 V，75 A	制动风机电动机	1	辅助电路
31	224QA	TO-100BA	AC 380 V，75 A	制动风机电动机	1	辅助电路
32	227QA	TO-100BA	AC 380 V，30 A	变压器风机电动机	1	辅助电路
33	228QA	TO-100BA	AC 380 V，30 A	变压器油泵	1	辅助电路

1. TH-5SB 型自动开关

TH-5SB 型塑壳式单极自动开关由手柄、操作机构、脱扣装置、灭弧装置及触头系统等组成。全部结构除接线处外均装于塑料外壳内，外壳上仅露出作为"分""合"闸的操作手柄。接触系统采用银镉触头，装有带灭弧铁栅片的灭弧室。操作机构采用四连杆机构，正常分闸和脱扣器跳闸时，其反作用力不作用在同一零件上，故能提高开关寿命。自动开关采用热双金属片式脱扣器，作为过载和短路保护执行机构。

TH-5SB 型单极自动开关主要技术参数如下：

额定电压	DC 110 V/AC 380 V
额定电流	10，15，20，30，40，50 A
脱扣器类别	热双金属片式脱扣器
短路通断电流	DC 125 V，1 000 A
	AC 240 V，3 000 A

2. TO 系列自动开关

TO 系列自动开关由操作机构、脱扣装置、灭弧装置及触头系统等组成。三个动触头通过支架固装于同一个绝缘方轴上，三个动触头同时开断。每相都有一独立灭弧室，灭弧罩采用铁栅片式。采用热动-电磁式脱扣器作为过载和短路保护的执行机构。

TO 系列三相自动开关主要技术参数见表 10-6。

表 10-6　TO 系列三相自动开关主要技术参数

型　号	TO-100BA	TO-225BA
额定电压（V）	AC 600 V 以下，DC 250 V 以下	AC 600 V 以下，DC 250 V 以下
额定壳架电流（A）	100	225
额定频率（Hz）	50/60	50/60
脱扣器额定电流（A）	15，20，30，40，50，60，75，100	125，150，175，200，225
脱扣器形式	热动-电磁式	热动-电磁式
短路分断能力	AC 380 V，50 Hz；18 kA $\cos\phi = 0.3$	AC 380 V，50 Hz；25 kA $\cos\phi = 0.25$

第七节　蓄电池

一、概　述

蓄电池是化学能与电能互相转换的装置，它能把电能转变为化学能储存起来，使用时再把化学能转变为电能，而且变换的过程是可逆的。以上两个过程前者称为充电，后者称为放电。

根据极板所用材料和电解液性质的不同，蓄电池一般可分为酸性（铅）蓄电池和碱性蓄电池两大类。碱性蓄电池按其极板活性物质的不同，又可分为铁镍蓄电池和镉镍蓄电池等系列。

韶山系列电力机车采用的 GN-100 型（G-镉，正极板材料；N-镍，负极板材料）镉镍碱性蓄电池组，由 74 个蓄电池串联而成，每个蓄电池的标称电压为 1.25 V，容量为 100 A·h，蓄电池组的标称电压为 92.5 V。

电力机车的蓄电池组与可控硅稳压电源并联，是电力机车上直流控制电源的辅助电源，并兼作可控硅稳压电源的滤波元件。在升弓前及可控硅稳压电源发生故障时，由蓄电池组向机车控制电路供电；可控硅稳压电源正常工作时，蓄电池处于浮充电工作状态。

蓄电池主要由两种不同金属组成的正、负极板和电解液及容纳极板和电解液的电槽组成，如图 10-25 所示。各自的引线端柱紧固于槽盖上。正极板与电槽直接相连，负极板与电槽绝缘，故负极板比正极板略窄，以防负极板与电槽相连，形成正、负极板间短路。由于正极板活性物质单位质量的电容量少于负极板的活性物质，故在镉镍蓄电池中，正极板比负极板多 1 片，即 6 片正极板，5 片负极板。

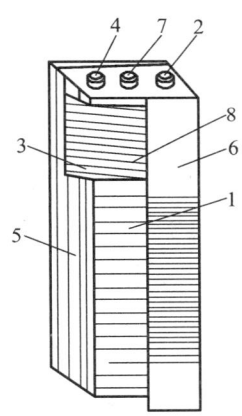

图 10-25　GN-100 型镉镍碱性蓄电池结构图

1—正极板；2—正极板引线端；3—负极板；4—负极板引线端；5—硬橡胶棍；
6—电槽；7—带有开关作用的螺丝塞；8—电解液

电槽用镀镍钢板制成。由于碱性电池的电槽本身也是 1 个电极，所以必须注意各电池之间及电池与地之间的绝缘，以防短路。槽盖上有 3 个小孔，左、右两孔用于引出正、负极性，并在正极柱旁注明有"+"号标志；中间 1 个为注液孔，孔内装有带开关作用的气塞。气塞有 3 个作用：一是可以防止外部空气中二氧化碳侵入后产生碳酸盐，降低电池容量；二是可以防止蓄电池短时翻转时电解液外流；三是能使电池内部的气体增加到一定量时通过气塞排出，以免电池中气压过高。

电解液是根据使用蓄电池的环境温度配制的，使用合理，可以延长蓄电池的寿命，保证其额定容量。

机车在运行一段时间以后，当蓄电池电压低于终止电压（一般规定终止电压为 1.1 V）时，蓄电池不适宜继续放电，应及时充电，并须补充蒸馏水或电解液。蓄电池以恒定的电流充电时，其充电制有初充电制、标准充电制和快速充电制 3 种。对 GN-100 型镉镍碱性蓄电池，不同充电制时的充电电流和充电时间如下：

初充电制：25 A 充 6 h，再用 12.5 A 充 6 h（放电时用 12.5 A 放 4 h）；

标准充电制：25 A 充 7 h；

快速充电制：50 A 充 2.5 h，再用 25 A 充 2 h。快速充电方法仅在特殊情况下使用，不能作为经常的充电制度。

GN-100 型镉镍碱性蓄电池的优点是能承受大电流，耐振动，耐冲击；对过充电和欠充电不很敏感，自放电极弱，寿命长，且不散发有害气体。缺点是单个电池的电压较低，内阻大，放电时电压变化较大。

二、使用与检修

1. 使 用

（1）蓄电池使用时，最好采用正常的充放电制度，急用时方可采用快速充电。如遇过放电、反充电、小电流长期放电或间歇放电而造成容量损失，可用过充电制度充电恢复。充放电时，电解液要始终高于极板，低于极板时，应补充蒸馏水或电解液。每使用 10~15 次充放电循环，应检查并调整电解液比重。

（2）启用新的或短期（1 年以内）存放的蓄电池组，注入电解液后应浸泡 2 h 以上，然后采用过充电制充电。长期（1 年以上）存放的蓄电池组，需经 2~3 次正常充放电循环，恢复到额定容量后，方可正常充电使用。

（3）电解液容易吸收空气中的二氧化碳，增加碳酸盐含量，当含量超过 50 g/L 时，蓄电池容量将显著降低。因此，一般使用 1 年左右或 50~100 次充放电循环应更新电解液。更新时应在放电状态下进行，必要时还需用水清洗电槽，然后注入新电解液。

（4）环境温度升高或降低，蓄电池组容量和寿命均会降低。因此应根据环境温度选用合适的电解液。环境温度升高（+35 ℃ 以上）影响充电效率，除应及时补加蒸馏水、调整电解液比重和缩短更换电解液周期外，还应采取降温措施，在冷风、空调环境或在夜间通风良好的地方充电。

（5）蓄电池组在低温环境（-15 ℃ 以下）使用，应选用比重大的氢氧化钾，充电最好在常温下进行，充电后再在低温环境中使用。如确需在低温下充电，宜采用快速充电制或过充电制充电。

（6）蓄电池正极与外壳相接，所以在使用、带电保存和运输中，导电体不能同时接触蓄电池的正、负极或同时接触外壳与负极。

（7）对随时使用或短期存放的蓄电池组，充电后可带电解液，拧紧气塞，在 25 ℃ 以下干燥通风的地方存放。对于长期存放的蓄电池组，应在放电状态下倒掉电解液，清理干净，并在导电金属零件上涂上凡士林，以防锈蚀。

2. 检 修

1）日常维护

蓄电池使用中要经常维护，表面应清洁，气塞及绝缘件良好，无泄漏电解液现象，外壳耐碱绝缘的环氧瓷漆层良好。

定期检查液面高度，调整电解液比重。定期检查每只蓄电池的容量，及时更换电压过低的元件。各连接铜板及接线应无烧痕、腐蚀现象。机车入库检修，需长时间使用控制电源时，应外接电源，用正常充电制充电。

2）定期检修

蓄电池按规定周期自车上拆下作较大范围的检修时应逐个清扫元件，必要时可用 70～80 ℃ 热水整体冲洗。检查电槽有无裂纹、漏液现象，气塞、绝缘件及密封件状态是否良好。检查元件的绝缘电阻及容量，每个元件的电压低于 1 V 时应更新。

检查连接板及接线有无烧损、老化现象，连接螺帽是否紧固。电槽的漆层及连接板镀层应良好。双次定修时，应全部分解元件，电槽重新涂刷耐碱的绝缘漆。

检查电解液液面的高度及比重，进行充放电试验，每个元件的容量应达到额定容量的 60% 以上。

蓄电池充电后，应再次检查液面高度及比重，排气 2 h 后拧紧气塞备用。

复习思考题

1. 简述 CJ20 系列三相交流接触器的结构。
2. 简述 6C180 型接触器的特点。
3. 叙述接触器维护的主要步骤。
4. 简述 JZ15-44Z 型中间继电器的型号含义。它的联锁接点有什么特点。
5. 中间继电器采用哪种灭弧方式？
6. TJJ2-18/21 型继电器在电力机车上起什么作用，它是如何工作的？
7. 简述 JL14-20J/5 型交流继电器的工作原理。
8. 简述 JT3 系列时间继电器的延时原理。如何调整延时时间？
9. 继电器触头常见故障有哪些？分析产生的原因。
10. 继电器线圈常见的故障有哪些？
11. 磁平衡式霍尔传感器有哪些特点？
12. SS_{4G} 型电力机车上通常采用哪些传感器？各有什么作用？
13. 司机控制器有什么作用？
14. TKS14A 型主司机控制器手轮和手柄各有哪几个工作位置？
15. 简述司机控制器手轮和手柄之间的联锁要求。
16. 扳键开关组中的启动类开关有哪 7 种？
17. 自动开关由哪几部分组成？
18. 电力机车蓄电池有何作用？
19. GN-100 型蓄电池由哪几部分组成？其正极板和负极板物质是什么？
20. 蓄电池在检修中应注意哪些问题？

参 考 文 献

[1] 谢家的，祁冠峰. 电力机车电器[M]. 北京：中国铁道出版社，2010.
[2] 张龙. 电力机车电机[M]. 北京：中国铁道出版社，2008.
[3] 乔宝莲. 电力机车电器[M]. 北京：中国铁道出版社，2008.
[4] 张曙光. XHD_3电力机车[M]. 北京：中国铁道出版社，2010.
[5] 李桂梅，金晶. 机车电机电器[M]. 北京：中国铁道出版社，2015.
[6] 张龙，陈湘. 电力机车电机[M]. 北京：中国铁道出版社，2013.
[7] 辜承林. 电机学[M]. 武汉：华中科技大学出版社，2003.
[8] 武惠芳，郭芳. 电机与电力拖动[M]. 北京：清华大学出版社，2015.
[9] 王冰，电力机车总体[M]. 北京：中国铁道出版社，2007.
[10] 张有松，朱龙驹. 韶山$_4$型电力机车[M]. 北京：中国铁道出版社，2009.